本书获得以下资助：
广州市人文社会科学重点研究基地（2021-2023）
——广州国家中心城市研究基地
广州市宣传文化人才培养专项经费

U0515200

程风雨 著

珠三角"9+2"城市群
科技创新
空间关系与高质量发展研究

ZHUSANJIAO "9+2" CHENGSHIQUN

KEJI CHUANGXIN

KONGJIAN GUANXI YU GAOZHILIANG FAZHAN YANJIU

中国财经出版传媒集团
经济科学出版社
Economic Science Press

图书在版编目（CIP）数据

珠三角"9+2"城市群科技创新空间关系与高质量发
展研究／程风雨著．—北京：经济科学出版社，2022.12
ISBN 978-7-5218-4392-7

Ⅰ.①珠… Ⅱ.①程… Ⅲ.①珠江三角洲－城市群－
技术革新－研究②珠江三角洲－城市群－区域经济发展－
研究 Ⅳ.①F127.65

中国版本图书馆 CIP 数据核字（2022）第 239200 号

责任编辑：周胜婷
责任校对：王苗苗
责任印制：张佳裕

珠三角"9+2"城市群科技创新空间关系与高质量发展研究
程风雨　著
经济科学出版社出版、发行　新华书店经销
社址：北京市海淀区阜成路甲 28 号　邮编：100142
总编部电话：010-88191217　发行部电话：010-88191522
网址：www.esp.com.cn
电子邮箱：esp@esp.com.cn
天猫网店：经济科学出版社旗舰店
网址：http://jjkxcbs.tmall.com
固安华明印业有限公司印装
710×1000　16 开　13.25 印张　230000 字
2022 年 12 月第 1 版　2022 年 12 月第 1 次印刷
ISBN 978-7-5218-4392-7　定价：82.00 元
（图书出现印装问题，本社负责调换。电话：010-88191510）
（版权所有　侵权必究　打击盗版　举报热线：010-88191661
QQ：2242791300　营销中心电话：010-88191537
电子邮箱：dbts@esp.com.cn）

P前言
Preface

习近平总书记在党的二十大报告中强调，"必须坚持科技是第一生产力、人才是第一资源、创新是第一动力，深入实施科教兴国战略、人才强国战略、创新驱动发展战略，开辟发展新领域新赛道，不断塑造发展新动能新优势"①。中国已经成为世界第二大经济体，第一大货物贸易体，制造业产能排在世界第一位，中国正在走向创新型国家，但与创新能力居于世界前列的国家相比，战略性、原创性、基础性创新能力薄弱，仍是中国在所有经济、科技领域中的最大短板。当今国际竞争尽管是综合国力的竞争，但其重点主要体现在科技创新能力上。在国际局势风云变幻和竞争日益加剧的背景下，通过科技创新来提升国际竞争力已成为我国战略发展的重中之重。事实上，通过科技创新来驱动经济发展已经成为国际各大经济体发展的共识，而珠三角"9+2"城市群（又称粤港澳大湾区）要早日建设成为世界级城市群，也离不开创新驱动的力量。

珠三角"9+2"城市群肩负打造国家创新高地的历史使命。

---

① 新华社. 习近平：高举中国特色社会主义伟大旗帜　为全面建设社会主义现代化国家而团结奋斗［EB/OL］.（2022-10-25）. https：//baijiahao. baidu. com/s？id=1747667408886218643.

《粤港澳大湾区发展规划纲要》确立了这一地理区位的重要地位，并提出要吸引国际著名企业、聚集国际优质资源、优化创新环境和政策制度，建立自己的创新体系，走出一条属于中国的创新之路，打造成一个集金融贸易、先进工业和科技创新于一身的世界级大湾区。《中华人民共和国国民经济和社会发展第十四个五年规划和2035年远景目标纲要》提出，要以京津冀、长三角等东部沿海城市群为发展重点，提升创新策源能力和全球资源配置能力，加快打造引领高质量发展的第一梯队。创新是发展的首要动力，珠三角"9+2"城市群的建设是国家发展中极其重要的一环，而科技创新则是在国家战略规划以及发展建设中的支柱。所以，在珠三角"9+2"城市群发展的相关规划中，我国把创新驱动作为重要战略加以实施。

珠三角"9+2"城市群不仅是科技创新的组织单位，而且它本身的发展就需要科技创新。一方面，科技创新可以通过国家层面推动香港特别行政区和澳门特别行政区融入国家创新体系，协调和推进粤港澳三地在科研和交流上的融合发展。另一方面，科技创新能力是衡量高质量发展水平的重要标志，而通过发展科技创新来构建具有国际竞争力的产业体系，通过建设现代化、体系化、全面的知识供给，形成创新知识生产体系和系统资源配置能力，有助于珠三角"9+2"城市群在国际竞争中沿着差异化竞争、高质量发展的路线前进。从发展现实看，珠三角"9+2"城市群已经成为中国提升创新能力的排头兵，并积淀了有效存量优势，有条件、有可能、有基础、有必要实现创新发展的新突破。因此，弄清珠三角"9+2"城市群科技创新的空间发展规律，无疑将有助于探索如何更好地加强广东与港澳地区的科技创新合作，解码科技创新协同有效模式，也将有助于探索如何推动形成珠三角"9+2"城市群创新链，助力实现区域经济高质量发展的新格局。

本书主要是以珠三角"9+2"城市群科技创新发展为研究对象，并且侧重于经验研究，目的在于为这方面的既有研究提供较为系统的和有力的证据，并基于此为珠三角"9+2"城市群科技创新改革和高质量发展提供更为可靠的理论依据。本书以珠三角"9+2"城市群城市层面的科技创新发展为研究对象，并以中华人民共和国国家知识产权局（SIPO）"中国专利数据库"人工爬取的发明专利授权额衡量创新发展水平，虽然单纯采用创新产出单一指标专利数衡量珠三角"9+2"城市群科技创新水平难免存在局限性，但是在现有数据条件下，可以从一定程度上解决粤港澳三地统计数据指标和统计口径的客观差异问题。进一步，我们基于2000年以来珠三角"9+2"城市群的面板数据，沿用现有文献研究区域创新能力的空间效应时所采用的空间计量方法，沿用相关文献采用的探索性空间数据分析法分析珠三角"9+2"城市群科技创新的空间关联与空间聚集现况以及变化趋势，并借助空间计量模型对珠三角"9+2"城市群科技创新空间关系网络的影响因素进行实证分析，通过实证分析找到显著影响大湾区科技创新发展的主要驱动，旨在提出能精准、有效、有针对性地提高珠三角"9+2"城市群科技创新发展水平的政策建议，优化大湾区创新能力的差异格局，推动粤港澳三地的协同创新发展。

本书以珠三角"9+2"城市群科技创新发展为研究对象，基于手工爬取的2000～2020年珠三角"9+2"城市群中城市的发明专利授权额数据，分别从珠三角"9+2"城市群及其内部的三大都市圈层面进行实证分析，以期回答：（1）珠三角"9+2"城市群科技创新发展在时空维度上具有什么变化特征，其发展趋势是怎样，以及其影响因素和驱动机制是什么？（2）如何在新发展阶段下促进珠三角"9+2"城市群科技创新高质量发展？相应地，本书具体的研究和讨论从以下几个方面展开。

第一，本书梳理了与区域科技创新发展、空间分布规律以及珠三角"9+2"城市群的科技创新发展等问题紧密关联的研究文献，为本书的实证研究提供必要的文献支撑与逻辑基础。进一步，本书从珠三角"9+2"城市群科技创新发展的空间演进特征及融合趋势等维度出发，结合传统Kernel密度估计和空间Kernel密度估计等地理经济学的研究工具，较为系统地探讨了珠三角"9+2"城市群科技创新发展的空间动态演变规律。研究发现：珠三角"9+2"城市群科技创新发展从低水平阶段向高水平阶段持续演进，没有呈现两极分化或多极分化现象，具有分散化的区域集聚特征；珠三角"9+2"城市群科技创新发展难以依靠邻近地区科技创新发展的外溢效应，更多需要依靠自身的产业升级和技术创新。

第二，本书采用Dagum基尼系数及其按子群分解的方法对珠三角"9+2"城市群科技创新发展的差异及其来源进行测度，并采用σ收敛、β收敛、俱乐部收敛以及空间β条件收敛对珠三角"9+2"城市群科技创新发展的收敛机制进行经验识别。研究认为：珠三角"9+2"城市群科技创新发展的总体差异呈逐渐下降趋势，都市圈间差异是导致珠三角"9+2"城市群科技创新发展差异的主要来源；珠三角"9+2"城市群不同区域科技创新发展具有收敛机制存在差异。接着，本书采用复杂社会网络分析方法从整体、个体及板块等三重维度探究珠三角"9+2"城市群科技创新空间关联网络结构的宏微观特征，借助TERGM从静态和动态、内生结构和外生机制等多维视角，探寻和检验影响珠三角"9+2"城市群科技创新关联网络格局演化的自组织机制和关系嵌入机制，考察珠三角"9+2"城市群科技创新空间关联网络结构的驱动因素。

第三，结合新时代提出的要求与发展的实际情况，本书试图总结和厘清珠三角"9+2"城市群科技创新的发展现状及问题，分析其发展面临的机遇与挑战，进而从时间和空间、静态和动态等维度分别采用传统和空间马尔可夫链方法，对珠三角"9+2"城市群及其三大都市圈科技创新发展的趋势特征加以刻画，并结合地理探测器模型、Shaply值的因素分解等方法对珠三角"9+2"城市群科技创新发展驱动因素及其交互作用机制进行深入探讨，研判其科技创新发展的趋势路径。

第四，本书从协调推进珠三角"9+2"城市群科技创新发展、充分挖掘物质资本对科技创新发展的撬动效应和加快构建珠三角"9+2"城市群创新发展新生态等维度，提出在新时代背景下推动珠三角"9+2"城市群科技创新协调发展、加快实现珠三角"9+2"城市群高质量发展的若干政策建议。

笔者感谢广州国家中心城市研究基地对本书的出版资助。广州市社会科学院及区域发展研究所的同事们在工作上也给予了许多帮助和支持，能工作于这样一个温暖且有力的集体是我的荣幸，谨此献上我深深的敬意。感谢家人与朋友，尤其是妻子周娜女士，她一如既往地相信我、鼓励我和支持我。

依托本书的研究内容，笔者已经以独立作者身份在《数量经济技术经济研究》《统计与决策》等南大核心来源期刊发表了三篇学术论文，同时也为即将到来的2020年广州市青年文英才项目的结项考核奠定坚实基础。因本人水平有限，加之日常工作任务较为繁重，本书依然存在有待改进和完善之处，敬请各位同行专家和读者批评斧正，以督促我在以后的科研道路上砥砺前行！

程风雨

2022年10月于广州

目 录
Contents

第一章 绪 论

第一节 选题背景与意义

改革开放以来，在人口红利和制度保障的双重驱动下我国经济迅猛发展，业已成为世界第二大经济体。然而，随着第四次工业革命的到来，全球经济进入科技引领生产力的新时代，传统依赖原始要素谋利的增长模式日渐衰微，依靠科技创新和制度完善提高要素生产率成为现代发展经济的关键途径与本质要求。党的十九大报告指出，"创新是引领发展的第一动力，是建设现代化经济体系的战略支撑"。纵观现代社会的发展历史，科技创新水平已成为综合国力的关键内容，也决定了一个国家、一个民族能否长治久安和繁荣昌盛。

科技创新是引领中国经济高质量发展的第一动力，更是实现经济高质量发展的关键因素。习近平总书记从全局和战略高度提出，"科技创新是提高社会生产力和综合国力的战略支撑，必须把科技创新摆在国家发展全局的核心位置"[1]。在党的领导下，近十年来，我国科技创新发展取得了长足的进步。科技投入大幅提高，全社会研发经费从 2012 年的 1.03 万亿元增长到 2021 年的 2.79 万亿元，居世界第二位；研发强度从 2012 年的 1.91% 提高到 2021 年的 2.44%，接近经合组织（OECD）国家的平均水平；2021

---

[1] 中共中央文献研究室. 习近平关于科技创新论述摘编 [M]. 北京：中央文献出版社，2016：25 - 26.

年的基础研究经费是 2012 年的 3.4 倍,达到历史最高值。科技人才队伍不断壮大,2021 年研发人员总量预计为 562 万人年,是 2012 年的 1.7 倍,稳居世界第一位;每万名就业人员中研发人员数量由 2012 年的 42.6 人年预计提高到 2021 年的 75.3 人年。科技产出量质齐升,2021 年高被引论文数为 42920 篇,排名世界第二位,是 2012 年的 5.4 倍,占世界比重为 24.8%,比 2012 年提升 17.5 个百分点;每万人口发明专利拥有量从 2012 年的 3.2 件,提升至 2021 年的 19.1 件;PCT 专利申请量从 2012 年的 1.9 万件增至 2021 年的 6.95 万件,连续三年位居世界首位;2021 年技术合同成交额达到 37294 亿元,是 2012 年的 5.8 倍,占 GDP 比重达到 3.26%。在加强科学技术普及方面,公民具备科学素养的比例由 2010 年的 3.27% 提高到 2020 年的 10.56%。①

21 世纪,新科技革命和产业升级双重叠加,全球整体科技创新格局面临重构,湾区已成为现代科技创新的重要风向标,纽约湾区、旧金山湾区、东京湾区等世界湾区在各自国家的发展大局中具有重要的战略地位。

珠三角"9+2"城市群科技创新的发展模式对全国乃至全世界都有重要的意义,在中央和地方政府的大力推动下,珠三角"9+2"城市群有望成为世界顶级的科技创新型大湾区。作为后起之秀的珠三角"9+2"城市群,近年来经济不断发展、开放程度不断提高、创新能力不断增强,既是新时代推动形成全面开放新格局的新尝试,也是推动"一国两制"事业发展的新实践。珠三角"9+2"城市群是我国对外开放的门户枢纽,也是推动我国科技创新高质量发展的重要空间载体。作为改革开放和科技创新的先行区,珠三角"9+2"城市群肩负特殊的历史使命。党的十八大以来,党中央和国务院高度重视珠三角"9+2"城市群在我国经济发展蓝图上的重大意义,并将其上升为国家战略。珠三角"9+2"城市群是中国在经济新常态下所构建的深化改革、扩大开放的示范区,是"一带一路"经贸合作网络的重要枢纽,更是中国着眼全球的重要科技创新集聚区。2019 年党中央、国务院发布的《粤港澳大湾区发展规划纲要》将珠三角"9+2"城市群这一特殊且重要的地理区域定位为全球科技创新高地和新兴产业重要

---

① 本自然段相关资料数据来源于《中国这十年 科技创新交出亮眼成绩单》[EB/OL]. (2022 - 06 - 06). http://www.stdaily.com/cehua/June6th/fmxw.shtml。

策源地，并明确提出要"敢为人先，通过提升自主创新水平，掌握技术革新的自主权及主动权，迈向技术创新领域的新台阶"。其中，加强区域科技协同创新被认为是珠三角"9+2"城市群建成世界级城市群、国际科技创新中心和"一带一路"建设的核心驱动，也是支持深圳建设中国特色社会主义先行示范区的重要支撑。新冠疫情发生以来，得益于我国良好的防疫措施，珠三角"9+2"城市群的经济复苏情况明显优于全球其他地区之一，其强大的经济韧性使得2022年的预计经济增速也将进一步提高，珠三角"9+2"城市群作为中国最有活力的区域，其发展对于全国而言都具有溢出效应，对于周边区域可以起到很好的带动辐射作用。根据科技部发布的相关统计数据①，2012~2020年，北京、上海、珠三角"9+2"城市群三地研发投入占全国30%以上，北京、上海技术交易合同额中，分别有70%和50%输出到外地，这意味着珠三角"9+2"城市群科技创新的引领辐射作用也将不断增强，并日益发挥中心溢出带动示范作用。

但是不可否认的是，我国的科技创新发展仍存在一些问题，比如区域发展不平衡，科学技术研究有重叠，以及我国企业的核心技术创新能力有待提升等。因此，提高科技创新水平、促进区域间创新协同发展仍然是经济发展的重要内容。对于珠三角"9+2"城市群而言，其科技创新发展也存在诸多值得研究的问题。比如粤港澳三地的发展历程具有鲜明的异质性特征。与其他区域类似，珠三角"9+2"城市群也会因经济社会发展基础、地理区位条件以及区域发展政策等因素，使得它们在科技创新投入、产出及发展要素禀赋等方面存在较大差异，城市群内城市间依然存在较为明显的软硬科技壁垒，而不同区域科技创新的不平衡会对珠三角"9+2"城市群协同提升区域科技创新能力造成严峻挑战。值得注意的是，与东京、纽约、旧金山等世界三大湾区的科技创新态势相比，珠三角"9+2"城市群科技创新在合作机制、协同分工及创新要素配置等方面依然具有较为明显的制约效应。弄清珠三角"9+2"城市群科技创新的动态空间演进规律，无疑将有助于探索如何更好地加强粤港澳三地的科技创新合作。因此，加强珠三角"9+2"城市群科技创新发展空间分布研究，全面认识其创新能

---

① 宋雅娟，赵清建.中国这十年 科技创新为高质量发展提供源头供给和创新空间［EB/OL］.（2022-06-06）. https：//m. gmw. cn/baijia/2022-06/06/35790159. html.

力空间差距及其分布动态演进,解码科技创新协同有效模式,将有助于探索如何推动形成珠三角"9+2"城市群创新链,助力实现区域经济高质量发展的新格局。与纽约湾区、东京湾区、旧金山湾区三大国际一流湾区相比,珠三角"9+2"城市群的创新发展仍存在不少劣势或不足之处,主要体现在珠三角"9+2"城市群内各城市的创新能力空间分布差异明显、创新资源共享不足未能实现优势互补、创新机制体制仍不完善等问题,这些问题严重阻碍了城市群的进一步创新驱动发展。从中长期来看,创新能力的发展状况将对珠三角"9+2"城市群的高质量发展产生重大影响,如何有针对性地提高珠三角"9+2"城市群的创新能力水平、优化珠三角"9+2"城市群科技创新发展的空间分布格局、寻找实现粤港澳三地协同创新发展的有效途径成为当前急需解答的问题。此外,长期以来粤港澳三地都突出强调打造都市圈、发展城市群等城市间的协同发展,从双区建设到双核联动,带动"一核一带一区"的高质量发展,都是在空间维度上推动城市间协同创新、协调发展重要的战略布局。为推动相关政策措施、战略举措的落实,从"空间"视角分析珠三角"9+2"城市群科技创新发展的空间分布格局,再深入实证检验珠三角"9+2"城市群科技创新发展演变的影响因素,对高质量推进珠三角"9+2"城市群建设具有十分重要的意义。

第二节 文献综述

一、区域科技创新发展

国家的经济发展主要需要依靠科技创新推动,经济出现周期性波动也是因为科技创新活动本身具有周期性波动而引发的(Schumpeter,1964)。熊彼特(Schumpeter,1964)研究认为,经济发展到一定阶段会达到某个相对稳态的发展水平,在该阶段只有少数企业有意愿且能够通过内部的企业创新推动经济向前发展。如果这部分企业进行科技创新,就可能直接孵化为新兴行业,且带有部分垄断性质,但由于市场利润的诱惑使得垄断状况不会持久。也就是说,随着经济持续发展,这将导致其他非新兴行业领域的企业展开新一轮的学习和投资,通过模仿并率先抢占市场已有企业的创新成果从而打破垄断局面，最终实现由科技创新引发的新一轮经济增长过程。区域科技创新最早由区域创新体系的概念引申而来。库克（Cooke，1990）认为，区域创新体系是由高新技术企业、高校及研发机构等主体构成的区域创新组织体系的部分之一，且随着科技创新活动的日益活跃，逐渐成为经济发展过程中除资本、技术、人才以外的又一核心竞争力。同时，相关理论认为最初的区域科技创新系统不仅包括企业主体在生活中的互动和学习，还要不断寻求突破，参与主体不仅包括企业，还包括政府、各类机构及高校等组织。学者们基于上述理论展开一系列研究。

（一）国外相关研究

1. 关于区域科技创新指标体系构建的研究

一是国外有学者基于国家层面或区域层面构建区域科技创新系统评价体系。比如从经济结构、技术创新、人力资本、劳动力市场维度构建区域科技创新能力衡量体系，并基于因子分析法评价欧洲多个地区科技创新能力（Pinto & Guerrero，2010）。胡津礼等（Hu et al，2013）基于距离函数的随机前沿分析法，以研发支出及人力要素作为代表性投入，以专利、论文、版税和许可费作为代表性产出，比较分析 1998～2005 年间 24 个国家及地区科技创新效率。2017 年，硅谷推出硅谷指数报告，该指数以创新绩效、创新环境、企业创新、知识获取、知识创造为核心构建评价指标体系，衡量硅谷经济实力与发展状况。基于欧洲创新记分牌和全球创新指数数据，迪莉亚等（Delia et al，2018）通过比较分析不同国家创新绩效的评估结果后发现，欧洲创新记分牌的评价指标和方法与全球创新指数和具有一定的关联性。蒂凡尼等（Tiffany et al，2021）基于 2016～2020 年的全球创新指数数据，以各国创新指数得分为结果，以创新投入与创新产出下的所有变量为前因，使用 fsQCA 方法对其进行因果复杂性分析。

二是部分学者或机构从城市层面构建科技创新评估指标体系。比如经济合作与发展组织（OECD，1997）构建了知识网络、知识存量与流量、知识与学习、知识投入与产出等维度的评价指标。2001 年，欧盟创建欧洲科技创新记分牌规则，具体构建了涵盖框架条件、投资、创新活动与影响等一级指标的科技创新绩效评价指标体系。2002 年开始，罗伯特·哈金斯协会年度发布"全球知识竞争力指数"（WCI）的排名报告，通过从人力资本、金融资本、知识资本、知识支持和经济产出等维度构建知识竞争力指数，来比较和研判全球主要城市的知识竞争力水平。

2. 关于区域科技创新发展的影响因素研究

基于创新理论，拉曼等（Rumman et al，2002）实证研究认为，影响国家创新能力的主要因素为研发生产力和创新投入。瑞德（Riddel，2003）指出，持续性的科技创新成果是衡量区域科技创新能力的核心指标，同时科技创新成果应当具备实用性与商业性。图马和哈马科皮（Tuma & Hamaa-kopi，2005）认为社会资本是提高区域创新能力的核心因素之一。

3. 关于区域科技创新发展水平的评价研究

波特（Porter，2002）研究指出，基础条件、产业集群发展情况及两者间联系对于区域科技创新能力评价具有重要意义。有学者基于数据包络法对欧洲区域创新系统的运行与创新能力进行测度，并从创新输入和输出维度对区域创新系统进行评价（Zabala et al，2007）。2007 年，罗伯特·哈金斯协会推出全球创新指数报告，该年度报告围绕科技创新产出与投入要素来评估全球各个国家与经济体创新情况。匹特和盖锐欧（Pinto & Guerreiro，2010）从经济、劳动力、技术和人才四个方面对欧洲区域创新能力进行评价。里卡多（Ricardo，2016）在研究中指出，要从产出能力、创新环境、管理能力和创新产出四个方面对区域科技创新进行全面评价。

（二）国内相关研究

国内学者对区域科技创新发展评价指标体系的理论探讨不多，更多是对区域科技创新能力、创新效率等进行定量研究。

1. 关于多维度评价指标体系构建的研究

甄峰等（2000）以知识与技术创新为切入点，从经济、社会与环境等综合维度构建评价指标体系，实现对创新的源头、产出、环境支撑等事关区域科技创新能力的多方面进行量化评估。祝新（2016）从知识、流动、企业主体、环境及绩效五方面构建指标，并运用灰色关联分析方法对广西的创新能力进行评价。陈江涛等（2018）从研发层面、成果转化层面、支撑作用层面等三个层面构建区域科技创新能力评价指标体系，该研究认为科技管理体制能够促进区域科技创新成果产出与转化，并通过构建研究成果相对指数对广东省的数据进行实证分析。顾伟男和申玉铭（2018）基于我国 35 个中心城市科技创新能力的演变历程，实证研究发现，少数中西部创新极核与东部沿海的城市具有较高的科技创新能力及增长能力，中心城市间科技创新发展差距体现在科技创新投入与产出之间。金玉石（2019）在对吉林省的区域创新研究中，从创新投入、支出、增长潜力等方面构建指标；贾春光（2020）以山东省为例，从科技创新发展的流程出发，具体涵盖发起创新、实现创新、创新转化及支持能力动态等诸多方面来综合构建科技创新水平评价指标体系。王宏智和孙金俊（2020）从 C－D 生产函数出发构建科技创新水平评价模型，通过多元线性回归、因子分析法从创新投入与创新产出两个方面进行考量，确定各经济体创新能力的高低排名。杜英和李晥玲（2021）基于科技创新能力耦合关系，从创新支持、研发及转化三个子系统层面构建区域科技创新系统耦合模型，实证研究认为，要加大创新研发、产出力度，促进区域科技创新能力协调发展。蔡晓琳等（2021）认为城市科技创新系统包含投入、产出、实施三方面的科技创新能力以及科技创新环境，进而采用标准差法、TOPSIS 法和 TOPDIS 法构建组合模型，实证分析珠三角城市科技创新能力。卢超和李文丽（2022）认为科技创新策源能力包括科研、产业、技术等三种类型，深入探讨了创新策源能力与国家科学技术"三大奖"①的对应关系，通过构建评价指标体系评价对比京沪深等城市的科技创新策源能力。

2. 关于区域科技创新发展的影响因素的研究

柳卸林和胡志坚（2002）认为大学、研发机构、企业、政府机构以及中介机构等创新要素对区域技术创新能力具有重要作用，要重视区域创新链条建设。卢山（2007）认为，创新环境、科技投入、科技产出、创新效益、科技促进可持续发展、知识扩散是决定区域科技创新能力的主要因素。陈套和尤超良（2015）在研究中提到科技创新不仅影响科技领域内的要素，还影响经济、政策领域及市场要素等；在王海燕和郑秀梅（2017）的研究中指出，在消费、投资等方面科技创新都发挥着积极的作用，能够给人们带来更高层次的生活。吴丹和胡晶（2018）认为，创新效率提升与规模扩张是增强国家科技创新能力的关键。李沃源和乌兰（2019）认为创新不仅受到创新的资源和环境等影响，各因素之间还要相互交织发生作用。

---

① 国家科学技术"三大奖"包括自然科学奖、技术发明奖、科学技术进行奖。

3. 关于区域科技创新发展的影响作用的研究

区域科技创新发展的效用研究主要聚焦于以下两个方面：一是有助于增强区域综合实力。方旋等（2000）指出科技创新不仅要注重区域内资源和实力，更要协调区域间的合作与竞争关系；姚升宝和汤朝雁（2019）、危怀安（2019）等学者研究指出，区域科技创新是衡量科技发展实力的重要指标，能够影响区域经济增长质量，对提高区域综合竞争实力具有明显正向作用；姚宇等（2019）在研究中指出科技创新能够推进社会生产力发展的结果。二是引领区域实现跨越式发展。崔永华和王冬杰（2011）在研究中提出区域科技创新对区域发展发挥着重要作用；吕国庆等（2014）在研究中以创新和知识为核心构建石油装备制造业的网络演化分析框架，并得出，创新等因素随着外部环境的变化产生新变化。

二、区域科技创新发展的空间分布研究

关于我国科技创新空间分布的学术探讨是以国内学者为主，并依托专利申请或者授权数据加以研究。具体而言：

（一）以城市为基本单位的区域对象开展科技创新发展的空间分布研究

早期国内学者较多以我国 31 个省级行政区（不包含我国港澳台地区）为研究对象，探讨科技创新的时空分布规律，研究发现就全国层面而言，其创新发展水平呈自东向西逐步递减的分布特征，且存在明显的空间集聚、空间自相关和路径锁定的分布特征（张玉明和李凯，2007；魏守华等，2011；李国平和王春杨，2012；王春杨和张超，2013；王庆喜和张朱益，2013；肖刚等，2016；叶静怡和刘雯，2018）。

近些年来，越来越多的学者开始转向研究城市群的科技创新发展的空间分布。相关研究主要围绕长三角（姜磊，2011；王承云和孙飞翔，2017）、长江经济带（武晓静等，2017）、长江中游（肖刚等，2016）以及粤港澳大湾区（程风雨，2020）等展开，研究表明城市群的科技创新发展具有由集中到相对分散的结构演进的空间分布特征，同时城市群内科技创新发展差距不断降低。就城市群科技创新发展差距的来源而言，群间差距

是其主要来源，且不同城市群科技创新发展具有不平衡性。比如杨明海等（2017）以长三角、珠三角、京津冀、长江中游、成渝、中原和哈长七大城市群为研究对象，研究发现，我国七大城市群总体差距呈下降趋势，京津冀城市群内部科技创新发展的差异最大，而中原城市群内部差距最小，区域间差异是导致七大城市群科技创新发展差异的主要来源。程风雨（2020）研究认为珠三角"9＋2"城市群中，港深莞惠都市圈科技创新发展的内部差距最大，都市圈间差异是其总体差距的主要来源。

此外，还有学者以国内城市为研究对象。有学者基于我国地级城市的科技创新数据，研究认为，中国城市科技创新活动的空间分布呈现向少数沿海城市集聚的特征，且具有明显的空间自相关性，并探讨其科技创新发展背后的驱动因素（王春杨和张超，2014；何舜辉等，2017；马静等，2018；李红雨和赵坚，2020；范柏乃等，2020）。吕拉昌（2010，2015）研究指出，我国城市科技创新空间体系形成以上海、北京为引领的五级塔形等级体系，城市科技创新联系具有东强西弱的分布格局。研究上海和北京（段德忠等，2015）以及杭州（王纪武等，2020）等城市，发现这些重点城市的内部科技创新发展均具有由单中心集聚向多中心协同集聚演进的空间分布特征。此外，随着黄河流域被纳入重大战略区域，有学者开始关注黄河流域的创新能力空间分布问题，如罗巍等（2020）研究认为，黄河流域科技创新极化水平极低，并表现出持续下降趋势，科技创新较强的省份对相对较弱的省份形成"涓滴"效应。刘建华和王明照（2020）指出，2010 年以来黄河流域下游城市群科技创新发展格局具有"东强西弱"与"多中心协同"并存的分布特征。

（二）区域科技创新发展的空间分布规律的量化探讨

从基于研究目标而产生的研究方法而言，现有相关文献主要存在三支。一是绝大多数文献是在非参数估计方法的框架下测算区域科技创新发展的空间分布集聚或空间差异特征，涉及赫芬达尔指数（HHI）、莫兰指数（Moran's I）、变异系数（CV）、集中度（CRn）指数、区位基尼（Gini）系数和泰尔（Theil）指数等，少量文献借助于参数估计的齐普夫（Zipf）指数进行相关研究。二是采用泰尔指数分解方法解构和识别区域科技创新发展空间差异来源（魏守华等，2011；王春杨和张超，2013；马茹和王宏伟，

2017；马静等，2018）。为了进一步分析创新发展空间差异来源，有文献开始使用 Dagum 基尼系数（Dagum，1997）将区域科技创新总体差距分解为地区内差距、地区间差距以及超变密度，从而更精确地探讨差异的具体来源（刘华军等，2013；杨明海等，2017；程风雨，2020；钟顺昌和邵佳辉，2022）。三是采用 Kernel 密度估计方法考察区域科技创新发展能力的分布动态（杨明海等，2017），采用（空间）马尔可夫链考察区域科技创新发展状态的时空转移概率问题（肖刚等，2016；杨明海等，2017）。

三、珠三角"9 + 2"城市群的科技创新发展研究

（一）珠三角"9 + 2"城市群科技创新发展的评价研究

1. 对标其他地区的科技创新发展实践

一是国际湾区发展的横向对比。珠三角"9 + 2"城市群作为我国高度开放的区域型经济体之一，拥有着得天独厚的发展优势，国家也十分重视其各方面的发展潜力，并致力于将该区域打造为世界一流湾区。珠三角"9 + 2"城市群与纽约湾区、东京湾区、旧金山湾区等世界三大湾区城市群的科技创新发展的对比分析是国内学者们研究的热点。基于 2008 ~ 2017 年世界四大湾区科技论文产出的发文量、引文影响力等数据，蔡利超等（2020）利用文献计量法研究认为，珠三角"9 + 2"城市群这一区域在论文累积量、高水平论文等衡量科技创新发展质量指标的发展还很滞后，科技创新的质量还有待提升，有必要将珠三角"9 + 2"城市群科技创新的数量优势转变为质量优势，从而带动珠三角"9 + 2"城市群高质量发展。旧金山湾区是以硅谷为代表的科技创新中心而闻名世界，打造成为"具有全球影响力的国际科技创新中心"正是《粤港澳大湾区发展规划纲要》中明确的大湾区的重要定位，因此旧金山湾区城市群科技创新发展的经验值得珠三角"9 + 2"城市群借鉴和学习。段杰（2020）从科技创新生态系统演化的维度出发，通过对比研究认为，现阶段珠三角"9 + 2"城市群依然处于其科技创新生态系统的初期，需要通过深化产学研协同合作、优化创新人才培养等途径来推动珠三角"9 + 2"城市群科技创新发展。

二是研究港澳科技创新实践，梳理总结其科技创新主要做法。就香港

发展而言：谢宝剑和宗蕊（2017）从香港回归祖国 20 年出发，对其科技创新发展进行了 SWOT 分析；许洪彬等（2018）从香港特首施政报告分析其科技创新发展政策；曾坚朋等（2020）通过梳理近年来国家及深圳市科研管理改革举措，并与香港科研管理制度进行比较，提出珠三角"9 + 2"城市群要进一步深入探索科研管理制度协同创新。就澳门发展而言：李伟（2014）认为澳门特别行政区政府重视人力资源开发和利用，把现代创新科技作为支撑产业生存、升级和提升国家竞争力的关键环节。刘成昆和张军红（2019）认为澳门创新科技发展在国际和区域的位次仍有较大上升空间，问题的焦点在于科技产业化不足，需要进一步推进产业创新发展。庞川（2018）认为澳门需要看准自己的优势，深化改革发展，融入大湾区。

2. 珠三角"9 + 2"城市群的战略政策对区域科技创新发展的影响

覃成林与黄龙杰（2020）认为，要将珠三角"9 + 2"城市群打造成具有国际地位的创新经济区，必须加强各城市间的创新联系。随着珠三角"9 + 2"城市群内部越来越多的城市之间形成了专利合作关系，城市间协同创新联系也随之越来越紧密。凌连新与阳国亮（2020）运用熵权法测度了珠三角"9 + 2"城市群的结构、成果、创新、资源等 10 个子系统经济高质量发展水平，结果显示，广州、深圳、香港通常处于高位区，珠海、东莞、佛山等区域一般位于中位区，肇庆、惠州、江门等区域一般位于低位区，偶尔有些年份部分城市会跌落或上升至另一个等级区间；从创新驱动发展子系统来说，珠三角"9 + 2"城市群创新驱动因子波动性特征明显，总体上呈现集聚性、复杂性、波动性、非均衡性的特点。

3. 广东与港澳地区三地科技创新发展协同研究

申明浩等（2020）探讨了珠三角"9 + 2"城市群的发展政策对企业创新激励的影响，研究认为，珠三角"9 + 2"城市群建设的政策实施能为区域的创新协调发展提供政策上的便利，同时也为企业提升科技创新水平提供了诸多必要的经济发展要素。但是，珠三角"9 + 2"城市群相对于世界其他的城市群，其特殊性主要表现为粤港澳在政治领域、经济领域甚至文化领域都存在着明显的差异。具体而言，一方面，关注粤港澳三地科技创新发展制度异质性问题。与纽约湾区、东京湾区、旧金山湾区等世界三大湾区显著差别的一点是，珠三角"9 + 2"城市群中珠三角地区与港澳地区存在制度异质性，它的存在可能会阻碍珠三角"9 + 2"城市群内部各种创新资源和创新要素的共享，导致科技创新发展所需的资源要素流动不充分。覃成林和柴庆元（2018）则认为珠三角"9+2"城市群的区域特殊性可能会给城市群内不同城市间的内部联系、相互合作及分工带来一定的阻碍。尤其是，可能降低香港、澳门以及其他城市之间的要素流通与资源共享程度。另一方面，研究推动粤港澳三地科技创新协同发展的体制机制。毛艳华（2018）研究认为，珠三角"9+2"城市群需要借鉴欧盟的异质性跨境合作模式的成功案例，加快城市群体制机制创新、改善城市群营商环境、加强城市群市场体制对接以及消除城市群内要素跨境流通障碍等，从而有助于破除珠三角"9+2"城市群科技创新发展的制度异质性壁垒，推进珠三角"9+2"城市群的协同创新发展。张宗法和陈雪（2019）提出珠三角"9+2"城市群科技协同创新要从培育高水平产业创新集群等方面入手，通过加快推进珠三角"9+2"城市群一体化发展，努力把珠三角"9+2"城市群建设成为全球重要的高端制造业和国际科技、产业创新中心。张颖莉（2020）针对当前珠三角"9+2"城市群科技创新协同发展存在的问题，从先行先试打造领先的科技创新协同机制等方面提出，要形成合力实现珠三角"9+2"城市群科技创新协同发展。陈锡强等（2020）从要素协同的角度分析珠三角"9+2"城市群科技协同创新的整体区域特征及存在的问题，总结归纳珠三角"9+2"城市群科技协同创新的经验模式。李铁成和刘力（2021）则提出"1+4+2"珠三角"9+2"城市群协同创新政策体系框架。

（二）珠三角"9+2"城市群科技创新发展的量化研究

1. 利用空间计量方法研究珠三角"9+2"城市群科技创新能力的空间分布及其影响因素

郭文伟和王文启（2018）基于2006～2016年珠三角"9+2"城市群11个城市的面板数据，通过选取专利授权量度量城市的科技创新水平，借助空间计量模型实证研究金融聚集及银行业、证券业、保险业三大金融子行业对城市科技创新的空间溢出效应。结果表明，一方面，大湾区城市科技创新及金融聚集本身存在明显的空间关联性，但金融聚集对城市科技创新没有显著的影响作用，金融子行业中也仅有保险业显著正向促进城市科技创新；另一方面，研发投入、教育水平、政府支持政策和经济发展水平对城市科技创新均有显著的正向促进作用。王伟等（2020）则主要研究了除湛江外的粤港澳大湾区 22 个城市的创新空间格局及其影响因素，第一步是从整体差异、时空演变、创新联系、空间相关等四个方面分析各个城市创新的空间关联与空间分布，第二步则采用空间计量模型实证研究城市创新的影响因素，包括创新产出、创新投入、开放度、产业特征、地区经济发展水平。结果显示，一方面，粤港澳大湾区 22 市创新产出不仅呈现"核心－外围"格局，更是凸显出"港深广佛"的创新联系走廊；另一方面，粤港澳大湾区 22 市的城市创新存在空间关联性，并且创新投入与城市开放度两因素显著影响城市创新产出。

2. 定量评价珠三角"9＋2"城市群科技创新协同发展

李燕（2019）基于 Cobb－Douglas 生产函数的对数化模型实证发现，珠三角"9＋2"城市群的科技创新能力在地理邻近、技术邻近和制度邻近 3 个维度上均不具有显著的空间集聚特征。蹇令香等（2020）认为珠三角"9＋2"城市群科技创新复合系统的协同度有所提升，但是仍处于低度协同发展状态。程风雨（2020）研究表明，都市圈差异是导致珠三角"9＋2"城市群科技创新差异的主要来源。张鹏等（2021）认为不同城市的科技创新效率变化存在差异，规模效率对技术效率提升起到阻碍作用。李文辉和丘芷君（2021）以大湾区合作申请专利的计量信息为依据，探索珠三角 9 市及港澳共 11 个城市的协同技术创新特征。

四、文献述评

综合来看，目前学者对区域科技创新问题的探讨众多，相关研究内容涉及区域科技创新的含义、评价研究、影响因素等，学者们所做研究维度较全面，研究方法丰富，研究成果较为丰硕，这对科学理解珠三角"9＋2"城市群创新地理的相关问题提供了重要参考和支撑。科技创新是引领发展的第一动力，是提高区域经济发展质量的重要保证。国家致力于将珠三角"9＋2"城市群打造成为世界一流湾区城市群，建设成为具有国际领先地位的区域经济体。国家"十四五"规划和 2035 年远景目标纲要提出，要以京津冀、长三角等东部沿海城市群为重点，提升创新策源能力和全球资源配置能力，加快打造引领高质量发展的第一梯队。因此，创新实施城市间协同创新发展战略是具有空间属性的国家重大发展战略，也是推动珠三角"9+2"城市群高质量发展的关键举措。从相关研究来看，科技创新研究领域的相关学者也对珠三角"9+2"城市群产生了研究兴趣。在珠三角"9+2"城市群科技创新方面，现有学者较多地从珠三角"9+2"城市群政策制度方面来研究其对科技创新的影响，也有学者通过研究珠三角"9+2"城市群各城市的内部子系统来考察其科技创新的现状及特点。与珠三角"9+2"城市群科技创新战略定位与发展要求相比，对其创新发展的探讨仍然寥寥，存在以下三点有待深入的地方：

第一，现有研究主要集中在我国创新发展能力较强的非涉港澳的城市群，而珠三角"9+2"城市群作为国家重要的空间战略区，其创新发展的空间分布等相关研究显然还不够充足、充分。分析珠三角"9+2"城市群科技创新空间分布特征是把握其创新高质量发展的重要切入点，因此这势必会不利于珠三角"9+2"城市群整体创新能力水平的有效提升，可能迟滞粤港澳三地协同创新发展，影响珠三角"9+2"城市群打造具有全球影响力的国际科技创新中心的质效。

第二，有关珠三角"9+2"城市群科技创新发展空间分布的研究尚处于起步阶段，整体研究还较为粗糙。一方面，从区域科技创新指标来看，现有研究存在统计口径不一致或者用珠三角9市的实证回归结果来分析珠三角"9+2"城市群11市的创新发展等方面的问题，缺乏针对珠三角"9+2"城市群技术创新的时空特征加以分析。另一方面，现有珠三角"9+2"城市群的创新研究多以通用知识为基础开展战略研究，没有建立分析框架探讨珠三角"9+2"城市群技术创新演化的机制，缺乏对珠三角"9+2"城市群技术创新网络的形成及演化进行深入剖析。此外，相关研究更多关注了创新活动或创新要素的空间分布本身，而缺乏诸如对其时空转移概率以及时空分布的收敛机制的分析。

第三，既有研究大多采用Kernel密度估计方法来揭示研究对象的动态演进特征，鲜有通过标准差椭圆方法进行分析。标准差椭圆及重心迁移分析可以系统且直观地揭示珠三角"9+2"城市群科技创新活动在空间上的多方面特征，进而与Kernel密度估计方法及Dagum基尼系数分解方法形成相互补充。

鉴于此，本书以珠三角"9+2"城市群城市层面的科技创新发展为研究对象,并以中华人民共和国国家知识产权局(SIPO)"中国专利数据库"人工爬取的发明专利授权额衡量创新发展水平,虽然单纯采用创新产出单一指标专利数衡量珠三角"9+2"城市群科技创新水平难免存在局限性,但是在现有数据条件下,可以从一定程度上解决粤港澳三地统计数据指标和统计口径的客观差异问题。进一步,我们基于2000年以来珠三角"9+2"城市群的面板数据,沿用现有文献研究区域创新能力的空间效应时所采用的空间计量方法,沿用相关文献采用的探索性空间数据分析法,分析珠三角"9+2"城市群科技创新的空间关联与空间聚集现况以及变化趋势,并借助空间计量模型对珠三角"9+2"城市群科技创新空间关系网络的影响因素进行实证分析,通过实证分析找到显著影响珠三角"9+2"城市群科技创新发展的主要驱动,旨在提出能精准、有效、有针对性地提高该区域科技创新发展水平的政策建议,优化该区域创新能力的差异格局,推动粤港澳三地的协同创新发展。

第三节 研究思路与内容概述

一、研究思路

本书尝试从区域科技创新相关的国内外研究进行系统梳理入手,先后从一般意义上梳理区域科技创新发展、空间分布规律以及珠三角"9+2"城市群的科技创新发展等问题。以上内容既是本书文献综述的主要构成,也为全书开展实证研究提供了必要的文献支撑与逻辑基础。针对前文提到的目前研究中存在的值得深入的地方,本书重点通过五个章节来探讨珠三角"9+2"城市群科技创新空间关系与高质量发展问题。

首先,本书在第二章中较为系统地梳理了珠三角"9+2"城市群科技创新发展的空间动态演变规律,该章基于2000年以来珠三角"9+2"城市群各市的发明专利授权额年度数据为区域科技创新发展的衡量指标,从其空间演进特征及融合趋势等维度出发,结合地理经济学的研究工具系统考察珠三角"9+2"城市群科技创新发展水平的空间分异与演化特征问题。同时,使用空间格局统计标准差椭圆方法与地理信息分析可视化方法分析珠三角"9 +2"城市群科技创新发展的空间演化趋势。

在第二章的研究中,我们研究认为,虽然珠三角"9 +2"城市群创新平台及载体众多,创新资源禀赋丰富,但是城市群内科技创新资源分布不均衡的问题较为突出,而这种科技创新发展的不均衡性会制约和阻碍珠三角"9 +2"城市群科技创新高质量发展。因此,从这个逻辑分析来看,珠三角"9 +2"城市群科技创新空间差异及收敛性探讨就应运而生。我们在第三章中采用 Dagum 基尼系数及它按子群分解的方法对珠三角"9 +2"城市群科技创新发展差异进行测度,分析其创新发展差异的空间来源,并对珠三角"9 +2"城市群科技创新发展的收敛机制进行经验识别。

第四章沿用21 世纪以来珠三角"9 +2"城市群城市层面科技创新的面板数据,以修正的引力模型构建珠三角"9 +2"城市群科技创新空间关联网络,使用社会网络分析方法深入分析该网络的结构特征。在此基础上,首次针对珠三角"9 +2"城市群科技创新空间网络采用动态网络分析,创新性地利用时态指数随机图模型(temporal exponential random graph models, TERGM)探讨珠三角"9 +2"城市群科技创新空间关联网络的驱动机制问题。

接下来,第五章结合新时代提出的要求与发展的实际情况,试图总结和厘清珠三角"9 +2"城市群科技创新的发展现状及问题,分析其发展面临的机遇与挑战,进而基于城市层面数据对珠三角"9 +2"城市群及其三大都市圈科技创新发展的趋势特征加以刻画,并深入探讨珠三角"9 +2"城市群科技创新发展驱动因素及其交互作用机制。

最后,第六章从珠三角"9 +2"城市群科技创新发展的空间动态演变规律、发展差异及收敛机制、关联网络评价及驱动机制和演变趋势等维度总结全书研究发现,相应地提出在新时代背景下推动珠三角"9 +2"城市群科技创新协调发展,加快实现珠三角"9 +2"城市群高质量发展的若干政策建议。

二、研究内容概述

本书主要是以珠三角"9 +2"城市群科技创新发展为研究对象,并且侧重于经验研究,目的在于为这方面的既有研究提供较为系统的且有力的证据，并基于此为珠三角"9+2"城市群科技创新改革和高质量发展提供更为可靠的理论依据。据此，本书用五章进行实证研究，其各章研究内容概述如下：

第一章绪论。本章主要包括两方面内容：一是较为系统全面地对与区域科技创新发展相关的国内外文献进行回顾，主要包括区域科技创新发展、空间分布规律以及珠三角"9+2"城市群的科技创新发展等问题，从而为后文的实证研究提供文献支撑。二是围绕本书研究选题的由来、研究目的、研究意义和研究框架等内容进行介绍，并简要阐述本书的研究思路及所使用的实证方法。

第二章珠三角"9+2"城市群科技创新发展的空间动态演变。在这一章中，主要着眼于两大问题展开。

一是分别以珠三角"9+2"城市群总体以及广佛肇、港深莞惠和澳珠中江①等三大都市圈为研究对象，从空间演进特征及融合趋势等维度出发，系统考察珠三角"9+2"城市群科技创新发展水平的空间分异与演化特征问题。研究发现：珠三角"9+2"城市群科技创新发展从低水平阶段向高水平阶段持续演进，没有呈现两极分化或多极分化现象，具有分散化的区域集聚特征。珠三角"9+2"城市群科技创新发展水平总体上呈上升趋势，城市群内各区域科技创新发展水平的绝对差距在逐渐扩大，同时科技创新发展水平较低的地区与科技创新发展水平较高的地区之间的相对差距依然显著存在。从极化情况来看，珠三角"9+2"城市群总体的科技创新发展并不具有明显的两极分化特征，而澳珠中江都市圈科技创新发展水平则具有较为显著的两极分化趋势。珠三角"9+2"城市群不同地区科技创新发展的正空间相关性会随时间而降低，且其分布动态演进过程中的空间溢出性逐渐减弱。珠三角"9+2"城市群不同区域间的相对科技创新发展存在不一致性，相互作用还较为有限。这意味着珠三角"9+2"城市群科技创新发展难以依靠邻近地区科技创新发展的外溢效应，更多需要依靠自身的产业升级和技术创新，才能够实现本地区科技创新的跨越式发展。

二是使用空间格局统计标准差椭圆方法与地理信息分析可视化方法分

---

① 广佛肇都市圈包括广州、佛山和肇庆；港深莞惠都市圈包括香港、深圳、东莞和惠州；澳珠中江都市圈包括澳门、珠海、中山和江门。

析珠三角"9+2"城市群科技创新发展的空间演化趋势，通过二次椭圆的方法识别其科技创新融合的态势。研究发现：珠三角"9+2"城市群科技创新集聚区呈现先向东南后向西北方向移动、空间收缩密集化的趋势，反映出集聚化在珠三角"9+2"城市群科技创新的演变发展中具有重要的影响。珠三角"9+2"城市群科技创新集聚区正处于不断扩张中，且具有一定的方向性。珠三角"9+2"城市群科技创新核心集聚区2000年以来从莞深一带不断往广州佛山方向扩张。港深莞惠都市圈和广深莞轴带这两个地区具有更强更为集聚的科技创新优势，这两个地区是最有潜力促进珠三角"9+2"城市群科技创新融合一体化的轴带。

第三章珠三角"9+2"城市群科技创新空间差异及收敛性。本章按照地理邻接关系将珠三角"9+2"城市群划分为广佛肇、港深莞惠和澳珠中江三大都市圈，采用Dagum基尼系数及其按子群分解的方法对珠三角"9+2"城市群科技创新发展的差异及其来源进行测度，并采用σ收敛、β收敛、俱乐部收敛以及空间β条件收敛对珠三角"9+2"城市群科技创新发展的收敛机制进行经验识别。研究发现，考察期内珠三角"9+2"城市群科技创新发展的总体差异呈逐渐下降趋势。广佛肇、港深莞惠和澳珠中江三大都市圈内的基尼系数也存在明显的差异，都市圈间差异是导致珠三角"9+2"城市群科技创新发展差异的主要来源。从收敛的识别结果来看，珠三角"9+2"城市群总体及广佛肇都市圈、港深莞惠都市圈和澳珠中江都市圈的科技创新发展均不存在β绝对和条件收敛；广深港澳、珠三角其余7市科技创新发展依然存在显著的发散特征，并不具备俱乐部收敛机制。

第四章珠三角"9+2"城市群科技创新空间关联网络研究。本章尝试整合空间关联网络可视化与统计建模方法，采用复杂社会网络分析方法从整体、个体及板块等三重维度探究珠三角"9+2"城市群科技创新空间关联网络结构的宏微观特征，借助TERGM从静态和动态、内生结构和外生机制等多维视角，探寻和检验影响珠三角"9+2"城市群科技创新关联网络格局演化的自组织机制和关系嵌入机制，考察珠三角"9+2"城市群科技创新空间关联网络结构的驱动因素。研究发现：珠三角"9+2"城市群科技创新空间关联由单核关联向多核联动发展，从前期以香港为单核心，节点城市独链甚至缺链的关联状态，逐步发展成为以广深港澳四个城市为关联内核，呈现出复杂且相互交织的空间溢出关系。珠三角"9＋2"城市群科技创新空间关联关系总额呈逐年递增趋势，科技创新网络的空间关联性逐步增强。同时，珠三角"9＋2"城市群节点城市的科技创新对周边城市具有较强的空间相关性和空间溢出效应，但各个节点城市的中介中心度呈现出非均衡特征。虽然珠三角"9＋2"城市群科技创新空间关联主要表现为不同板块之间的显著关联，但该网络并不具有较为明显的"俱乐部"收敛特征。珠三角"9＋2"城市群科技创新空间关联网络的形成和演化受内生机制的影响有限，地区经济发展等外生机制仍是影响珠三角"9＋2"城市群科技创新空间关联网络发展的主要因素。同时，随着互惠性、结构依赖及时间依赖等变量的逐步加入，外生变量对珠三角"9＋2"城市群科技创新空间关联网络的影响效应呈现下降趋势，该网络的形成及演化并未呈现出明显的路径依赖。

　　第五章珠三角"9＋2"城市群科技创新发展的趋势研究。本章基于2000～2020年珠三角"9＋2"城市群城市层面的发明专利授权额数据，从时间和空间、静态和动态等维度分别采用传统和空间马尔可夫链方法，对珠三角"9＋2"城市群及其三大都市圈科技创新发展的趋势特征加以刻画，并结合地理探测器模型、Shaply值的因素分解等方法对珠三角"9＋2"城市群科技创新发展驱动因素及其交互作用机制进行深入探讨，研判其科技创新发展的趋势路径。研究发现：珠三角"9＋2"城市群总体及其三大都市圈的科技创新发展的稳定性均呈现出随时间而下降的共同特征。低水平和高水平趋同俱乐部相对稳定，中间阶段的发展水平趋同俱乐部则较易发生转移。趋同俱乐部多发生在相邻类型之间，跨状态转移发生的概率较小。同时，珠三角"9＋2"城市群总体及其三大都市圈科技创新的俱乐部收敛特征还存在一定的差异。珠三角"9＋2"城市群邻近地区对于本地区科技创新的转移存在显著的影响，即在考虑研究对象的邻居背景条件后，珠三角"9＋2"城市群及其三大都市圈科技创新的转移情况发生明显的改变，产生一定的空间溢出效应。物质资本投入、信息技术、从业人口等3个影响要素是推动珠三角"9＋2"城市群科技创新发展非常重要的因素。而且，珠三角"9＋2"城市群科技创新的发展是多种因素共同作用的结果，物质资本投入与其他影响因素结合会对珠三角"9＋2"城市群科技创新发展发挥更大的驱动作用。

第六章总结与启示。本章对前几章的研究进行总结，并以此从协调推进珠三角"9 +2"城市群科技创新发展、充分挖掘物质资本对科技创新发展的撬动效应和加快构建珠三角"9 +2"城市群创新发展新生态等维度，提出在新时代背景下推动珠三角"9 +2"城市群科技创新协调发展，加快实现珠三角"9 +2"城市群高质量发展的若干政策建议。

第二章　珠三角"9+2"城市群科技创新发展的空间动态演变

第一节　问题的提出

习近平总书记在党的二十大报告中指出，"必须坚持科技是第一生产力、人才是第一资源、创新是第一动力，深入实施科教兴国战略、人才强国战略、创新驱动发展战略，开辟发展新领域新赛道，不断塑造发展新动能新优势""加快实施创新驱动发展战略""加快实现高水平科技自立自强"①。珠三角"9+2"城市群是我国对外开放的门户枢纽，也是推动我国科技创新高质量发展的重要空间载体。作为改革开放和科技创新的先行区，珠三角"9+2"城市群肩负特殊的历史使命。2019年党中央、国务院发布的《粤港澳大湾区发展规划纲要》将珠三角"9+2"城市群定位为全球科技创新高地和新兴产业重要策源地，其中明确提出要"敢为人先，通过提升自主创新水平，掌握技术革新的自主权及主动权，迈向技术创新领域的新台阶"。其中，加强区域科技协同创新被认为是珠三角"9+2"城市群建成世界级城市群、国际科技创新中心和"一带一路"建设的核心驱动，也是支持深圳建设中国特色社会主义先行示范区的重要支撑。然而，与其他区域类似，珠三角"9+2"城市群所在区域也会因经济社会发展基础、地理区位条件以及区域发展政策等因素，在科技创新投入、产出及发展要素禀赋等方面存在较大差异，而不同区域科技创新的不平衡会对珠三角"9+2"城市群协同提升区域科技创新能力造成严峻挑战。值得注意的是，与东京、

---

① 中国共产党第二十次全国代表大会文件汇编［M］．北京：人民出版社，2022：28－29．

纽约、旧金山等世界三大湾区城市群的科技创新态势相比,珠三角"9+2"城市群科技创新在合作机制、协同分工及创新要素配置等方面依然具有较为明显的制约效应。因此,弄清珠三角"9+2"城市群科技创新的动态空间演进规律,无疑将有助于探索如何更好地加强粤港澳科技创新合作,解码科技创新协同有效模式,也将有助于探索如何推动形成珠三角"9+2"城市群创新链,以实现区域经济高质量发展的新格局。

本章将结合传统 Kernel 密度估计和空间 Kernel 密度估计的工具方法,对珠三角"9+2"城市群总体以及广佛肇、港深莞惠和澳珠中江等三大都市圈科技创新发展的空间动态演变进行探讨;使用空间格局统计标准差椭圆方法与地理信息分析可视化方法分析珠三角"9+2"城市群科技创新发展的空间演化趋势,并通过二次椭圆的方法识别其科技创新融合的态势。

第二节 实证研究设计及变量说明

一、模型方法

(一) 传统 Kernel 密度估计

作为一种非参估计方法,Kernel 密度估计可以估计随机变量的概率密度,通过连续密度曲线来有效展示研究对象分布的整体状况 (Silverman,1986)。而 Kernel 密度估计没有确定的表达式,往往是通过估计值的图形分布变化来反映随机变量的分布位置、延展性和形态变化等整体分布信息。我们假定随机变量 X 的密度函数为 $f(x)$,它采用概率密度函数的具体形式如式 (2-1) 所示。同时,采用现有文献惯常做法,我们使用高斯核函数进行传统 Kernel 密度非参估计,其表达式如式 (2-2)。

$$f(x) = \frac{1}{Nh} \sum_{i=1}^{n} K\left(\frac{X_i - x}{h}\right) \qquad (2-1)$$

$$K(x) = \frac{1}{\sqrt{2\pi}} \exp\left(-\frac{x^2}{2}\right) \qquad (2-2)$$

式 (2-1) 和式 (2-2) 中,$K(\cdot)$ 代表核函数;X_i 代表观察值,其值满足独立同分布；N 和 x 分别代表观察值的个数和均值。作为概率密度函数的带宽，h 决定了核密度曲线的光滑程度和估计精度，其值越小意味着曲线越不光滑，估计精度越高；反之，其值越大，表明曲线越光滑，估计精度越低。

（二）空间 Kernel 密度估计

传统 Kernel 密度估计虽可以展现变量的分布形态，但无法有效反映跨时期后研究样本的具体变化，而空间 Kernel 密度估计则可以对随机过程中产生状态变化的概率密度函数加以估计，进而通过研究样本动态分布的三维图和密度等高线图来准确判断其动态变化规律。为了全面掌握珠三角"9＋2"城市群科技创新发展分布形态的演化特征，我们将条件 Kernel 密度估计引入珠三角"9＋2"城市群科技创新发展的动态演进研究中，基于高斯核函数条件的 Kernel 密度估计的公式为：

$$g(y \mid x) = \frac{f(x, y)}{f(x)} \qquad (2-3)$$

$$f(x, y) = \frac{1}{Nh_x h_y} \sum_{i=1}^{N} K_x \left(\frac{X_i - x}{h_x} \right) K_y \left(\frac{Y_i - x}{h_y} \right) \qquad (2-4)$$

上述两式中，$g(y \mid x)$ 代表空间条件下的 Kernel 密度估计，$f(x, y)$ 代表 x 和 y 的联合概率密度函数，$f(x)$ 代表 x 的边际概率密度函数。

（三）标准差椭圆

标准差椭圆是一种描述地理要素集中、离散趋势及方向分布等多维空间分布特征的全局空间统计方法（白冰等，2021）。本研究将运用标准差椭圆定量化珠三角"9＋2"城市群各区域科技创新的重心、展布范围、空间密集度、形状和方位及其变化。上述五种空间指标通过标准差椭圆的中心（经纬度）、椭圆面积、单位面积上的科技创新量、长短半轴之比和长轴方位角来表征。相关计算公式如下：

重心计算公式：

$$\overline{X} = \frac{\sum_{i=1}^{n} w_i x_i}{\sum_{i=1}^{n} w_i}, \quad \overline{Y} = \frac{\sum_{i=1}^{n} w_i y_i}{\sum_{i=1}^{n} w_i} \qquad (2-5)$$

方位角计算公式：

$$\tan\theta = \frac{\left(\sum_{i=1}^{n} w_i^2 \tilde{x}_i^2 - \sum_{i=1}^{n} w_i^2 \tilde{y}_i^2\right) + \sqrt{\left(\sum_{i=1}^{n} w_i^2 \tilde{x}_i^2 - \sum_{i=1}^{n} w_i^2 \tilde{y}_i^2\right)^2 + 4\sum_{i=1}^{n} w_i^2 \tilde{x}_i \tilde{y}_i}}{\sum_{i=1}^{n} 2 w_i^2 \tilde{x}_i \tilde{y}_i}$$

$$(2-6)$$

X、Y 轴标准差计算公式：

$$\sigma_x = \sqrt{\frac{2\sum_{i=1}^{n}(w_i \tilde{x}_i \cos\theta - w_i \tilde{y}_i \sin\theta)^2}{\sum_{i=1}^{n} w_i^2}} \qquad (2-7)$$

$$\sigma_y = \sqrt{\frac{2\sum_{i=1}^{n}(w_i \tilde{x}_i \sin\theta + w_i \tilde{y}_i \cos\theta)^2}{\sum_{i=1}^{n} w_i^2}} \qquad (2-8)$$

X、Y 轴坐标偏差计算公式：

$$\tilde{x}_i = x_i - \overline{X}, \quad \tilde{y}_i = y_i - \overline{Y} \qquad (2-9)$$

椭圆面积计算公式：

$$S = \pi \sigma_x \sigma_y \qquad (2-10)$$

空间密集度计算公式：

$$I = W/S \qquad (2-11)$$

式（2-5）~式（2-11）中，n 表示珠三角"9+2"城市群中城市个数；(x_i, y_i) 表示该城市群中每个城市的经纬度地理坐标；w_i 表示该城市群每个城市对应的科技创新要素值；$(\overline{X}, \overline{Y})$ 表示加权平均重心坐标；θ 为椭圆的方位角；σ_x 和 σ_y 分别表示椭圆 x 轴和 y 轴的标准差；$\tilde{x}_i$ 和 $\tilde{y}_i$ 分别为该城市群各城市到平均重心的坐标偏差；I 为椭圆的空间密集度；W 为研究区域内科技创新发展总量；S 为标准差椭圆的面积。

上述研究是基于 ArcGIS10.8 平台进行标准差椭圆分析，其中，特别行政区和各地级市行政边界采用 Albers 投影坐标系。通过标准差椭圆中心及其迁徙轨迹可以反映珠三角"9＋2"城市群科技创新的发展方向；标准差椭圆的面积表征着该城市群各城市科技创新水平的动态变化。通过椭圆面积的变化，可以确定珠三角"9＋2"城市群科技创新水平是处于扩张还是收缩的发展趋势，椭圆面积扩大表示椭圆外部的城市科技创新水平显著发展，椭圆面积缩小表示椭圆内部城市的科技创新发展快于外部城市，即科技创新处于集中发展趋势，反之处于扩张发展趋势。密集度是指单位面积上的要素量，通过密集度的大小变化可以反映区域内科技创新是处于密集化还是稀疏化的发展，其中密集度越大的区域越具有高水平的科技创新能力。椭圆长短半轴反映着科技创新的空间展布方向和范围，其中方位角的变化反映科技创新的发展方向。标准差椭圆的形状指数即长短半轴之比，可以确定科技创新的发展方向性，形状指数越接近 1，科技创新的发展方向性越弱；反之，越偏离 1，科技创新的发展方向性越强。

需要注意的是，大部分的研究中使用的标准差椭圆方法默认采用一个标准差进行空间统计，一个标准差椭圆能够覆盖约 68％ 的要素，一定程度上能够反映研究要素的核心区域。但很多情况下，一个标准差椭圆内的要素仍无法精确刻画出研究区域内的核心集聚区。基于此，本研究拟在一个标准差椭圆的基础上，选取椭圆内的要素，进行第二次标准差椭圆，二次椭圆内覆盖约 44％ 的要素，能够更好地识别核心集聚区。

二、变量说明

鉴于数据的可获得性，基于研究内容的安排，本书使用珠三角"9＋2"城市群城市层面的发明专利数据作为其区域科技创新水平的衡量数据。从相关研究来看，作为创新变革的重要技术来源，发明专利数据最能反映一个区域科技创新基础与创新水平，而且是目前备受学者在城市层面所认可的创新测度指标。据此，本书参考程风雨（2020）的研究，在同一统计口径下获取珠三角"9＋2"城市群城市发明专利授权额，以此作为该区域科技创新发展水平的衡量指标。需要指出的是，对于香港和澳门而言，国家知识产权局不是其唯一的专利授权申请机构，因此港澳的发明专利数据可能存在部分遗漏的情形。此外,我们在标准差椭圆中提到的香港特别行政区和澳门特别行政区以及 9 个地级市行政边界来源于全国地理信息资源目录服务系统的"1∶100 万全国基础地理数据库"。具体如表 2 - 1所示。

表 2 - 1 数据清单

数据名称	数据来源	备注
科技创新数据	国家知识产权局专利检索系统	时间分辨率:2000 ~ 2019 年
行政边界	全国地理信息资源目录服务系统 "1∶100 万全国基础地理数据库" https:∥www. webmap. cn/main. do? method = index	更新时间:2019 年; 坐标系:2000 年国家大地坐标系

第三节 珠三角"9 +2"城市群总体科技创新发展的空间动态演变

一、初步分析

我们首先对珠三角"9 +2"城市群科技创新发展水平进行初步考察。表 2 - 2 和图 2 - 1 ~ 图 2 - 3 刻画了样本考察期内珠三角"9 +2"城市群科技创新的发展状况。

表 2 - 2 珠三角"9 +2"城市群科技创新发展水平（2000 ~ 2020 年）

地区	2000 年	2003 年	2006 年	2009 年	2012 年	2015 年	2018 年	2020 年
珠海市	0.0131	0.0451	0.1516	0.3769	1.3208	4.2294	14.0132	18.6589
中山市	0.0057	0.0016	0.0082	0.0361	0.1696	0.1893	1.4486	0.8538
江门市	0.0010	0.0131	0.0246	0.0803	0.3253	0.6456	2.4908	0.9865
澳门特别行政区	0.0016	0.0008	0.0049	0.0057	0.0156	0.0303	0.1024	0.1794
广州市	0.0967	0.2860	0.5645	1.4969	3.9714	7.5576	30.4329	31.1899

续表

地区	2000 年	2003 年	2006 年	2009 年	2012 年	2015 年	2018 年	2020 年
佛山市	0.0041	0.0172	0.2565	0.6096	1.1454	3.5191	21.3562	2.9095
肇庆市	0.0352	0.1376	0.3023	0.6833	1.6674	3.4478	8.5031	6.4155
深圳市	0.1762	0.6702	2.0025	9.7428	18.7826	28.2673	66.7675	100.0000
惠州市	0.0049	0.0131	0.1803	0.1368	0.9095	2.1262	5.9665	4.5113
东莞市	0.0057	0.0205	0.1131	0.6964	2.6129	4.9415	14.6957	9.6207
香港特别行政区	0.0066	0.0451	0.1237	0.2933	0.5621	0.6145	0.9144	1.2782
广佛肇	0.0453	0.1469	0.3744	0.9300	2.2614	4.8415	20.0974	13.5050
港深莞惠	0.0483	0.1872	0.6049	2.7174	5.7168	8.9874	22.0860	28.8526
澳珠中江	0.0054	0.0152	0.0473	0.1247	0.4578	1.2737	4.5138	5.1696
全湾区	0.0319	0.1137	0.3393	1.2871	2.8620	5.0517	15.1538	16.0549

注：表中数据进行了标准化处理。限于篇幅，只报告了代表性年份。

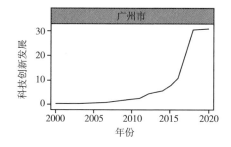

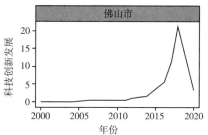

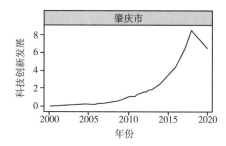

图 2-1　广佛肇城市科技创新发展时变

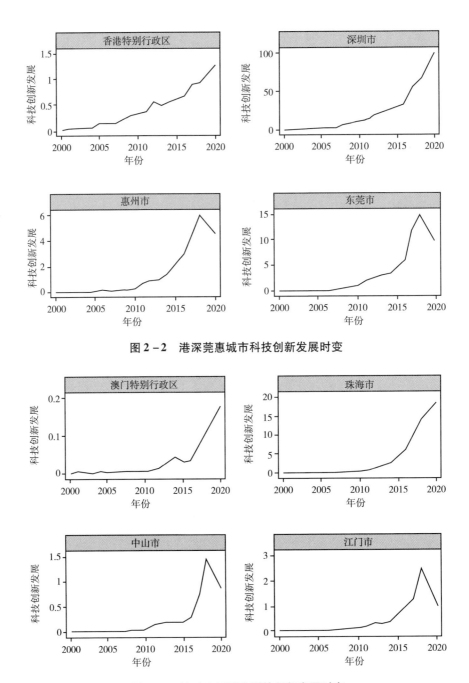

图 2 - 2 港深莞惠城市科技创新发展时变

图 2 - 3 澳珠中江城市科技创新发展时变

结合图表，可以发现珠三角"9+2"城市群科技创新发展具有以下特征：

（1）从变动趋势分析，珠三角"9+2"城市群整体科技创新发展水平呈现上升趋势。珠三角"9+2"城市群科技创新发展水平在样本期内大部分年份具有显著上升的特征，但是近几年则表现出有所下降的趋势。其中可能的原因是，新冠疫情给珠三角"9+2"城市群经济社会发展带来较大的负向冲击和扰动，进而对其科技创新发展产生不利影响。

（2）从数值大小分析，珠三角"9+2"城市群城市的科技创新发展水平较高的城市是深圳和广州，以它们为引领核心代表的都市圈的科技创新发展水平也最高，其排序为港深莞惠都市圈＞广佛肇都市圈＞澳珠中江都市圈。这与《粤港澳大湾区发展规划纲要》明确将珠三角"9+2"城市群所在区域打造成为"具有全球影响力的国际科技创新中心"，不断深入推进广深科技创新走廊建设和构建起连接广州、深圳、东莞的"一廊十核多节点"科技创新经济带的战略布局相一致。从以上简单的经验事实分析不难看出，在样本考察期内珠三角"9+2"城市群科技创新发展具有一定的分化差异，但粤港澳大部分城市、三大圈层及大湾区整体的科技创新发展水平呈现上升趋势。

此外，地区经济社会发展因素也会对珠三角"9+2"城市群科技创新的区域性发展具有一定影响。

二、传统 Kernel 密度估计

前文的经验事实分析在一定程度上对珠三角"9+2"城市群科技创新发展分布的整体形态进行了统计刻画，但却无法揭示其科技创新发展的动态演进特征。因此，本章尝试使用传统 Kernel 密度估计方法，分析样本考察期内珠三角"9+2"城市群科技创新发展的分布动态演进，而且通过不同时期的比较，还可以把握珠三角"9+2"城市群科技创新发展分布的动态特征。据此，基于高斯核函数，本章使用传统 Kernel 密度估计方法，绘制了珠三角"9+2"城市群科技创新发展二维时序图（见图 2-4）。

结合图 2-4，我们认为在新冠疫情暴发前即 2001~2018 年的样本考察期间，珠三角"9+2"城市群科技创新发展的分布动态演进呈现出以下几个方面的特征：第一，从波峰的移动来看，珠三角"9+2"城市群 11 个城市科技创新发展的 Kernel 密度估计曲线主峰位置整体向右移动，说明该地

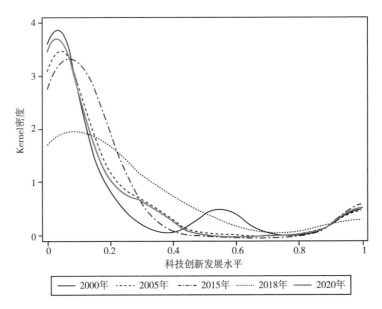

图2-4 2000～2020年珠三角"9+2"城市群科技创新发展水平的演进

区科技创新发展水平总体上呈上升趋势。第二,从波峰的分布形态来看,研究期内波峰高度总体不断下降,同时波峰宽度不断增加,表明珠三角"9+2"城市群各地区科技创新发展水平的绝对差距在逐渐扩大。第三,从分布趋势来看,分布曲线右拖尾现象没有较为明显的减弱趋势,表明珠三角"9+2"城市群科技创新发展水平较低的地区与科技创新发展水平较高的地区之间的相对差距依然显著存在。第四,从极化情况来看,珠三角"9+2"城市群科技创新发展分布在观测期内主要呈单峰分布状态,表明珠三角"9+2"城市群的科技创新发展并不具有明显的两极分化特征。综合来看,珠三角"9+2"城市群科技创新发展从低水平阶段向高水平阶段持续演进,主要呈现分散化的区域集聚特征。

三、空间Kernel密度估计分析

我们从三个方面分析珠三角"9+2"城市群科技创新发展的空间分布模式及动态演进。首先,分析珠三角"9+2"城市群科技创新从t年到$t+3$年的分布变动趋势,即采用空间无条件的Kernel密度估计方法;其次,

探究同一时期内珠三角"9+2"城市群各地区科技创新发展水平与相邻地区科技创新发展水平的空间关联关系,即采用空间条件的静态核估计方法;最后,揭示珠三角"9+2"城市群相邻地区 t 年科技创新发展对本地区 $t+3$ 年科技创新发展的影响,即采用空间条件的动态 Kernel 密度估计方法,在空间条件的静态 Kernel 估计基础上考虑时间跨度。在 Kernel 密度估计图中,X 轴和 Y 轴表示科技创新发展水平,Z 轴表示 X−Y 平面内每一点的密度(概率);在密度等高线图中,X 轴和 Y 轴同样代表科技创新发展水平,密度等高线表示不同的密度值,位置越靠近中心的等高线密度值越高,等高线越密集,说明密度变化越大,对应的 Kernel 密度估计图形越陡峭。此外,不管是在 Kernel 密度估计图还是密度等高线图中,正 45°对角线被视作地区科技创新发展演进趋势变动的标记。

(1)珠三角"9+2"城市群科技创新发展的空间无条件 Kernel 密度估计。图 2−5 是空间无条件 Kernel 密度估计方法呈现的珠三角"9+2"城市群科技创新 Kernel 密度估计图以及密度等高线图。在空间无条件 Kernel 密度估计中,X 轴代表 t 年本地区科技创新发展水平,Y 轴为 $t+3$ 年本地区科技创新发展水平,若概率主体集中在正 45°对角线附近,说明从 t 到 $t+3$ 年的科技创新发展整体上并无明显变动;若概率主体集中在负 45°对角线附近,说明从 t 到 $t+3$ 年的科技创新发展出现了重大转变,即原本科技创新发展水平较高的地区变为低水平地区,低水平地区变为高水平地区;若概率主体集中在 Y 轴的某个刻度附近且平行于 X 轴,此时说明科技创新发展呈现收敛特征,即意味着无论在 t 年珠三角"9+2"城市群各地区的科技创新发展处于何种水平,在 $t+3$ 年都将处于同一发展水平。综合图 2−5(a)和图 2−5(b)可以看出,以本地区科技创新发展水平 0.4 为界,科技创新发展水平较低地区转移概率倾向于分布在正 45°对角线的下方,而科技创新发展水平较高地区转移概率倾向于分布在正 45°对角线的上方,且两个区域的转移概率的分布均存在偏移正 45°对角线的趋势。对此,我们认为:从 t 期到 $t+3$ 期,珠三角"9+2"城市群科技创新发展水平较低地区的科技进展变动相对较小;科技创新发展水平较高地区的科技进展变动较大,且其发展水平呈现继续向上转移的趋势特征。

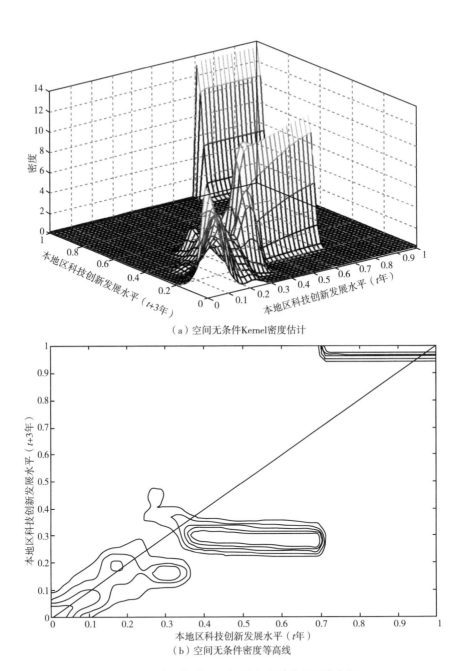

（a）空间无条件Kernel密度估计

（b）空间无条件密度等高线

图 2－5　珠三角"9＋2"城市群科技创新的空间

无条件 Kernel 密度图及密度等高线

（2）珠三角"9+2"城市群科技创新发展的空间条件的静态 Kernel 密度估计。图 2-6 报告了在考虑相邻地区科技创新影响情况下本地区科技创新发展的演变趋势，图中 X 轴为相邻地区 t 年的科技创新发展水平，Y 轴为本地区 t 年的科技创新发展水平，Z 轴表示 X 条件下 Y 的概率。若珠三角"9+2"城市群科技创新发展呈现区域收敛模式，相邻地区间科技创新发展存在正空间相关性，即高水平地区与高水平地区集聚、低水平地区与低水平地区集聚，则概率主体会分布在正45°对角线附近。综合图 2-6（a）和图 2-6（b）可以看出，概率主体偏移正45°对角线，且平行于 X 轴。上述情况表明：一方面，本地区与相邻地区相对科技创新发展水平间存在不一致性，两者之间的相互作用还较为有限。造成这种情况可能的原因在于珠三角"9+2"城市群科技创新发展体系还不成熟，从空间维度上看，珠三角"9+2"城市群各地区的科技创新发展禀赋存在较大差异。另一方面，珠三角"9+2"城市群科技创新发展难以依靠邻近地区科技创新发展的外溢效应，更多需要依靠自身的产业升级和技术创新，才能够实现本地区科技创新的跨越式发展。

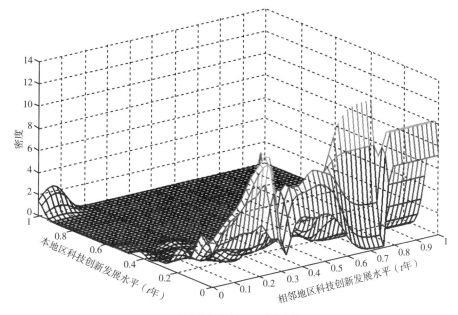

（a）空间静态Kernel密度估计

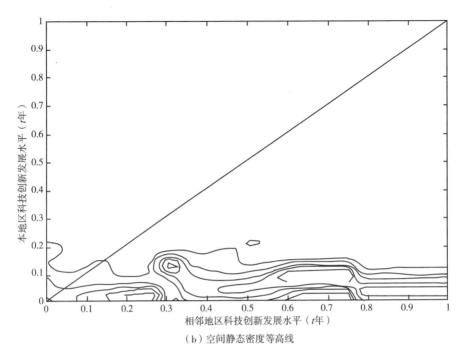

（b）空间静态密度等高线

图 2 - 6　珠三角"9 + 2"城市群科技创新的空间
条件静态 Kernel 密度图及密度等高线

（3）珠三角"9 + 2"城市群科技创新发展的空间条件下动态 Kernel 密度估计。我们在空间条件的基础上同时考虑时间跨度，进一步考察当期相邻地区对本地区科技创新未来发展水平的动态影响作用。图 2 - 7 中，横轴为相邻地区 t 年的科技创新发展水平，纵轴为本地区 $t + 3$ 年的科技创新发展水平。与图 2 - 6 相比，图 2 - 7 中概率主体的分布情况类似但存在差异，说明时间因素能够对珠三角"9 + 2"城市群科技创新地区间的相互作用产生影响。具体而言，与空间静态条件下的估计结果相比，概率主体平行于 X 轴的趋势更为明显，且位置向下偏移的程度更高，说明在加入 3 年滞后条件下，珠三角"9 + 2"城市群相邻地区与本地区的科技创新发展相关性更弱。因此，对于珠三角"9 + 2"城市群科技创新发展整体而言，随着时间因素的加入，不同地区科技创新发展的正空间相关性会明显降低，且其分布动态演进过程中的空间溢出性逐渐减弱。

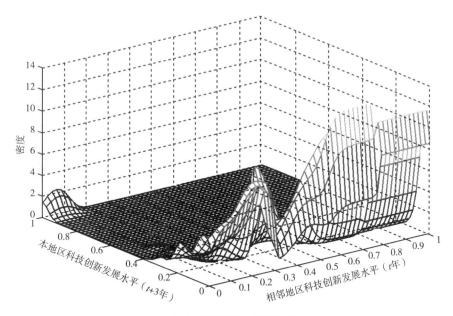

（a）空间动态Kernel密度估计

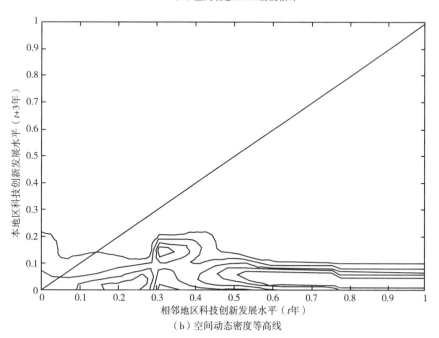

（b）空间动态密度等高线

图 2-7 珠三角"9+2"城市群科技创新的空间
条件动态 Kernel 密度图及密度等高线

第四节 珠三角"9+2"城市群都市圈科技创新发展的空间动态演变

为进一步揭示珠三角"9+2"城市群不同都市圈科技创新发展水平在空间滞后条件下是否对本都市圈科技创新发展水平产生不同的长期影响，本节进一步分别分析了广佛肇、港深莞惠和澳珠中江等三大都市圈空间滞后条件下相邻地区科技创新发展水平在 $t+3$ 时期对本地区科技创新发展水平的影响，相应地绘制了 Kernel 密度图及密度等高线图。

一、广佛肇都市圈科技创新发展的空间动态演变

（一）传统 Kernel 密度估计

我们使用基于高斯核函数做出广佛肇都市圈科技创新发展水平 Kernel 密度估计的三维图，如图 2 - 8 所示。同时，为了更加凸显不同时期广佛肇都市圈科技创新发展的动态变化，我们又以 2000 年、2010 年、2018 年和 2020 年等 4 个年份为代表，绘制相应的 Kernel 密度估计图，如图 2 - 9 所示。

结合图 2 - 8 和图 2 - 9，我们可以看出，样本考察期内，广佛肇都市圈科技创新发展的分布动态演进呈现出以下几个方面的特征：第一，从波峰的移动来看，广佛肇都市圈科技创新发展的核密度曲线主峰位置整体向右移动，说明该地区科技创新发展水平呈上升趋势。第二，从波峰的高度和宽度来看，波峰高度不断上升，波峰宽度不断变窄，说明广佛肇都市圈各地区科技创新发展水平的绝对差距呈现明显缩小的趋势。第三，从分布趋势来看，还可观测到，分布曲线右拖尾现象有所减少，表明广佛肇都市圈科技创新发展水平较低的地区发展势头逐渐强劲，与科技创新发展水平较高的地区之间的相对差距在不断缩小。第四，从极化情况来看，广佛肇都市圈科技创新发展的水平分布是由一个主峰和一个侧峰构成，侧峰峰值相对较低，说明其科技创新发展水平呈现轻微的两极分化趋势。总的来看，

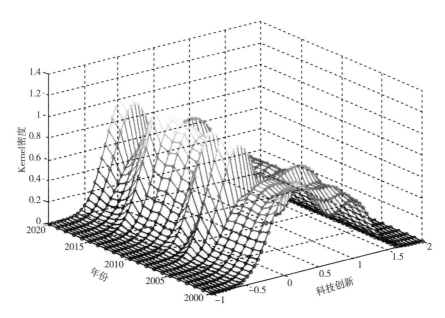

图 2-8 2000~2020 年广佛肇都市圈科技创新发展水平的演进

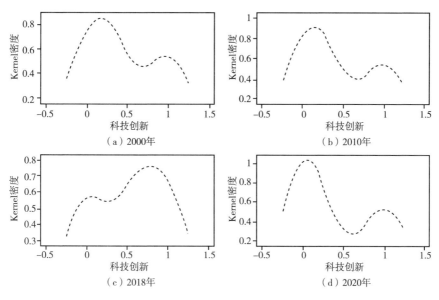

图 2-9 代表性年份广佛肇都市圈科技创新发展水平的演进

注：带宽为 0.2500。

广佛肇都市圈科技创新发展水平不断提高，市际绝对差距和相对差距趋于减少，发展具有轻微的两极分化特征。

（二）空间 Kernel 密度估计分析

类同前文，我们从三个方面分析广佛肇都市圈科技创新发展的空间分布模式及动态演进。首先，分析广佛肇都市圈科技创新从 t 年到 $t+3$ 年的分布变动趋势，即采用空间无条件 Kernel 密度估计方法；其次，探究同一时期内广佛肇都市圈各地区科技创新发展水平与相邻地区科技创新发展水平的空间关联关系，即采用空间条件下的静态核估计方法；最后，揭示广佛肇都市圈相邻地区 t 年科技创新发展对本地区 $t+3$ 年科技创新发展的影响，即采用空间动态 Kernel 密度估计方法，在空间条件下的静态 Kernel 估计基础上考虑时间跨度。在 Kernel 密度图中，X 轴和 Y 轴表示科技创新发展水平，Z 轴表示 X – Y 平面内每一点的密度（概率）；在密度等高线图中，X 轴和 Y 轴同样代表科技创新发展水平，密度等高线表示不同的密度值，位置越靠近中心的等高线密度值越高，等高线越密集，说明密度变化越大，对应的 Kernel 密度图形越陡峭。此外，不管是在 Kernel 密度图还是密度等高线图中，正 45°对角线被视作广佛肇都市圈科技创新发展演进趋势变动的标记。

（1）广佛肇都市圈科技创新发展的空间无条件 Kernel 密度估计。图 2 – 10 是空间无条件 Kernel 密度估计方法呈现的广佛肇都市圈科技创新 Kernel 密度图以及密度等高线图。在空间无条件 Kernel 密度估计中，X 轴代表 t 年广佛肇都市圈某一地区科技创新发展水平，Y 轴为 $t+3$ 年该地区科技创新发展水平，若概率主体集中在正 45°对角线附近，说明从 t 到 $t+3$ 年的该地区科技创新发展整体上并无明显变动；若概率主体集中在负 45°对角线附近，说明从 t 到 $t+3$ 年的科技创新发展出现了重大转变，即原本科技创新发展水平较高的广佛肇都市圈某地区变为低水平地区，低水平地区变为高水平地区；若概率主体集中在 Y 轴的某个刻度附近且平行于 X 轴，此时说明广佛肇都市圈科技创新发展呈现收敛特征，即意味着无论在 t 年广佛肇都市圈各地区的科技创新发展处于何种水平，在 $t+3$ 年都将处于同一发展水平。综合图 2 – 10（a）和图 2 – 10（b）可以看出，广佛肇都市圈科技创新发展的无条件 Kernel 密度估计主体大部分都明显沿着正 45°对角线分布，且具有多个波峰，说明相较于 t 期而言，$t+3$ 期的广佛肇都市圈科技创新发展分布变动较小，且暗含着存在区域俱乐部收敛的可能性。在科技创新发展水平较低的地区，转移概率密度基本密集分布在正45°对角线两侧，而随着科技创新

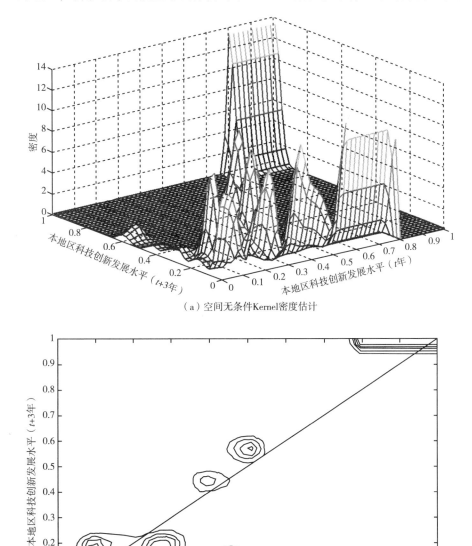

（a）空间无条件Kernel密度估计

（b）空间无条件密度等高线

图2-10 广佛肇都市圈科技创新的空间无条件Kernel密度图及密度等高线

发展水平的提高，转移概率密度的分布存在偏离对角线的情况居多，倾向于分布在正 45°对角线的上方。对此，我们认为：从 t 期到 $t+3$ 期，广佛肇都市圈科技创新发展水平较低地区的科技进展变动相对较小；科技创新发展水平较高地区的科技进展变动较大，且其发展水平呈现向上转移的趋势特征。

（2）广佛肇都市圈科技创新发展的空间条件的静态 Kernel 密度估计。图 2 - 9 报告了在考虑相邻地区科技创新影响情况下广佛肇都市圈某一地区科技创新发展的演变趋势，图中 X 轴为相邻地区 t 年的科技创新发展水平，Y 轴为该地区 t 年的科技创新发展水平，Z 轴表示 X 条件下 Y 的概率。若广佛肇都市圈科技创新发展呈现区域收敛模式，相邻近地区间科技创新发展存在正空间相关性，即高水平地区与高水平地区集聚、低水平地区与低水平地区集聚，则概率主体会分布在正 45°对角线附近。综合图 2 - 11（a）和图 2 - 11（b）可以看出，概率主体偏移正 45°对角线，且以平行于 X 轴为主要特征。造成这种情况可能的主要原因在于，广佛肇都市圈各地区的科技创新发展禀赋存在较大差异，尤其是肇庆存在研发投入相对偏低、创新要素支撑不足等问题，使得该都市圈内部本地区与相邻地区相对科技创新发展水平间存在不一致性，两者之间的相互作用还十分有限。这意味着，广佛肇都市圈要想实现本地区科技创新的跨越式发展，不能过分依赖邻近地区科技创新发展的外溢效应，更多需要依靠自身的产业升级和技术创新。

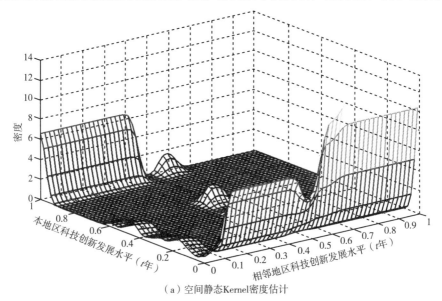

（a）空间静态 Kernel 密度估计

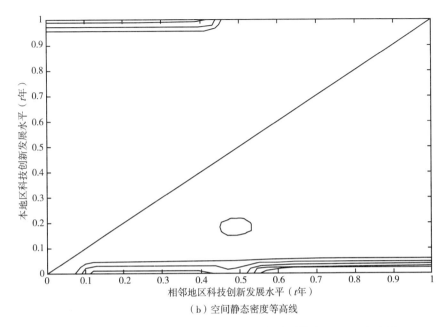

（b）空间静态密度等高线

图 2-11 广佛肇都市圈科技创新的空间条件的静态 Kernel 密度图
及密度等高线

（3）广佛肇都市圈科技创新发展的空间条件下动态 Kernel 密度估计。我们在空间条件的基础上同时考虑时间跨度，进一步考察广佛肇都市圈当期相邻地区对本地区科技创新未来发展水平的动态影响作用。图 2-12 中，横轴为广佛肇都市圈相邻地区 t 年的科技创新发展水平，纵轴为本地区 $t+3$ 年的科技创新发展水平。与图 2-11 相比，图 2-12 中概率主体的分布状况存在显著差异，说明时间因素能够对广佛肇都市圈科技创新地区间的相互作用产生重要影响。具体而言，与空间静态条件下的 Kernel 估计结果相比，概率主体平行于 X 轴的总体趋势有所减弱，说明在加入 3 年滞后条件下，广佛肇都市圈内部相邻地区与本地区的科技创新发展相关性逐渐增强。同时概率主体分布与正 45°对角线更加紧密，意味着广佛肇都市圈内部相邻地区与本地区的科技创新发展呈现出一定的正空间相关性逐渐增强。此外，概率主体分布沿正 45°对角线向下偏移的程度有所减弱，表明广佛肇都市圈科技创新发展水平向下转移的概率降低。因此，对于广佛肇都市圈科技创新发展整体而言，随着时间因素的加入，不同地区科技创新发展的正空间相关性有所增强，且其分布动态演进过程中的空间溢出性逐渐显著。

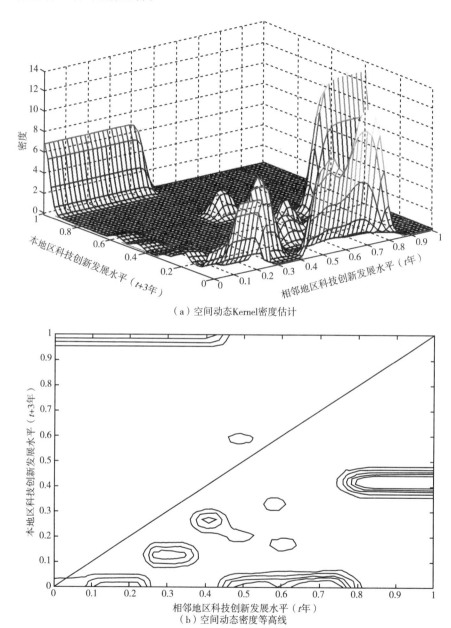

（a）空间动态Kernel密度估计

（b）空间动态密度等高线

图 2 - 12　广佛肇都市圈科技创新的空间动态 Kernel 密度图及密度等高线

二、港深莞惠都市圈科技创新发展的空间动态演变

（一）传统 Kernel 密度估计

我们使用基于高斯核函数做出港深莞惠都市圈科技创新发展水平 Kernel 密度估计的三维图，如图 2-13 所示。同时，为了更加凸显不同时期港深莞惠都市圈科技创新发展的动态变化，我们又以 2000 年、2010 年、2018 年和 2020 年等 4 个年份为代表，绘制相应的 Kernel 密度估计图，如图 2-14 所示。

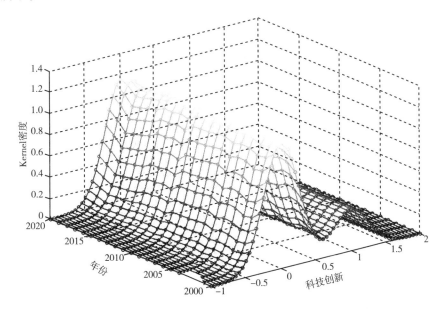

图 2-13　2000~2020 年港深莞惠都市圈科技创新发展水平的演进

结合图 2-13 和图 2-14，我们可以看出，样本考察期内，港深莞惠都市圈科技创新发展的分布动态演进呈现出以下几个方面的特征：第一，从波峰的移动来看，港深莞惠都市圈科技创新发展的核密度曲线主峰位置整体向右移动，说明该地区科技创新发展水平呈上升趋势。第二，从波峰的高度和宽度来看，波峰高度不断上升，波峰宽度不断变窄，说明港深莞惠都市圈各地区科技创新发展水平的绝对差距呈现明显缩小的趋势。第三，从分布趋势来看，还可观测到，分布曲线右拖尾现象有所减少，表明港深

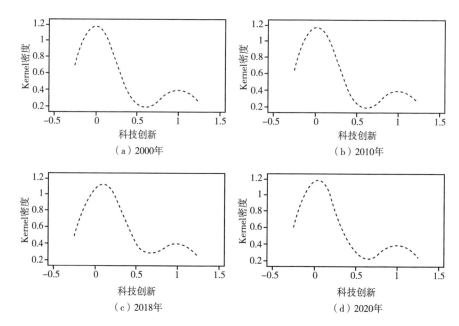

图 2-14 代表性年份港深莞惠都市圈科技创新发展水平的演进
注：带宽为 0.2500。

莞惠都市圈科技创新发展水平较低的地区发展势头逐渐强劲，与科技创新发展水平较高的地区之间的相对差距在不断缩小。第四，从极化情况来看，港深莞惠都市圈科技创新发展的水平分布是由一个主峰和一个侧峰构成，侧峰峰值相对较低，说明其科技创新发展水平呈现一定的两极分化趋势。总的来看，港深莞惠都市圈科技创新发展水平不断提高，市际绝对差距和相对差距趋于减少，发展具有一定的两极分化特征。

（二）空间 Kernel 密度估计分析

类同前文，我们从三个方面分析港深莞惠都市圈科技创新发展的空间分布模式及动态演进。首先，分析港深莞惠都市圈科技创新从 t 年到 $t+3$ 年的分布变动趋势，即采用空间无条件 Kernel 密度估计方法；其次，探究同一时期内港深莞惠都市圈各地区科技创新发展水平与相邻地区科技创新发展水平的空间关联关系，即采用空间条件下的静态核估计方法；最后，揭示港深莞惠都市圈相邻地区 t 年科技创新发展对本地区 $t+3$ 年科技创新发展的影响，即采用空间动态 Kernel 密度估计方法，在空间条件下的静态 Kernel 估计基础上考虑时间跨度。在 Kernel 密度估计图中，X 轴和 Y 轴表示港深莞惠都市圈科技创新发展水平，Z 轴表示 X–Y 平面内每一点的密度（概率）；在密度等高线图中，X 轴和 Y 轴同样代表港深莞惠都市圈科技创新发展水平，密度等高线表示不同的密度值，位置越靠近中心的等高线密度值越高，等高线越密集，说明密度变化越大，对应的 Kernel 密度估计图越陡峭。此外，不管是在 Kernel 密度估计图还是密度等高线图中，正45°对角线被视作港深莞惠都市圈科技创新发展演进趋势变动的标记。

（1）港深莞惠都市圈科技创新发展的空间无条件 Kernel 密度估计。图 2–15 是空间无条件 Kernel 密度估计方法呈现的港深莞惠都市圈科技创新 Kernel 密度估计图以及密度等高线图。在空间无条件 Kernel 密度估计中，X 轴代表 t 年港深莞惠都市圈某一地区科技创新发展水平，Y 轴为 $t+3$ 年该地区科技创新发展水平，若概率主体集中在正45°对角线附近，说明从 t 到 $t+3$ 年的该地区科技创新发展整体上并无明显变动；若概率主体集中在负45°对角线附近，说明港深莞惠都市圈从 t 到 $t+3$ 年的科技创新发展出现了重大转变，即原本科技创新发展水平较高的港深莞惠都市圈某地区变为低水平地区，低水平地区变为高水平地区；若概率主体集中在 Y 轴的某个刻度附近且平行于 X 轴，此时说明港深莞惠都市圈科技创新发展呈现收敛特征，即意味着无论在 t 年港深莞惠都市圈各地区的科技创新发展处于何种水平，在 $t+3$ 年都将处于同一发展水平。综合图 2–15（a）和图 2–15（b）可以看出，港深莞惠都市圈科技创新发展的无条件 Kernel 密度估计并没有沿着正45°对角线均匀分布，演进中存在趋势"断层"现象，说明相较于 t 期而言，$t+3$ 期的港深莞惠都市圈科技创新发展分布分化较为明显。以 X 取值 0.6 为分界点，当科技创新发展水平低于或高于 0.6 时，港深莞惠都市圈科技创新发展概率主体均平行于 X 轴，意味着此时该都市圈科技创新发展存在阶段性区域俱乐部收敛的可能性。同时，在科技创新发展水平较低的地区，转移概率密度基本密集分布在正45°对角线下方区域，而随着科技创新发展水平的提高，转移概率密度倾向于分布在正45°对角线的上方区域。对此，我们认为：从 t 期到 $t+3$ 期，港深莞惠都市圈科技创新发展分化明显的同时，其发展水平呈现向上转移的趋势特征。

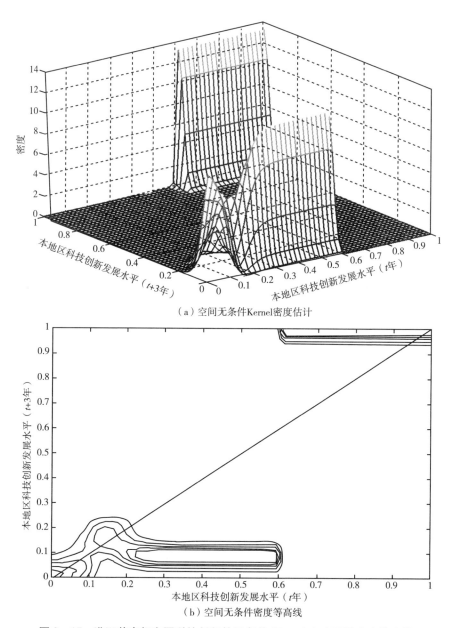

（a）空间无条件Kernel密度估计

（b）空间无条件密度等高线

图 2-15 港深莞惠都市圈科技创新的无条件 Kernel 密度图及密度等高线

（2）港深莞惠都市圈科技创新发展的空间条件的静态 Kernel 密度估计。图 2-16 报告了在考虑相邻地区科技创新影响情况下港深莞惠都市圈某一地区科技创新发展的演变趋势，图中 X 轴为相邻地区 t 年的科技创新发展水平，

Y轴为该地区 t 年的科技创新发展水平，Z轴表示 X 条件下 Y 的概率。若港深莞惠都市圈科技创新发展呈现区域收敛模式，相邻近地区间科技创新发展存在正空间相关性，即高水平地区与高水平地区集聚、低水平地区与低水

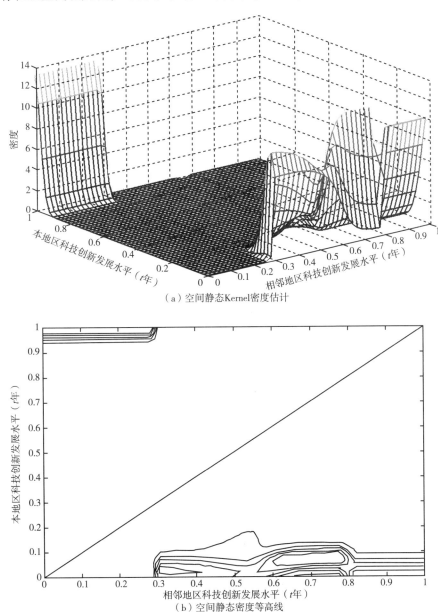

（a）空间静态Kernel密度估计

（b）空间静态密度等高线

图2-16 港深莞惠都市圈科技创新的空间静态 Kernel 密度图及密度等高线

平地区集聚，则概率主体会分布在正45°对角线附近。综合图2-16（a）和图2-16（b）可以看出，港深莞惠都市圈科技创新发展概率主体偏移正45°对角线，且以平行于 X 轴为主要特征，表明该都市圈内部本地区与相邻地区相对科技创新发展水平间存在不一致性，两者之间的相互作用还十分有限。

（3）港深莞惠都市圈科技创新发展的空间条件下动态 Kernel 密度估计。我们在空间条件的基础上同时考虑时间跨度，进一步考察港深莞惠都市圈当期相邻地区对本地区科技创新未来发展水平的动态影响作用。图2-17中，横轴为港深莞惠都市圈相邻地区 t 年的科技创新发展水平，纵轴为本地区 $t+3$ 年的科技创新发展水平。与图2-16展示的空间静态条件下的 Kernel 估计结果相比，港深莞惠都市圈科技创新发展概率主体平行于 X 轴的总体趋势变化不大，说明在加入3年滞后条件下，港深莞惠都市圈内部相邻地区与本地区的科技创新发展相关性保持稳定。同时，港深莞惠都市圈科技创新发展概率主体分布均偏离正45°对角线，意味着港深莞惠都市圈内部相邻地区与本地区的科技创新发展正空间相关性也较为有限。综合来看，对于港深莞惠都市圈科技创新发展整体而言，随着时间因素的加入，不同地区科技创新发展的正空间相关性及空间溢出效用均不显著。

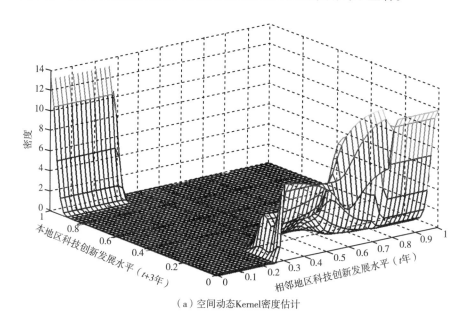

（a）空间动态Kernel密度估计

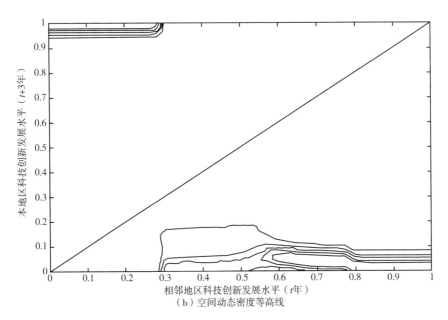

（b）空间动态密度等高线

图 2-17 港深莞惠都市圈科技创新的空间动态 Kernel 密度图及密度等高线

三、澳珠中江都市圈科技创新发展的空间动态演变

（一）传统 Kernel 密度估计

我们基于高斯核函数做出澳珠中江都市圈科技创新发展水平 Kernel 密度估计的三维图，如图 2-18 所示。同时，为了更加凸显不同时期澳珠中江都市圈科技创新发展的动态变化，我们又以 2000 年、2010 年、2018 年和 2020 年等 4 个年份为代表，绘制相应的 Kernel 密度估计图，如图 2-19 所示。

结合图 2-18 和图 2-19，我们可以看出，样本考察期内，澳珠中江都市圈科技创新发展的分布动态演进呈现出以下几个方面的特征：第一，从波峰的移动来看，澳珠中江都市圈科技创新发展的核密度曲线主峰位置整体向右移动，说明该地区科技创新发展水平呈上升趋势。第二，从波峰的高度和宽度来看，波峰高度不断上升，波峰宽度不断变窄，说明澳珠中江都市圈各地区科技创新发展水平的绝对差距呈现明显缩小的趋势。第三，从分布趋势来看，还可观测到，分布曲线右拖尾现象有所减少，表明澳珠中江都市圈科技

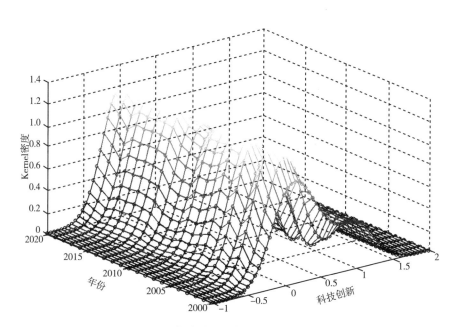

图2-18　2000～2020年澳珠中江都市圈科技创新发展水平的演进

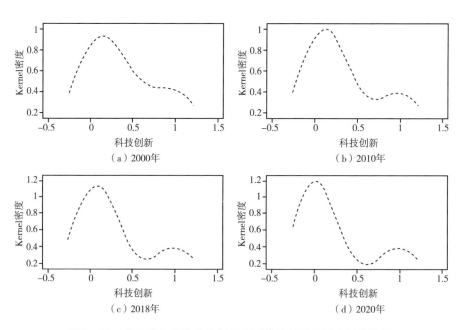

图2-19　代表性年份澳珠中江都市圈科技创新发展水平的演进

注：带宽为0.2500。

创新发展水平较低的地区发展势头逐渐强劲，与科技创新发展水平较高的地区之间的相对差距在不断缩小。第四，从极化情况来看，澳珠中江都市圈科技创新发展的水平分布是由一个主峰和一个侧峰构成，而且与期初相比，这种双峰分布的特征愈发明显，说明其科技创新发展水平呈现较为显著的两极分化趋势。总的来看，澳珠中江都市圈科技创新发展水平不断提高，市际绝对差距和相对差距趋于减少，发展具有显著的两极分化特征。

（二）空间 Kernel 密度估计分析

类同前文，我们从三个方面分析澳珠中江都市圈科技创新发展的空间分布模式及动态演进。首先，分析澳珠中江都市圈科技创新从 t 年到 $t+3$ 年的分布变动趋势，即采用空间无条件 Kernel 密度估计方法；其次，探究同一时期内澳珠中江都市圈各地区科技创新发展水平与相邻地区科技创新发展水平的空间关联关系，即采用空间条件下的静态核估计方法；最后，揭示澳珠中江都市圈相邻地区 t 年科技创新发展对本地区 $t+3$ 年科技创新发展的影响，即采用空间动态 Kernel 密度估计方法，在空间条件下的静态 Kernel 估计基础上考虑时间跨度。在 Kernel 密度估计图中，X 轴和 Y 轴表示澳珠中江都市圈科技创新发展水平，Z 轴表示 X – Y 平面内每一点的密度（概率）；在密度等高线图中，X 轴和 Y 轴同样代表澳珠中江都市圈科技创新发展水平，密度等高线表示不同的密度值，位置越靠近中心的等高线密度值越高，等高线越密集，说明密度变化越大，对应的 Kernel 密度估计图越陡峭。此外，不管是在 Kernel 密度估计图还是密度等高线图中，正45°对角线被视作澳珠中江都市圈科技创新发展演进趋势变动的标记。

（1）澳珠中江都市圈科技创新发展的空间无条件 Kernel 密度估计。图 2 – 20 是空间无条件 Kernel 密度估计方法呈现的澳珠中江都市圈科技创新 Kernel 密度估计图以及密度等高线图。在空间无条件 Kernel 密度估计中，X 轴代表 t 年澳珠中江都市圈某一地区科技创新发展水平，Y 轴为 $t+3$ 年该地区科技创新发展水平，若概率主体集中在正45°对角线附近，说明从 t 到 $t+3$ 年的该地区科技创新发展整体上并无明显变动；若概率主体集中在负45°对角线附近，说明澳珠中江都市圈从 t 到 $t+3$ 年的科技创新发展出现了重大转变，即原本科技创新发展水平较高的澳珠中江都市圈某地区变为低水平地区，低水平地区变为高水平地区；若概率主体集中在 Y 轴的某个刻度附近且平行于 X 轴，此时说明澳珠中江都市圈科技创新发展呈现收敛特征，即意味着无论在 t 年澳珠中江都市圈各地区的科技创新发展处于何种水平，在 $t + 3$ 年都将处于同一发展水平。综合图 2 – 20 （a）和图 2 – 20 （b）可以看出，澳珠中江都市圈科技创新发展的无条件 Kernel 密度估计变化按

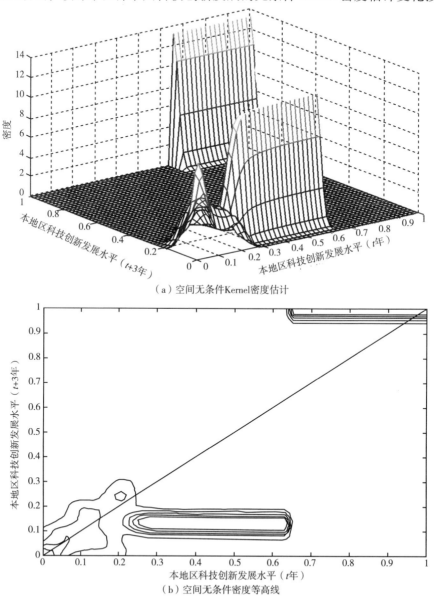

（a）空间无条件 Kernel 密度估计

（b）空间无条件密度等高线

图 2 – 20　澳珠中江都市圈科技创新的无条件 Kernel 密度图及密度等高线

照 X 的不同取值,大致分为三个阶段:第一阶段,以 X 取值 0.21 为上限分界点,当科技创新发展水平低于该值时,澳珠中江都市圈科技创新发展概率主体沿着正 45°对角线均匀分布,这意味着从 t 到 $t+3$ 年,该阶段澳珠中江都市圈的科技创新发展整体上并无明显变动;第二阶段,以 X 取值 0.65 为上限分界点,即当科技创新发展水平低于该值且大于 0.21 时,澳珠中江都市圈科技创新发展概率主体平行于 X 轴,意味着此时该都市圈科技创新发展存在阶段性区域俱乐部收敛的可能性;第三阶段,当科技创新发展水平大于 0.65 时,澳珠中江都市圈科技创新发展概率主体平行于 X 轴,意味着此时该都市圈科技创新发展同样存在阶段性区域俱乐部收敛的可能性。此外,随着科技创新发展水平的提高,澳珠中江都市圈科技创新转移概率密度的分布逐渐倾向于处于正 45°对角线的上方。对此,我们认为:从 t 期到 $t+3$ 期,澳珠中江都市圈科技创新发展分化明显的同时,其发展水平呈现向上转移的趋势特征。

(2)澳珠中江都市圈科技创新发展的空间条件的静态 Kernel 密度估计。图 2-21 报告了在考虑相邻地区科技创新影响情况下澳珠中江都市圈某一地区科技创新发展的演变趋势,图中 X 轴为相邻地区 t 年的科技创新发展水平,Y 轴为该地区 t 年的科技创新发展水平,Z 轴表示 X 条件下 Y 的概率。若澳珠中江都市圈科技创新发展呈现区域收敛模式,相邻近地区间科技创新发展存在正空间相关性,即高水平地区与高水平地区集聚、低水平地区与低水平地区集聚,则概率主体会分布在正 45°对角线附近。综合图 2-21(a)和图 2-21(b)可以看出,澳珠中江都市圈科技创新发展的概率主体大部分偏移正 45°对角线,且以平行于 X 轴为主要特征,表明该都市圈内部本地区与相邻地区相对科技创新发展水平间存在不一致性,两者之间的相互作用还十分有限。

(3)澳珠中江都市圈科技创新发展的空间条件下动态 Kernel 密度估计。我们在空间条件的基础上同时考虑时间跨度,进一步考察澳珠中江都市圈当期相邻地区对本地区科技创新未来发展水平的动态影响作用。图 2-22 中,横轴为澳珠中江都市圈相邻地区 t 年的科技创新发展水平,纵轴为本地区 $t+3$ 年的科技创新发展水平。与图 2-21 展示的空间静态条件下的 Kernel 估计结果相比,澳珠中江都市圈科技创新发展概率主体平行于 X 轴的总体趋势变化不大,说明在加入 3 年滞后条件下,澳珠中江都市圈内部

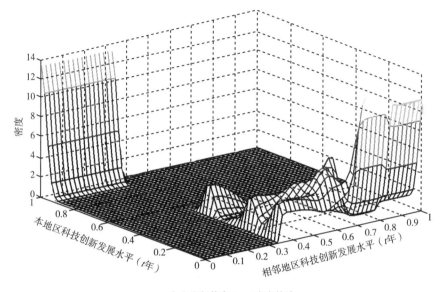

（a）空间静态Kernel密度估计

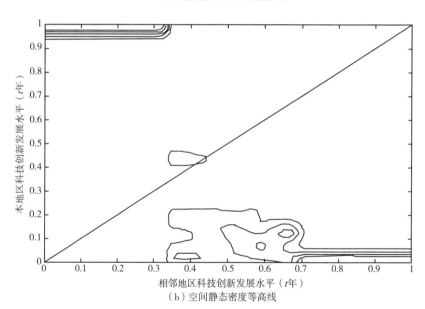

（b）空间静态密度等高线

图 2 - 21 澳珠中江都市圈科技创新的空间静态 Kernel 密度图及密度等高线

相邻地区与本地区的科技创新发展相关性保持稳定。同时，澳珠中江都市圈科技创新发展概率主体分布均偏离正 45°对角线，意味着澳珠中江都市圈内部相邻地区与本地区的科技创新发展正空间相关性也较为有限。综合来看，对于澳珠中江都市圈科技创新发展整体而言，随着时间因素的加入，不同地区科技创新发展的正空间相关性及空间溢出效用均不显著。

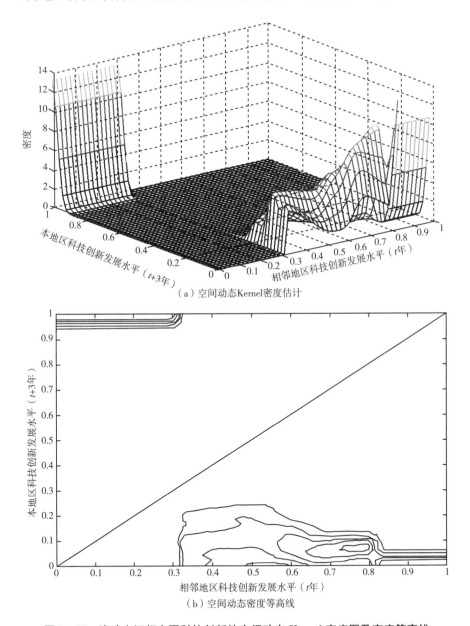

（a）空间动态Kernel密度估计

（b）空间动态密度等高线

图 2－22　澳珠中江都市圈科技创新的空间动态 Kernel 密度图及密度等高线

第五节　珠三角"9+2"城市群科技创新发展空间格局与融合趋势

一、都市圈层面科技创新空间格局与融合趋势

根据前文阐述的研究方法,我们分别绘制了广佛肇都市圈、港深莞惠都市圈和澳珠中江都市圈科技创新的标准差椭圆。从中,我们可以明显看出,广佛肇都市圈、港深莞惠都市圈和澳珠中江都市圈等三大都市圈科技创新重心分别位于广佛交界处、深圳市西部和珠海市中部。与其都市圈区位椭圆相比,广佛肇都市圈科技创新椭圆偏向东北侧,港深莞惠都市圈科技创新椭圆偏向西南侧,澳珠中江都市圈科技创新椭圆偏向南侧。表2-3报告了样本期内珠三角"9+2"城市群各都市圈科技创新的椭圆参数,能够直观地反映各都市圈科技创新在空间上的发展演化。

表2-3　　　　珠三角"9+2"城市群都市圈科技创新椭圆参数

都市圈	年份	长半轴（千米）	短半轴（千米）	椭圆面积（平方千米）	旋转角（度）	密集度（件/平方千米）	形状指数
澳珠中江	2000	7.87	28.42	702.7	178.41	0.36	3.61
	2004	35.11	16.86	1858.8	98.32	0.63	0.48
	2008	37.70	17.70	2096.7	98.91	2.10	0.47
	2012	39.94	18.23	2287.0	98.43	9.77	0.46
	2016	35.30	12.47	1382.3	100.27	64.31	0.35
广佛肇	2000	85.62	10.97	2948.8	94.55	0.56	0.13
	2004	89.76	14.13	3981.4	94.63	1.58	0.16
	2008	77.19	29.99	7272.6	93.62	3.85	0.39
	2012	81.99	23.99	6177.0	93.34	13.40	0.29
	2016	77.04	28.19	6822.1	92.19	36.33	0.37

续表

都市圈	年份	长半轴（千米）	短半轴（千米）	椭圆面积（平方千米）	旋转角（度）	密集度（件/平方千米）	形状指数
港深莞惠	2000	12.89	19.52	790.2	24.71	2.99	1.51
	2004	12.19	20.41	781.9	25.04	19.49	1.67
	2008	13.44	17.05	719.6	155.97	115.48	1.27
	2012	20.11	24.05	1519.5	19.48	183.68	1.20
	2016	21.73	30.14	2057.1	33.48	256.98	1.39

注：以四年为一个对比周期。以下同此。

（一）都市圈科技创新重心变化

根据区域科技创新椭圆及重心变动的测算结果可知，广佛肇都市圈和澳珠中江都市圈科技创新重心均向西南方向移动，而港深莞惠都市圈科技创新重心呈现向北移动的趋势。具体而言，广佛肇都市圈科技创新重心始终在广州市内，从广州市花都区向西南方向移动至佛山市南海区，总体移动了12.59千米；而港深莞惠都市圈科技创新重心也未离开过深圳市，从深圳市龙华区向北移动至深圳市光明区，总体移动了6.94千米；澳珠中江都市圈科技创新重心主要在珠海市的斗门区内迁移，从珠海市和中山市的交界处向西南方向移动至斗门区和金湾区交界处，总体移动了14.75千米。

（二）都市圈科技创新空间分布范围变化

我们发现，样本期内珠三角"9+2"城市群三大都市圈科技创新椭圆面积均呈现波动上升趋势。具体表现为：第一，广佛肇都市圈的科技创新椭圆面积呈现先增后减的趋势，从2000年的2948.8平方千米增加到2008年的7272.6平方千米，然后到2016年降到6822.1平方千米，是2000年的椭圆面积2.31倍。其科技创新椭圆长轴不断减小，短轴不断增加，表征着广佛肇都市圈科技创新的集聚性显著下降。第二，港深莞惠都市圈科技创新椭圆面积呈现先降后增的趋势，其2000~2008年科技创新椭圆面积略微有所下降，但2008年以后其科技创新椭圆面积迅猛增长，从2008年的719.6平方千米增加至2016年的2057.1平方千米，其椭圆长短半轴长度均不断增加，表明2008年以后港深莞惠都市圈科技创新的协同发展趋势愈发显著。第三,澳珠中江都市圈科技创新椭圆面积呈现先增后减的趋势,从2000年的702.7平方千米增加至2012年的2287.0平方千米,随后减为2016年的1382.3平方千米,其椭圆长半轴不断增加,短半轴不断减少,表明其科技创新发展的方向性和集聚性不断增强。

(三) 都市圈科技创新空间密集度变化

我们发现,样本期内珠三角"9+2"城市群三大都市圈科技创新椭圆空间密集度均不断增长,其中密集度增幅最大的是港深莞惠都市圈,其密集度从2000年的2.99件/平方千米增长至2016年的256.98件/平方千米,从三个都市圈横向对比来看,无论是空间密集度还是其增幅水平,港深莞惠都市圈均显著高于另外两个都市圈,其区域内具有相对更高水平的科技创新能力。

(四) 都市圈科技创新的分布形状和方位变化

我们发现,样本期内珠三角"9+2"城市群三大都市圈科技创新椭圆的形状变化具有显著的差异性。具体而言,第一,广佛肇都市圈的科技创新椭圆扁率呈现稳定提高的趋势,而其椭圆的长半轴不断减小,短半轴不断增加,但方位角变化不显著,表明广佛肇都市圈在东—西的方向上科技创新集聚性显著下降。第二,港深莞惠都市圈科技创新椭圆的形状指数变化相对不明显,从2000年的1.51变为2016年的1.39,其方位角基本保持东北—西南方向,说明该都市圈科技创新有向深圳—惠州发展的趋势。第三,研究时段内澳珠中江都市圈的形状指数呈现断崖式的减小趋势,由2000年的3.61减为2004年的0.48,随后保持着平稳减小的趋势,椭圆长半轴不断增长,短半轴不断减小,其椭圆方位角不断往东南—西北方向偏移,表明澳珠中江都市圈的科技创新逐渐往珠海—江门方向发展,且其发展的集聚性不断提高。

(五) 都市圈层面科技创新融合发展趋势

我们研究认为,自2000年以来,珠三角"9+2"城市群科技创新集聚融合的趋势愈发显著。从珠三角"9+2"城市群各都市圈的层面来看,广佛肇、港深莞惠两大都市圈科技创新重心距离不断缩短,从2000年的

113.89千米缩小到2016年的109.15千米,缩短了4.74千米。该两大都市圈科技创新重心距离的减小,一方面,主要得益于港深莞惠都市圈科技创新重心的持续北移。样本期内港深莞惠都市圈科技创新发展具有明显地向北移动的趋势,而广佛肇都市圈科技创新发展则具有明显地向西南方向移动的趋势。另一方面,澳珠中江都市圈与广佛肇都市圈、港深莞惠都市圈的科技创新重心距离分别呈现缩小和扩大的趋势。澳珠中江与广佛肇都市圈从2000年的128.11千米缩小为2016年的126.84千米,与港深莞惠都市圈从2000年的77.76千米扩大到95.83千米。澳珠中江都市圈与广佛肇都市圈科技创新重心距离的减小主要得益于广佛肇都市圈科技创新重心的南移;而与港深莞惠都市圈科技创新中心距离的增大主要是由于澳珠中江都市圈科技创新重心持续向西南方向移动。

从都市圈内部来看,样本期内珠三角"9+2"城市群三大都市圈的空间密集度均不断上升,表明各都市圈内科技创新发展具有明显的空间融合趋势。其中,澳珠中江都市圈科技创新密集度增长率最高,从2000年的0.36件/平方千米到2016年的64.31件/平方千米,增长了近178倍。同时期,广佛肇都市圈科技创新密集度从2000年的0.56件/平方千米增长到2016年的36.33件/平方千米,增长了近64倍;港深莞惠都市圈科技创新密集度增长近85倍。

从以上分析来看,珠三角"9+2"城市群无论是都市圈之间还是都市圈内部,均呈现显著的融合发展趋势。一方面,广佛肇与港深莞惠都市圈的科技创新融合程度高于它与澳珠中江都市圈之间的融合程度;整体上珠三角"9+2"城市群科技创新融合呈现北部两大圈层主导的局面,科技创新重心不断往广深交界方向移动,在空间上呈现不断集聚融合的趋势。另一方面,港深莞惠都市圈科技创新的发展方向始终保持稳定,而广佛肇都市圈科技创新发展逐渐均衡化,佛山、肇庆两个城市与广州的科技创新水平差距不断缩小。澳珠中江都市圈科技创新方向性不断增强,其科技创新重心虽与港深莞惠都市圈有所远离,但其区域内科技创新水平发展迅猛,密集度增长率分别是广佛肇、港深莞惠都市圈密集度的2.09倍、2.80倍,可见珠三角"9+2"城市群三大圈层之间的科技创新差距正在不断缩小,可能会形成以港深莞惠和广佛肇两个都市圈为主导、联动澳珠中江都市圈科技创新发展的新局面。

二、珠三角"9+2"城市群科技创新核心集聚区和都市圈轴带分析

(一)科技创新核心集聚区

前文的分析主要以都市圈为单位,探讨了珠三角"9+2"城市群不同都市圈之间的科技创新融合发展趋势。在此基础上,我们进一步打破圈层结构,以同时期的珠三角"9+2"城市群各城市为主体,一方面为珠三角"9+2"城市群各都市圈的科技创新融合发展提供参照与背景,另一方面通过珠三角"9+2"城市群科技创新标准差椭圆内的城市科技创新数据确定大湾区科技创新二次椭圆,以确定更加准确的珠三角"9+2"城市群科技创新集聚区。其中一次标准差椭圆包含该城市群约68%的城市(约7个城市),而二次标准差椭圆包含约44%的城市(约3个城市)。我们根据珠三角"9+2"城市群城市层面科技创新的一次标准差椭圆和二次标准差椭圆结果,发现样本期内该城市群科技创新一次椭圆中主要包括了广州、深圳、东莞、佛山几个核心城市,其椭圆重心主要分布在东莞市南部,2000~2012年其科技创新重心向东南方向移动了16.26千米,2012~2016年科技创新重心向西偏北移动了9.72千米,整体而言,一次椭圆的科技创新重心迁移方向仍以东南为主。而二次椭圆的科技创新重心主要分布在东莞市跟深圳市的交界处,2000~2008年科技创新重心从西北向东南迁移了28.14千米,2008~2016年科技创新重心从向西北方向迁移了28.34千米。两个科技创新椭圆重心都位于东莞市和深圳市交界区域(见图2-23),二次椭圆显示出珠三角"9+2"城市群科技创新高度集聚的核心集聚区的空间密集度远高于同时期的城市群科技创新一次椭圆。总体而言,空间分析表明,珠三角"9+2"城市群科技创新集聚区呈现先向东南后向西北方向移动、空间收缩密集化的趋势,反映出集聚化在珠三角"9+2"城市群科技创新的演变发展中具有重要的影响。

进一步,我们根据表2-4的测算数据可知,两个科技创新椭圆面积在样本期内均呈现先收缩后扩张的趋势,其中一次椭圆面积先从2000年的11697.19平方千米减为2008年的8524.66平方千米,然后在2016年增加至13097.84平方千米。而二次椭圆从2000年的288.04平方千米减少到2008年的69.09平方千米,然后在2016年增加至4457.36平方千米。两个

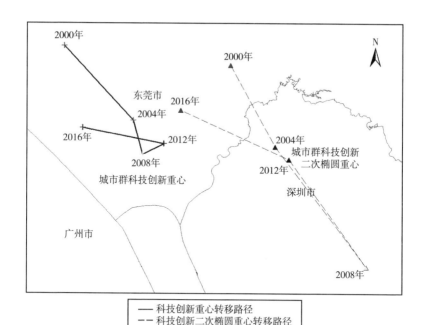

图 2-23 珠三角"9+2"城市群城市层面科技创新重心移动路径示意

科技创新椭圆的长短半轴变化呈现显著的差异,具体而言,2000~2016年一次椭圆的长半轴缩短了10.33千米,短半轴增加了10.76千米,反映了珠三角"9+2"城市群科技创新椭圆发展的方向性减弱,位于珠三角"9+2"城市群四周的肇庆、惠州、江门、珠海等市的科技创新正在不断崛起。与一次椭圆相反,同时期内二次椭圆的长半轴增加了55.86千米,短半轴减少了34.54千米,反映出珠三角"9+2"城市群科技创新集聚区正在不断扩张,且具有一定的方向性。

表 2-4 珠三角"9+2"城市群城市层面科技创新椭圆及其二次椭圆的参数

类型	年份	长半轴(千米)	短半轴(千米)	旋转角(度)	椭圆面积(平方千米)	密集度(件/平方千米)	形状比
一次椭圆	2000	91.04	40.90	120.30	11697.19	0.04	0.45
	2004	87.80	39.95	118.45	11018.46	0.21	0.46
	2008	80.31	33.79	115.17	8524.66	1.35	0.42
	2012	75.60	41.64	115.51	9888.71	3.89	0.55
	2016	80.71	51.66	113.02	13097.84	6.61	0.64

续表

类型	年份	长半轴（千米）	短半轴（千米）	旋转角（度）	椭圆面积（平方千米）	密集度（件/平方千米）	形状比
二次椭圆	2000	1.59	59.24	144.57	288.04	1.21	37.26
	2004	12.48	53.46	141.08	2095.26	0.91	4.28
	2008	1.33	16.61	136.59	69.09	118.63	12.49
	2012	3.30	46.41	143.57	478.76	55.98	14.06
	2016	57.45	24.70	126.18	4457.36	15.52	0.43

从密集度上来看，一次椭圆的密集度在稳定增大，二次椭圆的密集度则呈现波动增大的趋势，整体上二次椭圆体现出更高的集聚效应。具体而言，珠三角 "9 + 2" 城市群科技创新一次椭圆密集度从 2000 年的 0.04 件/平方千米逐渐增加至 2016 年的 6.61 件/平方千米，而二次椭圆的密集度从 2000 年的 1.21 件/平方千米增加至 2008 年的 118.63 件/平方千米，然后到 2016 年减少至 15.52 件/平方千米。

在形状和方位角方面，研究样本期内，珠三角 "9 + 2" 城市群科技创新一次椭圆的形状相对稳定，一次椭圆的短轴与长轴之比增加了 0.19，有不断圆化的趋势，其方位角基本保持西北—东南方向。二次椭圆的形状波动较大，整体上收缩了 36.83，其方位角也不断往西偏移，表明珠三角 "9 + 2" 城市群科技创新核心集聚区在 2000 ~ 2016 年从莞深一带不断往广佛方向扩张。

（二）科技创新都市圈轴带分析

通过对比珠三角 "9 + 2" 城市群核心集聚区、各都市圈、大湾区整体的科技创新密集度，可以进一步确定珠三角 "9 + 2" 城市群的科技创新轴带。从前文珠三角 "9 + 2" 城市群科技创新椭圆及其二次椭圆可知，广深莞港一带是珠三角 "9 + 2" 城市群科技创新的核心集聚区，其空间上高度收缩的态势有利于制造业进行大规模的集聚，从而可能成为推动珠三角 "9 + 2" 城市群、联动三大都市圈科技创新的轴带。为此，我们把广深莞一带跟珠三角 "9 + 2" 城市群及三大都市圈进行密集度对比，以确定能够连接和促进珠三角 "9 + 2" 城市群三大都市圈科技创新发展的轴带。

从表 2 - 5 中不难看出，2000 ~ 2016 年港深莞惠都市圈、广深莞一带的科技创新密集度都是珠三角"9+2"城市群集聚度最高的地方，远远高于该城市群内其他区域的空间集聚水平。其中，2000年和2016年港深莞惠都市圈的空间集聚度在七大区域中排序均为第一位，而广深莞一带的空间集聚度排序分别在第三位和第二位，上述两个地区在近20年的时间内空间集聚度迅猛增长且维持在较高水平，表明它们科技创新能力发展迅猛，具有雄厚的科技创新实力。二次椭圆虽然在2000年的时候空间集聚度排在第二位，但在2016年的时候其空间集聚度远落后于港深莞惠都市圈、广深莞一带和澳珠中江都市圈等地，因此本书没有选择二次椭圆，同时广佛肇都市圈在地理位置上处于大湾区西北部，与广深莞一带地区相比，不具有成为带动珠三角"9+2"城市群整体科技创新发展的区位优势。同时，澳珠中江都市圈、广深莞佛地区的科技创新密集度明显低于港深莞惠都市圈，因此也没有选择澳珠中江都市圈和广深莞佛地区。综上所述，我们认为港深莞惠都市圈和广深莞一带这两个地区具有更强更为集聚的科技创新优势，这两个地区是最有潜力促进珠三角"9+2"城市群科技创新融合一体化的轴带。

表2-5　　珠三角"9+2"城市群和多区域科技创新椭圆面积与密集度变化

区域	2000年椭圆面积（平方千米）	2016年椭圆面积（平方千米）	面积增长（%）	2000年密集度（件/平方千米）	2000年密集度排序	2016年密集度（件/平方千米）	2016年密集度排序
大湾区	11697.19	13097.84	11.97	0.04	7	6.61	7
广佛肇都市圈	294.88	682.21	131.35	0.56	4	36.33	4
澳珠中江都市圈	70.27	138.23	96.71	0.36	5	64.31	3
广深莞一带	287.05	572.99	99.61	1.18	3	107.12	2
广深莞佛一带	2188.52	4353.92	98.94	0.16	6	15.61	5
港深莞惠都市圈	79.02	205.71	160.34	2.99	1	256.98	1
二次椭圆	288.04	4457.36	1447.48	1.21	2	15.52	6

第六节　本章小结

一、主要结论

本章基于2000年以来珠三角"9+2"城市群城市发明专利授权额年度

数据,从空间演进特征及融合趋势等维度出发,综合采用传统 Kernel 密度估计方法、空间条件下的三种 Kernel 密度估计方法,系统考察了珠三角"9+2"城市群科技创新发展水平的空间分异与演化特征问题。同时,使用空间格局统计标准差椭圆方法与地理信息分析可视化方法分析了珠三角"9+2"城市群科技创新发展的空间演化趋势,通过二次椭圆的方法识别其科技创新融合的态势,提出了促进珠三角"9+2"城市群科技创新发展融合一体化发展的重要轴带。下面将围绕上述研究议题,分别在珠三角"9+2"城市群总体、都市圈等多维层面,简要总结有关研究结论。

(一) 珠三角"9+2"城市群总体层面的科技创新发展

传统 Kernel 密度估计结果表明:珠三角"9+2"城市群科技创新发展水平总体上呈上升趋势,各地区科技创新发展水平的绝对差距在逐渐扩大。珠三角"9+2"城市群科技创新发展水平较低地区与科技创新发展水平较高地区之间的相对差距依然显著存在。珠三角"9+2"城市群的科技创新发展并不具有明显的两极分化特征。综合来看,珠三角"9+2"城市群科技创新发展从低水平阶段向高水平阶段持续演进,没有呈现两极分化或多极分化现象,具有分散化的区域集聚特征。

空间 Kernel 密度估计结果表明:跨期条件下,珠三角"9+2"城市群科技创新发展水平较低地区的科技进展变动相对较小,而科技创新发展水平较高地区的科技进展变动较大,且其发展水平呈现继续向上转移的趋势特征。本地区与相邻地区相对科技创新发展水平间存在不一致性,两者之间的相互作用还较为有限。珠三角"9+2"城市群科技创新发展难以依靠邻近地区科技创新发展的外溢效应,更多需要依靠自身的产业升级和技术创新,才能够实现本地区科技创新的跨越式发展。对于珠三角"9+2"城市群科技创新发展整体而言,随着时间因素的加入,不同地区科技创新发展的正空间相关性会明显降低,且其分布动态演进过程中的空间溢出性逐渐减弱。

(二) 珠三角"9+2"城市群都市圈科技创新发展

1. 广佛肇都市圈

传统 Kernel 密度估计结果表明:广佛肇都市圈科技创新发展呈上升趋

势。广佛肇都市圈各地区科技创新发展水平的绝对差距呈现明显缩小的趋势。广佛肇都市圈科技创新发展水平较低地区的发展势头逐渐强劲,与科技创新发展水平较高地区之间的相对差距在不断缩小。从极化情况来看,广佛肇都市圈的科技创新发展水平呈现轻微的两极分化趋势。总的来看,广佛肇都市圈科技创新发展水平不断提高,市际绝对差距和相对差距趋于减少,发展呈现两极分化现象。

空间 Kernel 密度估计结果表明:广佛肇都市圈科技创新发展水平较低地区的科技进展变动相对较小;科技创新发展水平较高地区的科技进展变动较大,且其发展水平呈现向上转移的趋势特征。虽然不同地区科技创新发展的正空间相关性有所增强,且其分布动态演进过程中的空间溢出性逐渐显著,但是广佛肇都市圈内部本地区与相邻地区相对科技创新发展水平间存在不一致性,两者之间的相互作用还十分有限。这意味着,广佛肇都市圈要想实现本地区科技创新的跨越式发展,不能过分依赖邻近地区科技创新发展的外溢效应。

空间格局统计标准差椭圆方法结果表明:广佛肇都市圈科技创新椭圆偏向东北侧,发展重心位于广佛交界处。广佛肇都市圈的科技创新椭圆面积呈现先增后减的趋势,其科技创新椭圆长轴不断减小,短轴不断增加,表征着广佛肇都市圈科技创新的集聚性显著下降。广佛肇都市圈科技创新椭圆空间密集度持续增长。广佛肇都市圈的科技创新椭圆扁率呈现稳定提高的趋势,意味着广佛肇都市圈在东西的方向上科技创新集聚性显著下降。

2. 港深莞惠都市圈

传统 Kernel 密度估计结果表明:港深莞惠都市圈科技创新发展的核密度曲线主峰位置整体向右移动,说明该地区科技创新发展水平呈上升趋势。港深莞惠都市圈各地区科技创新发展水平的绝对差距呈现明显缩小的趋势。同时,港深莞惠都市圈科技创新发展水平较低地区的发展势头逐渐强劲,与科技创新发展水平较高地区之间的相对差距在不断缩小。从极化情况来看,港深莞惠都市圈科技创新发展呈现一定的两极分化趋势。总的来看,港深莞惠都市圈科技创新发展水平不断提高,发展差距趋于减少,具有两极分化特征。

空间 Kernel 密度估计结果表明:港深莞惠都市圈科技创新发展的演进

中存在趋势"断层"现象，跨期发展过程中港深莞惠都市圈科技创新发展分化较为明显。同时，发展水平呈现向上转移的趋势特征。港深莞惠都市圈内部本地区与相邻地区相对科技创新发展水平间存在不一致性，两者之间的相互作用还十分有限。意味着港深莞惠都市圈内部相邻地区与本地区的科技创新发展正空间相关性也较为有限。综合来看，对于港深莞惠都市圈科技创新发展整体而言，随着时间因素的加入，不同地区科技创新发展的正空间相关性及空间溢出效用均不显著。

空间格局统计标准差椭圆方法结果表明：港深莞惠都市圈科技创新重心位于深圳市西部。港深莞惠都市圈科技创新椭圆偏向西南侧。港深莞惠都市圈科技创新椭圆面积呈现先降后增的趋势，尤其是 2008 年以后港深莞惠都市圈科技创新的协同发展趋势愈发显著。无论是空间密集度还是其增幅水平，港深莞惠都市圈均为最高，显示出该区域内具有相对更高水平的科技创新能力。港深莞惠都市圈科技创新椭圆的形状指数变化相对不明显，该都市圈科技创新有向深圳—惠州发展的趋势。港深莞惠都市圈科技创新重心距离不断缩短，其科技创新发展具有明显地向北移动的趋势。港深莞惠都市圈的空间密集度不断上升，表明该都市圈内科技创新发展具有明显的空间融合趋势。

3. 澳珠中江都市圈

传统 Kernel 密度估计结果表明：澳珠中江都市圈科技创新发展呈上升趋势。澳珠中江都市圈各地区科技创新发展水平的绝对差距和相对差距均呈现明显缩小的趋势。从极化情况来看，澳珠中江都市圈科技创新发展水平的双峰分布的特征愈发明显，说明其科技创新发展水平呈现较为显著的两极分化趋势。总的来看，澳珠中江都市圈科技创新发展水平不断提高，发展具有显著的两极分化特征。

空间 Kernel 密度估计结果表明：随着科技创新发展水平的提高，澳珠中江都市圈科技创新区域俱乐部收敛的可能性逐渐增大，且其科技创新转移概率密度的分布更倾向于处于正45°对角线的上方。这意味着澳珠中江都市圈科技创新发展分化明显的同时，其发展水平呈现向上转移的趋势特征。澳珠中江都市圈内部本地区与相邻地区相对科技创新发展水平间存在不一致性，两者之间的相互作用还十分有限。澳珠中江都市圈内部相邻地区与本地区的科技创新发展相关性保持稳定。同时，其正空间相关性也较为有限。综合来看，对于澳珠中江都市圈科技创新发展整体而言，随着时间因素的加入，不同地区科技创新发展的正空间相关性及空间溢出效用均不显著。

空间格局统计标准差椭圆方法结果表明：澳珠中江都市圈科技创新重心位于珠海市中部。澳珠中江都市圈科技创新椭圆偏向南侧。澳珠中江都市圈科技创新重心向西南方向移动，而港深莞惠都市圈科技创新中心呈现向北移动的趋势。澳珠中江都市圈科技创新椭圆面积呈现先增后减的趋势，其椭圆长半轴不断增加，短半轴不断减少，意味着其科技创新发展的方向性和集聚性不断增强。澳珠中江都市圈科技创新椭圆空间密集度不断增长。澳珠中江都市圈的形状指数呈现断崖式的减小趋势，其椭圆方位角不断往东南—西北方向偏移。换言之，澳珠中江都市圈的科技创新逐渐往珠海—江门方向发展，且其发展的集聚性不断提高。澳珠中江都市圈与广佛肇都市圈、港深莞惠都市圈的科技创新重心距离分别呈现缩小和扩大的趋势。澳珠中江都市圈的空间密集度不断上升，表明该都市圈内科技创新发展具有明显的空间融合趋势。

4. 科技创新核心集聚区和都市圈轴带分析

空间分析表明，珠三角"9+2"城市群科技创新集聚区呈现先向东南后向西北方向移动、空间收缩密集化的趋势，反映出集聚化在珠三角"9+2"城市群科技创新的演变发展中具有重要的影响。珠三角"9+2"城市群科技创新集聚区正处于不断扩张的阶段，且具有一定的方向性。从密集度上来看，一次椭圆的密集度在稳定增大，二次椭圆的密集度则呈现波动增大的趋势，整体上二次椭圆体现出更高的集聚效应。珠三角"9+2"城市群科技创新核心集聚区在过去 20 年里从莞深一带不断往广佛方向扩张。通过二次椭圆的方法可知，港深莞惠都市圈和广深莞轴带两个地区有更强更为集聚的科技创新优势，这两个地区是最有潜力促进珠三角"9+2"城市群科技创新融合一体化的轴带。

二、政策启示

2019 年颁布的《粤港澳大湾区发展规划纲要》明确，珠三角"9+2"城市群所在区域将通过近期到 2022 年、远期展望到 2035 年两个阶段的建设实现五大战略定位：一是充满活力的世界级城市群；二是具有全球影响力的国际科技创新中心；三是"一带一路"建设的重要支撑；四是内地与港澳深度合作示范区；五是宜居宜业宜游的优质生活圈。五大战略定位的关键内核与重要基础就是：加快珠三角"9+2"城市群科技创新建设，率先建成国际科技创新中心，使之成为未来中国在全球竞争当中创新的载体和平台，可以为我国实现高水平科技自立自强和建设科技强国提供战略支撑。从发展现实来看，目前珠三角"9+2"城市群具有独特的经济规模优势和支撑创新的财力，创新平台及载体众多，创新资源禀赋丰富，但是城市群内部科技创新资源分布不均衡的问题较为突出。比如珠三角"9+2"城市群内优秀的高校资源、国家级科技企业孵化中心和国家重点实验室较多落在广深港三地，与之相比其他城市的创新要资源配置和创新能力存在较大差距。科技创新资源分布不均衡会造成交流成本的上升，带来珠三角"9+2"城市群创新发展的地区间差异，从而导致科技溢出效应的减弱，本章的研究结果也在一定程度上对此加以验证。鉴于此，我们认为应重点在以下两个方面促进珠三角"9+2"城市群科技创新的平衡发展。

首先，要在珠三角"9+2"城市群科技创新发展实践中，发挥具有较高水平创新能力城市的网络枢纽和辐射带动作用，将其创新资源优势惠及周边地区，进而带动周边城市科技创新发展。从本章的研究结论来看，广深港在整个珠三角"9+2"城市群科技创新发展中的核心引领地位不断增强，会对其他城市科技创新发展产生明显的虹吸效应，同时珠三角"9+2"城市群科技创新的溢出效应较为有限。因此，要以广深港为科技创新引领，充分利用和发挥好珠三角"9+2"城市群科技创新网络枢纽功能，疏通传导网络形成创新带。坚持以国家创新中心城市和国际科技创新枢纽为导向，重点推进深圳、广州国家自主创新示范区建设，加快广佛肇、深莞惠都市圈、广深港澳科技创新走廊建设。坚持以深化供给侧结构性改革为主线，破解科技创新资源配置的体制机制障碍，以科技创新技术应用落地为重点，通过创新链和产业链传导通道，促进创新技术转移扩大溢出效应。此外，基于珠江三角洲地区专业镇或高新区制造业发展优势，重点推进粤港澳科技创新资源与其精准对接，加强中小微企业技术创新服务平台建设，促进科研成果产业化，推动制造业数字化、网络化、智能化转型步伐。

其次，面对珠三角"9+2"城市群创新发展存在的不平衡现象，要遵循科技创新联动发展机制,充分发挥联动发展过程中的"涓滴效应",加强区域科技创新体制机制创新。注重跨境合作的科技创新政策对接,持续放大《内地与香港关于建立更紧密经贸关系的安排》(CEPA)和广东自贸试验区等制度创新优势的乘数效应,基于市场一体化创新湾区跨境协调机制,推动珠三角"9+2"城市群科技创新要素便捷流动。在珠三角"9+2"城市群一体化层面开展基础设施建设、科技装备设施布局、重点产业创新合作等方面的对接和协调。以降低产业集群协同创新过程中的摩擦成本为导向,多维度强化对珠三角"9+2"城市群创新文化活动宣传,积极构建相互认同的创新文化协同合作机制,加快形成对珠三角"9+2"城市群科技创新文化的认可和共识,进而促进全球科技创新资源在珠三角"9+2"城市群的有效集聚。

第三章　珠三角"9+2"城市群科技创新空间差异及收敛性[*]

第一节　问题的提出

党的十九大报告指出，创新是引领发展的第一动力，是建设现代化经济体系的战略支撑。纵观现代社会的发展历史，科技创新水平已成为综合国力的关键内容，也决定了一个国家、一个民族能否长治久安和繁荣昌盛。21世纪，新科技革命和产业升级双重叠加，全球整体科技创新格局面临重构，湾区已成为现代科技创新的重要基地。党的十八大以来，党中央和国务院高度重视珠三角"9+2"城市群所在区域在我国经济发展蓝图上的重大意义，并将其上升为国家战略。珠三角"9+2"城市群是中国在经济新常态下所构建的深化改革、扩大开放的示范区，是"一带一路"经贸合作网络的重要枢纽，更是中国着眼全球的重要科技创新集聚区。与此同时，珠三角"9+2"城市群科技创新的战略使命也面临着巨大挑战。"一个国家，两种制度和三种法律体系"共存为该城市群城市创新要素便捷流动和科技协同融合发展产生了一定阻碍（曾志敏，2018），而且从实践来看，珠三角"9+2"城市群内部的科技创新也普遍存在发展不均衡、角色不明确、缺乏战略协同等问题。那么，我们面临的问题是，珠三角"9+2"城市群内部科技创新发展的差异究竟如何？珠三角"9+2"城市群内部科技创新

---

[*] 本章主要内容直接采用了程风雨（2020）的论文结果。

的发展差异究竟是来自都市圈内部还是来自都市圈之间？珠三角"9＋2"城市群科技创新发展存在何种收敛机制？这些问题的回答对于优化区域创新资源配置，提升区域整体科技协调发展具有重要的理论价值和现实意义。

已有文献对我国区域科技创新的研究主要集中在省际层面（刘阳，2011；郭子枫，2014），并从科技创新的综合评价（程野青等，2014；王俊松等，2017）、配置效率的测度及其空间分布差异（陈修颖和陈颖，2012；范斐等，2013；徐维祥等，2015）、科技创新区域及产业协同发展（牛方曲，2012；焦敬娟，2016）等方面展开。而对科技创新发展地区差异的研究则较多采用时间序列数据的统计分析方法，通过对比不同区域的科技创新发展情况（孙坚强等，2019）或探索性空间数据分析（程野青等，2014）来反映发展差异的存在。但是，这种方法仅仅可以展示科技创新发展存在地区差异的客观现象，难以科学地对发展差异及差异来源加以测度。为了更加具体有效地解决测度差异问题，学者们主要有以下两类统计方法。第一类，采用赫芬达尔系数测度科技创新发展的区域变化。如李双杰和白玉莹（2017）基于2011～2014年我国大型科研仪器和科技活动人员的数据，采用赫芬达尔系数分析科技创新发展的差异性，研究发现省际区域创新产出具有非均衡性，且创新落后省域主要通过高技术产业的主营业务收入来实现赶超。第二类，采用泰尔指数及其子群分解测度科技创新发展的区域差异。如杨明海等（2018）利用2001～2014年我国省域的专利授权数据，采用泰尔指数测算挖掘八大综合经济区科技创新能力区域差距的来源，研究发现，区域间差距是造成科技创新发展总体区域差异的关键。

现有研究成果已经取得了一定进展，但从研究对象、研究内容以及研究方法上，仍存在进一步的拓展空间。主要有以下三方面的内容：

第一，在研究对象上，要充分发挥珠三角"9＋2"城市群科技创新的龙头作用，以珠三角"9＋2"城市群建设带动我国现代化经济体系建设（谢加书，2018），具有重要的现实意义。然而目前文献对科技创新发展的研究多是集中在国家或省际层面，以珠三角"9＋2"城市群的科技创新为研究对象的则相对较少，尤其是整体科技创新水平的提升会极大地受制于区域内部科技创新的不平衡性，从这个意义上讲，对珠三角"9＋2"城市群科技创新整体及更加细分区域层面的考察尤显必要和紧迫。

第二，在研究内容上，目前仅有少量文献（王盟迪，2019）采用泰尔指数及子群分解的方法来测度珠三角"9+2"城市群科技创新发展的差异，但是未能诠释差异的来源问题。同时，也没有文献对珠三角"9+2"城市群科技创新发展的收敛机制进行过探讨，更没有从湾区内部即都市圈的视角来解构科技创新发展的收敛机制。其实，现代城市群的快速发展需要城市间商品贸易活跃、生产要素便捷流动，更需要科技创新的协同融合发展，而且城市群（都市圈）作为我国区域经济最有潜力和最具活力的核心地区（方创琳，2011）已成为参与全球竞争及科技创新发展的重要平台。

第三，在研究方法上，用泰尔指数及其子群分解测度科技创新发展的区域差异存在偏误。相较于其他指数，Dagum 基尼系数的最大优点在于可以将总的区域发展差距分解成不同来源，即地区内差距、地区间差距和超变密度（intensity of transvariation）三个部分，有效地解决了地区差距的来源问题（刘华军等，2013）。更为关键的是，Dagum 基尼系数可以通过识别超变密度来弥补其他指数对不同地区间交叉重叠部分的忽略问题，从而实现对总体地区差距贡献的完整识别（刘华军和杜广杰，2017）。目前还未有文献采用 Dagum 基尼系数及子群分解的方法来研究珠三角"9+2"城市群科技创新发展的差异问题。

鉴于以上所阐述的研究不足，为了进一步探讨珠三角"9+2"城市群及广佛肇、港深莞惠和澳珠中江等三大都市圈科技创新发展的空间差异及其收敛性问题，本章尝试从以上三个角度深入研究，即创新性地将珠三角"9+2"城市群划分为广佛肇、港深莞惠和澳珠中江等三大都市圈，运用从中华人民共和国国家知识产权局（SIPO）专利检索系统手工爬取的 2000～2018 年城市发明专利授权数据来表征珠三角"9+2"城市群科技创新发展情况，采用 Dagum 基尼系数及其按子群分解的方法（Dagum，1997）对珠三角"9+2"城市群科技创新发展的差异及其来源进行测度，并采用 σ 收敛、β 收敛、俱乐部收敛以及空间条件收敛对珠三角"9+2"城市群科技创新发展的收敛机制进行研究。

本章对珠三角"9+2"城市群科技创新发展的空间差异进行测度，并按照三大都市圈的空间尺度进行分解；对珠三角"9+2"城市群科技创新发展的收敛机制进行有效识别；并采用 Pyatt 基尼系数方法以及空间 β 条件收敛对结论进行稳健性检验。最后基于珠三角"9+2"城市群科技创新协同发展提出相应政策启示。总体而言，本章的研究成果对于缩小珠三角

"9+2"城市群都市圈科技创新发展的空间差异,推动该区域科技创新集聚发展的扩散及辐射作用具有重要意义。

第二节 研究方法与变量说明

一、研究对象的确定

结合研究需要,我们将珠三角"9+2"城市群进一步划分为三个群体,即广佛肇都市圈、港深莞惠都市圈和澳珠中江三大都市圈,本书将这三大都市圈作为珠三角"9+2"城市群科技创新细分载体,并对其科技创新的区域差距展开研究,对于促进和发挥珠三角"9+2"城市群科技创新龙头引领作用就具有十分重要的现实意义。珠三角"9+2"城市群三大都市圈划分依据主要为以下两点:

第一,广佛肇都市圈。广佛肇都市圈已经明确出现在相关政府规划文件,该说法相对较为成熟。《国家新型城镇化规划(2014-2020年)》明确确立城市群为新型城镇化主体形态,并规划建设19个城市群,认为培育都市圈是从城镇化到城市群的中间阶段,将珠三角城市群划分为广佛肇、深莞惠、珠中江3个都市圈推动珠三角一体化进程。《广东省新型城镇化规划(2014-2020年)》更是明确提出,扩容上述三大都市圈,建立形成"广佛肇+清远、云浮""珠中江+阳江""深莞惠+汕尾、河源"的三大组合型新型大都市圈。

第二,港深莞惠都市圈和澳珠中江都市圈。必须承认目前还没有公开的官方文本明确提出这个概念,但是无论从国家都市圈发展的指导原则还是三大都市圈的实际发展来看,这两个命名均存在一定的合理性,也不违背国家对都市圈发展的指导精神。具体而言:

首先,2019年公布的《国家发展改革委关于培育发展现代化都市圈的指导意见》中强调,"城市群是新型城镇化主体形态,是支撑全国经济增长、促进区域协调发展、参与国际竞争合作的重要平台。都市圈是城市群内部以超大特大城市或辐射带动功能强的大城市为中心、以1小时通勤圈为基本范围的城镇化空间形态。"目前港深莞惠和澳珠中江一直积极倡导圈内交通互联互通先行，如深圳早在 2018 年就明确提出：推进珠三角 "9＋2" 城市群交通深度一体化，实现与湾区各城市 100% 轨道交通直达，构建港深莞惠 "1 小时通勤圈"、深莞惠河汕 "3＋2" 经济圈 "2 小时交通圈"。自珠海被定位为经济特区以来，对澳合作一直是其发力重点。在经历以旅游等为主要内容的初期合作后，横琴新区及自贸区落户，为珠海引进澳门创新经验提供了新平台；珠海先后打造粤澳合作产业园、粤澳中医药科技产业园、横琴澳门青年创业谷，积极引进澳门特色金融、休闲旅游、高端装备制造、生物医药等产业资源上下了不少功夫。尤其是港珠澳大桥的开通，珠澳两地同城化趋势愈加明显——一个珠海居民到澳门上班，单程仅需 45 分钟，而在澳门的 10 万名外地工作者中，就有不少来自珠海，在珠海的外资企业中，超过三成为澳门企业①。区域合作优势不断凸显，港深莞惠和澳珠中江都市圈业态加快形成。

其次，从现实条件看，港深莞惠和澳珠中江都市圈发展具有产业合作基础。珠三角 "9＋2" 城市群有以香港为核心的大珠三角的金融、航运、贸易中心圈；以深圳为核心的 "硅谷" 创业创新高端产业中心圈，以及以整个区域为基准的智能制造及教育文化旅游产业圈，使湾区发展兼顾经贸、科技、教育、文化和生态环保等各类领域，推动了城市群的可持续发展。在核心城市的引领下，珠三角 "9＋2" 城市群将珠三角的制造业与港澳两地的服务业有机结合，逐渐形成三大发展集聚区，它们分别是：以深圳和香港为核心城市，以现代服务业、金融业、创新科技为主导的港深莞惠都市圈；以珠海与澳门为核心城市，以旅游业、绿色经济、现代制造业为主导的澳珠中江都市圈；以广州为核心城市，以现代制造业与工商服务为主导的广佛肇都市圈。

此外，广东省社会科学院与社会科学文献出版社联合发布了《粤港澳大湾区建设报告（2019）》，该研究认为，随着《粤港澳大湾区发展规划纲要》《关于支持深圳建设中国特色社会主义先行示范区的意见》等重要文件的印发实施，珠三角 "9＋2" 城市群所在区域的建设进入全面推进实施阶段，港深莞惠、澳珠中江、广佛肇三大旅游黄金圈层基本成型，城市群的空间结构演化正由 "点—轴" 渐进到 "核心城市带动及都市圈化" 再到

---

① 每日经济新闻. 珠海，能否撑起大湾区 "第三极"？[EB/OL]. (2019 - 02 - 21). https：//baijiahao. baidu. com/s？id = 1626001269508608480&wfr = spider&for = pc.

"多中心网络化"的新阶段,朝着"四核联动、外拓西进,开放高效"的"多中心并联式"总体结构继续迈进。

结合以上论述,我们认为珠三角"9 + 2"城市群三大都市圈的设置与国家都市圈发展精神相一致,在学术上进行探讨存在一定合理性。

二、Dagum 基尼系数及其分解方法

达格姆(Dagum,1997)提出的基尼系数方法最初用于衡量地区收入差距,该基尼系数及其按子群分解的方法可以有效解决地区差距的来源问题,因而目前这一方法已被广泛应用于许多领域,用以刻画地区发展不平衡问题。据此,我们结合研究目标构建如下 Dagum 基尼系数,从整体刻画珠三角"9 + 2"城市群内三大都市圈科技创新的地区差异:

$$G = \frac{\sum_{j=1}^{k} \sum_{h=1}^{k} \sum_{i=1}^{n_j} \sum_{r=1}^{n_h} |r_{ji} - r_{hr}|}{2n^2 \overline{R}} \qquad (3-1)$$

式(3 - 1)中,n 是城市的数量,k 是子群数量,$n_j(n_h)$ 是 $j(h)$ 某个子群内城市的数量,j 和 h 为子群划分个数,i 和 r 为子群内城市的个数。G 是总体基尼系数,$r_{ji}(r_{hr})$ 是 $j(h)$ 城市群内任意一城市的科技创新发展程度,$\overline{R}$ 是代表所有城市科技创新的平均值,其计算公式为 $\dfrac{\sum_{j=1}^{k} \sum_{i=1}^{n_j} r_{ji}}{n}$。Dagum 基尼系数值越大,则意味着科技创新地区发展越不平衡。

构建子群 j 的科技创新基尼系数 G_{jj} 函数形式如下:

$$G_{jj} = \frac{\frac{1}{2\overline{R}_j} \sum_{i=1}^{n_j} \sum_{r=1}^{n_j} |r_{ji} - r_{jr}|}{n_j^2} \qquad (3-2)$$

式(3 - 2)中 $\overline{R}_j$ 代表子群 j 科技创新的平均值。

构建子群 j 和 h 之间的基尼系数 G_{jh} 函数形式如下:

$$G_{jh} = \frac{\sum_{i=1}^{n_j} \sum_{r=1}^{n_h} |r_{ji} - r_{hr}|}{n_j n_h (\overline{R}_j + \overline{R}_h)} \qquad (3-3)$$

式（3 - 3）中 $\overline{R}_h$ 代表子群 h 科技创新的平均值。

为构建 Dagum 基尼系数子群分解函数，进一步定义如下变量：

$$E_j = \frac{n_j}{n} \tag{3 - 4}$$

$$s_j = \frac{n_j \overline{R}_j}{n \overline{R}} \tag{3 - 5}$$

$$d_{jh} = \int_0^\infty \mathrm{d}F_j(r) \int_0^y (r - x)\mathrm{d}F_h(x) \tag{3 - 6}$$

$$E_{jh} = \int_0^\infty \mathrm{d}F_h(r) \int_0^y (r - x)\mathrm{d}F_j(x) \tag{3 - 7}$$

$$D_{jh} = \frac{d_{jh} - E_{jh}}{d_{jh} + E_{jh}} \tag{3 - 8}$$

其中，d_{jh} 衡量的是子群之间科技创新绩效的差距，可将之视为子群 j 和 h 中所有的 $r_{ji} - r_{hr} > 0$ 的数学期望，而 E_{jh} 则代表子群 j 和 h 中所有的 $r_{ji} - r_{hr} < 0$ 的数学期望。D_{jh} 指的是子群 j 和 h 之间的科技创新发展的相互影响，$F(\cdot)$ 为子群科技创新的累积密度函数。

综上，我们将珠三角 "9 + 2" 城市群科技创新 Dagum 基尼系数分解为：子群内部的科技创新不平衡 G_w、子群之间的科技创新不平衡 G_b 和科技创新超变密度 G_s 等三个部分，它们之间的关系满足 $G = G_w + G_b + G_s$，其函数形式分别表示如下：

$$G_w = \sum_{j=1}^k G_{jj}E_j s_j \tag{3 - 9}$$

$$G_b = \sum_{j=2}^k \sum_{h=1}^{j-1} G_{jh}D_{jh}(E_j s_h + E_h s_j) \tag{3 - 10}$$

$$G_s = \sum_{j=2}^k \sum_{h=1}^{j-1} G_{jk}(1 - D_{jh})(E_j s_h + E_h s_j) \tag{3 - 11}$$

据此，我们采用以上方法对 2000 ~ 2018 年珠三角 "9 + 2" 城市群的都市圈科技创新发展的地区差距进行测算和分解，并进行地区分解。

三、发展的收敛机制

1. σ 收敛

σ 收敛是指不同都市圈的科技创新偏离平均水平的幅度逐渐减小的态

势。σ 收敛衡量指标有变异系数（杨翔等，2015）、基尼系数（鲍建慧，2013）和泰尔指数（刘亦文等，2016）。本书采用变异系数来衡量 σ 收敛，构建如下计算公式：

$$\sigma = \frac{\sqrt{\left[\sum_{i}^{n_j} (research_{jt} - \overline{research_{jt}})^2 \right] / n_j}}{\overline{research_{jt}}} \qquad (3-12)$$

式（3-12）中，j 表示都市圈数量（$j=1$，2，3），i 表示都市圈内的城市数量（$i=1$，2，3，$\cdots$），n_j 为各都市圈内的城市数量，$\overline{research_{jt}}$ 为都市圈 j 在 t 期内的科技创新的平均值。若随着时间的推移，σ 值逐渐变小，说明该都市圈各城市的科技创新离散程度逐渐降低，这意味着各都市圈之间的科技创新差异逐渐缩小，并具有向均值收敛的态势。

2. β 收敛

β 收敛来源于新古典经济学中的经济趋同理论，本书中 β 收敛意指初始科技创新发展水平低的都市圈相比科技创新发展水平高的都市圈具有较快的增长速度，不同都市圈科技创新发展的增长率与其初始水平呈负相关。β 收敛可分为绝对 β 收敛及条件 β 收敛（Barro，1991）两类。就科技创新发展来看，绝对 β 收敛是指在各都市圈研发投入水平、科技创新研发基础水平等完全相同的情况下，各都市圈的科技创新发展随着时间的推移逐渐收敛到相同的水平，即科技创新发展水平较低的都市圈与发展水平较高的都市圈相比具有更高的增长速度。我们构建如下基于面板数据的绝对 β 收敛模型方程：

$$\ln\left(\frac{research_{i,t+1}}{research_{it}}\right) = \alpha + \beta \ln research_{it} + \nu_t + \mu_i + \varepsilon_{it} \qquad (3-13)$$

式（3-13）左侧采用对数差分计算的科技创新的增长率，右侧中 ν_t 指代时间固定效应，μ_i 指代城市固定效应，ε_{it} 则为随机误差项。

条件 β 收敛模型是在绝对 β 收敛模型基础上增加若干控制变量，我们根据已有文献（Galor，1996；Barro & Xavier，2010）的检验思路，结合现有数据的可获得性，添加经济发展水平（$pgdp$）和政府教育支出（edu）作为控制变量，从而构建如下条件 β 收敛模型方程：

$$\ln\left(\frac{research_{i,t+1}}{research_{it}}\right) = \alpha + \beta \ln research_{it} + \gamma_1 \ln pgdp_{it} + \gamma_2 \ln edu_{it} + \nu_t + \mu_i + \varepsilon_{it}$$

$$(3-14)$$

不管是绝对 β 收敛及条件 β 收敛,若 $\beta < 0$ 且通过显著性水平检验,则表明珠三角"9+2"城市群的都市圈科技创新发展存在收敛,反之则为发散。

3. 俱乐部收敛

俱乐部收敛的本质是指初始发展水平相近的研究个体会形成俱乐部式的发展模式,进而该俱乐部群体的发展具有收敛机制。目前,较为常见的做法是按照地理属性等某类特点将全体样本分为不同子样本构建俱乐部加以考察(沈坤荣和马俊,2002);也有学者按照 Moran's I 指数等空间计量方法组合俱乐部来研究发展的收敛问题(杨骞和秦文晋,2018)。虽然上述方法是从各自维度探讨不同研究对象的异质性问题,但这些研究均与"俱乐部收敛"研究本质相一致。据此,我们按照地理位置邻近以及战略发展重点等划分标准组合两种类型俱乐部,以期全面探讨所辖都市圈科技创新发展是否存在收敛机制。

四、数据来源与说明

根据国家知识产权局对专利的定义,将专利分为发明专利、实用新型专利与外观设计三种类型,其中发明专利被认为是三类专利中最为优质,且最能反映科技创新基础与创新水平的(李诗等,2012;李兵等,2016)。与科技研发投入相比,专利申请量则是对科技创新成果更加直接的度量指标(周煊等,2012;张劲帆等,2017)。因此,我们最终采用各城市发明专利申请受理量作为衡量城市科技创新水平的指标。由于目前尚无完整研究时段内大湾区地级市的专利数据统计资料,为了保证统计口径的一致性,我们借鉴马静等(2017)做法,对我们所用的 2000~2018 年城市发明专利数据,采用手工爬虫的方法从中华人民共和国国家知识产权局(SIPO)专利检索系统上收集整理,即以珠三角"9+2"城市群中 11 个城市名称作为申请(专利权)人检索词,公开(公告)日为研究时段;发明类型为中国发明申请,生成检索公式进行逐年逐市手工检索。必须要说明的一点是,在现有研究条件下，香港、澳门的专利数据与珠三角9市存在一定统计口径差异。

此外，关于控制变量即经济发展水平和政府教育支出数据，珠三角9市有关数据源于样本期内历年的《中国城市统计年鉴》和《广东统计年鉴》，香港数据源于历年的《香港统计年刊》，澳门数据源于澳门统计暨普查局及历年的《澳门统计年鉴》。我们对原始数据进行了必要的数据清洗，比如对于少量缺失值采用插值法补全；借鉴朱江丽和李子联（2015），采用平移化方法，以便对相关数据采取对数化处理；考虑到香港和澳门与珠三角9市的有关数据计价单位的不同，我们按历年港元和澳门元兑人民币年平均汇率，将以港元或澳门元计价的数据换算成以人民币为计价单位的数据，历年港元和澳门元兑人民币平均汇率数据则来自对应年份的《中国统计年鉴》。

第三节　珠三角"9+2"城市群都市圈科技创新的空间差异分解与来源

按照前文安排，我们运用Dagum基尼系数及其按子群分解的方法，对珠三角"9+2"城市群科技创新的总体差异、都市圈内差异、都市圈间差异和超变密度进行测度。

一、珠三角"9+2"城市群科技创新的总体差异

为了刻画珠三角"9+2"城市群科技创新发展的总体差异，我们绘制了图3-1。根据图3-1，不难发现2000~2018年，珠三角"9+2"城市群科技创新发展的总体差异呈现不断下降的趋势，Dagum基尼系数由2000年的0.7128，下降至2018年的0.5931，平均每年减少1.0161%，这说明珠三角"9+2"城市群科技创新发展的差距在逐渐缩小。2000年珠三角"9+2"城市群科技创新发展的总体基尼系数为0.7128，2001年少量下降后不断增加到2004年的0.7327，随后下降到2006年0.6523；此后，珠三角"9+2"城市群科技创新发展的总体基尼系数上升并呈稳定的变化趋势，到2009年时，该系数值开始下降，直到2012年进入波谷后再度小幅上扬，2013年至今，科技创新发展总体基尼系数持续呈现出下降趋势（相关数值

如表 3－1 所示）。

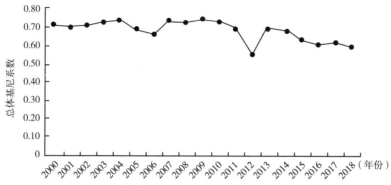

图 3－1　2000～2018 年珠三角"9＋2"城市群科技创新发展的总体差异

资料来源：笔者根据手工方法从中华人民共和国国家知识产权局（SIPO）专利检索系统收集整理的数据，采用 Dagum 模型计算而得。

表 3－1　　2000～2018 年珠三角"9＋2"城市群科技创新的空间差异

年份	总体	广佛肇	港深莞惠	澳珠中江
2000	0.7128	0.5795	0.7083	0.4746
2001	0.6899	0.5008	0.7119	0.3700
2002	0.7033	0.5138	0.7356	0.3808
2003	0.7198	0.5536	0.7183	0.4489
2004	0.7327	0.5473	0.7165	0.3925
2005	0.6816	0.4641	0.7014	0.4200
2006	0.6523	0.3222	0.6927	0.3949
2007	0.7301	0.2531	0.7287	0.4213
2008	0.7224	0.1903	0.7264	0.4104
2009	0.7421	0.2110	0.7297	0.3892
2010	0.7218	0.2196	0.7186	0.4379
2011	0.6858	0.2314	0.6988	0.4334
2012	0.5455	0.4635	0.5134	0.4006
2013	0.6909	0.2639	0.7044	0.4135
2014	0.6724	0.2466	0.6992	0.4200
2015	0.6289	0.1681	0.6862	0.4635
2016	0.6095	0.1552	0.6745	0.4872
2017	0.6163	0.1519	0.6766	0.5067
2018	0.5931	0.1577	0.6505	0.5235

资料来源：笔者根据手工方法从中华人民共和国国家知识产权局（SIPO）专利检索系统收集整理的数据，采用 Dagum 模型计算而得。

二、三大都市圈科技创新发展的圈内差异

结合表 3-1 数据，我们进一步绘制了样本期内科技创新发展的都市圈内差异的演变趋势（见图 3-2）。根据图 3-2，不难看出，无论基尼系数数值大小还是发展趋势，三大都市圈内科技创新发展的圈内差异存在较为明显的不同。澳珠中江都市圈内的科技创新发展表现为较为稳定的变化趋势，但从 2012 年开始，圈内科技创新的不平衡具有逐渐扩大的发展态势。港深莞惠都市圈内的科技创新发展在 2011 年以前保持较为稳定的发展模式，始终维持在 0.70 左右，但经历了 2012 年剧烈降低之后又恢复到初始不平衡水平，虽然港深莞惠都市圈内科技创新的不平衡程度最高，但从 2013 年至今，其基尼系数呈稳定下降的趋势。广佛肇都市圈的科技创新不平衡程度变化最为剧烈，2001~2003 年历经小幅波动，但从 2004 年开始，基尼系数不断变小，到了 2008 年的谷底值为 0.1903；随后广佛肇都市圈基尼系数又开始攀升，都市圈内的科技创新不平衡程度又开始扩大，并以 2012 年为分界点，形成倒 "V" 字型走势。综合看来，虽然珠三角 "9 + 2" 城市群三大都市圈的基尼系数在不同年份有增有减，起伏波动，但大趋势还是在减少，这意味着珠三角 "9 + 2" 城市群科技创新的不平衡具有不

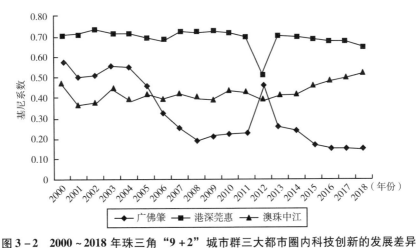

图 3-2 2000~2018 年珠三角 "9+2" 城市群三大都市圈内科技创新的发展差异

资料来源：笔者根据手工方法从中华人民共和国国家知识产权局（SIPO）专利检索系统收集整理的数据，采用 Dagum 模型计算而得。

断降低的趋势。同时，澳珠中江都市圈的科技创新不平衡也存在扩大的变化特征，因此在追求城市群经济高质量发展的过程中，应该兼顾必要的区域协调问题。

三、珠三角"9+2"城市群科技创新发展的圈间差异

进一步，按照前文所述的 Dagum 模型方法，我们计算出珠三角"9+2"城市群三大都市圈之间的基尼系数结果（见表3-2），并结合该结果绘制了三大都市圈科技创新发展的圈间差异的演变趋势，如图3-3所示。从图3-3可以看出，珠三角"9+2"城市群三大都市圈之间两两组成三对圈间差异曲线，其科技创新的不平衡性保持着相对稳定的发展状态，这主要体现在以下两个方面：从各自都市圈的圈间基尼系数来看，随着时间的推移，圈间差异呈现稳中有降的发展特点，除了澳珠中江都市圈与港深莞惠都市圈之间基尼系数在2012年发生短暂变小的情形以外；从科技创新圈间基尼系数的对比来看，除2012年，其余样本期内，澳珠中江都市圈与港深莞惠都市圈的圈间差距最大，港深莞惠都市圈与广佛肇都市圈的圈间差距次之，澳珠中江都市圈与广佛肇都市圈的圈间差距最小。

表3-2　2000~2018年珠三角"9+2"城市群三大都市圈科技创新的圈间差异

年份	1与2发展差异	3与2发展差异	3与1发展差异
2000	0.7243	0.7001	0.8114
2001	0.7546	0.5758	0.8079
2002	0.7792	0.5793	0.8271
2003	0.7597	0.6533	0.8302
2004	0.7972	0.6228	0.8389
2005	0.7509	0.5364	0.7896
2006	0.7099	0.4663	0.7943
2007	0.8155	0.4648	0.8905
2008	0.8044	0.4981	0.8922
2009	0.8271	0.4762	0.9059
2010	0.7959	0.4939	0.8801
2011	0.7356	0.5398	0.8446
2012	0.7081	0.4999	0.6064

年份	1与2发展差异	3与2发展差异	3与1发展差异
2013	0.7449	0.5350	0.8482
2014	0.7276	0.4976	0.8328
2015	0.6843	0.4552	0.8008
2016	0.6569	0.4647	0.7833
2017	0.6508	0.5506	0.7940
2018	0.6123	0.5809	0.7688

注：表中使用"1""2""3"分别代表港深莞惠都市圈、广佛肇都市圈和澳珠中江都市圈。

资料来源：笔者根据手工方法从中华人民共和国国家知识产权局（SIPO）专利检索系统收集整理的数据，采用 Dagum 模型计算而得。

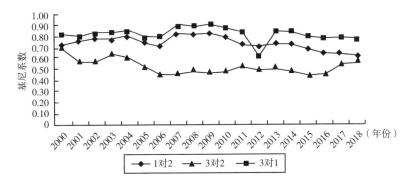

图 3 - 3　2000 ~ 2018 年珠三角"9 + 2"城市群三大都市圈间科技创新发展差异

注：图标中的"1""2""3"分别代表港深莞惠都市圈、广佛肇都市圈和澳珠中江都市圈。

资料来源：笔者根据手工方法从中华人民共和国国家知识产权局（SIPO）专利检索系统收集整理的数据，采用 Dagum 模型计算而得。

四、三大都市圈科技创新发展差异的来源及贡献

为了揭示珠三角"9 + 2"城市群三大都市圈科技创新发展差异的来源，我们分别测算了圈内、圈间和超变密度的贡献率（如表 3 - 3 所示）。结合表 3 - 3 计算，我们发现，样本期内都市圈内、圈间和超变密度的年平均贡献率分别为 28.65%、41.89% 和 29.46%，由此可知，导致珠三角"9 + 2"城市群三大都市圈科技创新发展差异的来源依次是都市圈间差异、超变密度和都市圈内差异，而都市圈间差异是珠三角"9 + 2"城市群三大都市圈科技创新发展产生差异的主要来源。

表3-3   2000～2018年珠三角"9+2"城市群三大都市圈科技创新

年份	圈内贡献	贡献率（%）	圈间贡献	贡献率（%）	超变密贡献	贡献率（%）
2000	0.2135	29.9582	0.2370	33.2437	0.2623	36.7981
2001	0.2037	29.5294	0.2297	33.2941	0.2565	37.1765
2002	0.2067	29.3984	0.1969	28.0000	0.2996	42.6016
2003	0.2148	29.8378	0.2389	33.1981	0.2661	36.9641
2004	0.2191	29.9082	0.3033	41.3970	0.2103	28.6948
2005	0.2066	30.3066	0.2434	35.7050	0.2317	33.9884
2006	0.1939	29.7301	0.2784	42.6845	0.1799	27.5854
2007	0.2116	28.9773	0.3585	49.0940	0.1601	21.9287
2008	0.2035	28.1764	0.3542	49.0302	0.1647	22.7934
2009	0.2123	28.6120	0.3882	52.3104	0.1416	19.0775
2010	0.2078	28.7885	0.3677	50.9503	0.1462	20.2612
2011	0.1951	28.4509	0.3346	48.7894	0.1561	22.7597
2012	0.1440	26.3963	0.2479	45.4489	0.1536	28.1548
2013	0.1977	28.6071	0.3260	47.1791	0.1673	24.2139
2014	0.1935	28.7734	0.3095	46.0223	0.1695	25.2043
2015	0.1787	28.4138	0.2623	41.7130	0.1879	29.8732
2016	0.1712	28.0920	0.2386	39.1507	0.1996	32.7573
2017	0.1644	26.6664	0.2330	37.8043	0.2190	35.5293
2018	0.1528	25.7670	0.2422	40.8402	0.1981	33.3929

资料来源：笔者根据手工方法从中华人民共和国国家知识产权局（SIPO）专利检索系统收集整理的数据，采用 Dagum 模型计算而得。

图3-4反映了这三种贡献率的演变趋势。从图3-4中，我们可以发现，样本期内三大都市圈内差异呈现稳中有降的发展态势，贡献率由2000年的29.96%下降到2018年的25.76%，月平均下降0.83%；超变密度贡献率具有较大波动，但基本呈现下降趋势，2000年为36.79%，2018年则降为33.39%，月平均下降0.538%，值得注意的是，从2015年开始，超变密度的差异贡献率开始超过了圈内贡献率，成为影响珠三角"9+2"城市群三大都市圈科技创新区域差异的次要因素；圈间差异贡献率从2000年的33.24%开始缓慢抬升，到了2004年超过圈内差异和超变密度成为主要因素，自此以后虽然贡献率有所波动，但对科技创新的区域差异的贡献依然最大。综合来看，珠三角"9+2"城市群三大都市圈科技创新圈内差异维

持在 28.65% 上下平稳变化,意味着对于单独某个都市圈而言,其内部的科技创新发展整体上较为稳定;超变密度是用来衡量和识别不同区域间发展的交叉重叠程度的,本研究的该项指标有所下降,说明这种交叉重叠现象正在逐渐消失,表明三大都市圈科技创新发展的地区间差异更趋明显;加之,圈间差异成为科技创新发展区域差异的主要来源,暗含着珠三角"9+2"城市群三大都市圈科技创新发展可能不存在较为显著而普遍的收敛现象。

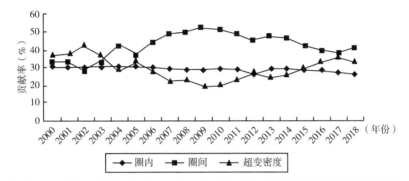

图 3 - 4 2000 ~ 2018 年珠三角"9 + 2"城市群科技创新发展差异的来源解析

资料来源:笔者根据手工方法从中华人民共和国国家知识产权局(SIPO)专利检索系统收集整理的数据,采用 Dagum 模型计算而得。

需要特别指出的是,虽然从前文基尼系数的计算公式可以看出,研究样本数量的确会影响到有关结果,从而产生一定偏误,但是这种偏误对实际产生的影响程度要远远小于理论方面的误差(陈建东等,2011)。由此可知,本研究的测算结果是基本可信的。同时,本节将继续使用 Pyatt 基尼系数及其按子群分解的方法,进一步验证珠三角"9 + 2"城市群三大都市圈基尼系数的测度结果。

第四节 珠三角"9+2"城市群科技创新发展的 收敛机制分析

一、σ 收敛检验

根据 σ 收敛检验方法,珠三角"9 + 2"城市群总体及三大都市圈科技创新的收敛系数如表3-4所示。从城市群总体层面看,2000~2009年σ收敛系数略微上升,到2012年剧烈下降后又迅速上升,然后开始持续平稳下降,整个考察期内,σ收敛系数月平均下降率为1.65%(见图3-5)。这表明珠三角"9+2"城市群范围内科技创新呈现σ收敛,即科技创新的区域差距在减少。港深莞惠都市圈科技创新的σ收敛与该城市群总体类似,意味着该都市圈科技创新的区域差距也在不断减少,没有发散;澳珠中江都市圈科技创新的σ收敛系数变化比较稳定,变化不大,但总体略微上升,月平均增长率为0.38%,可见澳珠中江都市圈科技创新没有出现σ收敛,其发展存在发散特征;相比而言,广佛肇都市圈科技创新的σ收敛系数变化最为剧烈,收敛机制极为显著,2000~2011年σ收敛系数下降明显,月平均下降率高达8.97%,2012年出现短暂急剧上升,之后σ收敛系数虽然较为稳定,但还是具备不断减少的变化特点,这说明广佛肇都市圈科技创新的差距也在显著缩小。综上所述,除了澳珠中江都市圈科技创新发展存在发散特征外,珠三角"9+2"城市群整体及其余两大都市圈的科技创新发展都具有显著的σ收敛,这些收敛特征与前文基尼系数的分析结论是相一致的。

表3-4　　2000~2018年珠三角"9+2"城市群三大都市圈科技创新
发展的σ收敛系数

年份	总体	广佛肇	港深莞惠	澳珠中江
2000	1.7454	1.4924	1.8487	1.0492
2001	1.7325	1.2927	1.8831	0.8046
2002	1.7055	1.3143	1.9490	0.8187
2003	1.7877	1.4296	1.8938	1.0075
2004	1.9727	1.4089	1.8806	0.8483
2005	1.7355	1.1833	1.8116	0.8930
2006	1.6941	0.7409	1.7492	0.8398
2007	2.1056	0.5739	1.9256	0.9010
2008	2.0586	0.4289	1.9240	0.8696
2009	2.2046	0.5236	1.9325	0.8204
2010	2.0885	0.5031	1.8920	0.9372
2011	1.8760	0.5308	1.8151	0.8980
2012	1.0556	1.0455	1.1258	0.8350
2013	1.8776	0.5968	1.8326	0.8950

年份	总体	广佛肇	港深莞惠	澳珠中江
2014	1.8032	0.5566	1.8059	0.9144
2015	1.5927	0.3837	1.7504	0.9944
2016	1.4804	0.3755	1.7107	1.0388
2017	1.4373	0.3829	1.7278	1.0793
2018	1.2944	0.3562	1.6592	1.1225

资料来源：笔者根据手工方法从中华人民共和国国家知识产权局（SIPO）专利检索系统收集整理的数据，采用 Dagum 模型计算而得。

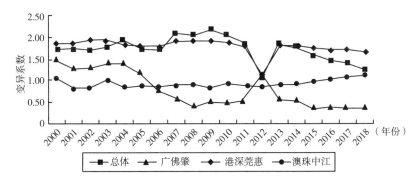

**图 3 – 5　2000～2018 年珠三角"9+2"城市群三大都市圈科技创新
发展的 σ 收敛的演变趋势**

资料来源：笔者根据手工方法从中华人民共和国国家知识产权局（SIPO）专利检索系统收集整理的数据，采用 Dagum 模型计算而得。

二、β 收敛检验

基于前文所设置的模型（3 – 13），我们采用面板固定效应模型对珠三角"9+2"城市群三大都市圈科技创新进行 β 收敛机制检验，表 3 – 5 是 β 绝对收敛检验结果。根据表 3 – 5 的结果，我们发现在面板固定效应模型下，珠三角"9+2"城市群总体、广佛肇都市圈和港深莞惠都市圈的 β 值均为正值，且通过了 1% 统计性显著检验，这说明以上区域科技创新发展并不存在 β 绝对收敛；澳珠中江都市圈的科技创新 β 值也为正值，但并未通过了 10% 统计性显著检验，说明此区域也依然不存在 β 绝对收敛。

表3－5　珠三角 "9＋2" 城市群科技创新发展的 β 绝对收敛检验结果

项目	城市群总体		广佛肇		港深莞惠		澳珠中江	
	OLS	FE	OLS	FE	OLS	FE	OLS	FE
β	0.172 *** (4.23)	0.269 *** (5.15)	0.281 *** (2.80)	0.293 *** (2.84)	0.218 *** (2.84)	0.358 *** (3.70)	0.023 (1.11)	0.006 (0.20)
常数项	− 0.635 ** (− 2.52)	− 1.182 *** (− 3.78)	− 1.417 ** (− 2.06)	− 1.496 ** (− 2.12)	− 0.847 ** (− 1.79)	− 1.622 *** (− 2.84)	0.171 (1.44)	0.257 (1.43)
R^2	0.0883	0.1314	0.1377	0.1463	0.1088	0.1788	0.0183	0.0006
Wald 值	17.92 ***	26.48 ***	7.85 ***	8.05 ***	8.05 ***	13.71 ***	1.23	0.04

注：*** 、** 和 * 分别代表1%、5%和10%的显著性水平；括号内为 t 统计值。

　　为了检验珠三角 "9＋2" 城市群及三大都市圈科技创新发展在充分考虑地区经济发展、教育等条件下是否存在 β 条件收敛，我们基于前文的模型式（3－14）选择采用最小虚拟变量二乘法（leat squares dummy variables，LSDV）对其条件 β 收敛性进行检验，相关结果如表3－6所示。研究发现，珠三角 "9＋2" 城市群及三大都市圈的收敛系数 β 至少通过5%的统计性水平检验，且均为正值，这表明在考虑了经济发展、教育水平，控制了时间、城市以及都市圈等影响因子的情况下，珠三角 "9＋2" 城市群总体及三大都市圈科技创新发展仍然未呈现收敛现象，反而具有发散的特征。

表3－6　珠三角 "9＋2" 城市群科技创新发展的 β 条件收敛检验结果

项目	城市群总体		广佛肇		港深莞惠		澳珠中江	
	OLS	LSDV	OLS	LSDV	OLS	LSDV	OLS	LSDV
β	0.215 *** (4.97)	0.821 *** (10.30)	0.421 *** (3.43)	0.741 *** (4.12)	0.232 *** (3.13)	0.971 *** (6.84)	0.048 ** (1.97)	0.255 ** (2.57)
常数项	− 0.957 (− 0.76)	− 0.377 (− 0.08)	0.614 (0.19)	− 5.305 (− 0.19)	− 6.372 ** (− 2.13)	− 17.832 (− 1.86)	1.061 (1.59)	5.656 * (1.71)
控制变量	YES	YES	YES	YES	YES	YES	YES	YES
年份变量	NO	YES	NO	YES	NO	YES	NO	YES
城市变量	NO	YES	NO	YES	NO	YES	NO	YES
都市圈变量	NO	YES	NO	YES	NO	YES	NO	YES
R^2	0.1249	0.5023	0.2005	0.6503	0.2356	0.6447	0.0780	0.4577
Wald 值	26.11 ***	35.48 ***	11.79 ***	9.06 ***	19.72 ***	17.29 ***	5.41	2.69 *

注：*** 、** 和 * 分别代表1%、5%和10%的显著性水平；括号内为 t 统计值。

三、俱乐部收敛

按照地理邻近、产业发展属性等标准，前文将珠三角"9+2"城市群分成广佛肇都市圈、港深莞惠都市圈和澳珠中江都市圈等三类发展俱乐部，研究发现其科技创新发展均不具备收敛机制。《粤港澳大湾区发展规划纲要》明确提出，要以香港、澳门、广州、深圳四大中心城市作为区域发展的核心引擎，继续发挥比较优势做优做强，增强对周边区域发展的辐射带动作用；强调要推进"广州—深圳—香港—澳门"科技创新走廊建设，探索有利于人才、资本、信息、技术等创新要素跨境流动和区域融通的政策举措。据此，我们围绕科技发展战略将珠三角"9+2"城市群分成广深港澳俱乐部以及由其余7个城市组成的珠三角俱乐部这两类，同样采用LSDV估计方法对其科技创新发展的俱乐部收敛进行检验，表3-7报告了检验结果。表3-7的检验结果显示，无论是广深港澳还是珠三角其余7市，其收敛系数 β 值均为正值且通过1%统计性水平检验，这表明广深港澳、珠三角其余7市科技创新发展依然存在显著的发散特征，并不具备俱乐部收敛机制。

表3-7　珠三角"9+2"城市群科技创新发展的俱乐部收敛检验结果

项目	广深港澳		珠三角其余7市	
	OLS	LSDV	OLS	LSDV
β	0.245 *** (3.36)	0.866 *** (5.72)	0.031 *** (4.36)	0.757 *** (7.47)
常数项	-3.029 ** (-0.97)	-4.731 (-0.47)	3.698 ** (2.07)	5.468 (0.70)
控制变量	YES	YES	YES	YES
年份变量	NO	YES	NO	YES
城市变量	NO	YES	NO	YES
都市圈变量	NO	YES	NO	YES
R^2	0.1703	0.5681	0.1427	0.4861
Wald 值	13.13 ***	11.04 ***	19.14 ***	21.18 ***

注：*** 、** 和 * 分别代表1%、5%和10%的显著性水平；括号内为 t 统计值。

第五节 稳健性检验

一、Pyatt 基尼系数及分解

参考派亚特（Pyatt，1976）关于基尼系数及其分解的研究，本节将采用 Pyatt 基尼系数来测度珠三角"9+2"城市群都市圈科技创新的区域差异以及差异来源，以期检验前文按照 Dagum 基尼系数所得出的研究结论，并根据相关结果分别绘制了 Pyatt 基尼系数变化趋势（见图 3-6）及其差距来源贡献度变化趋势（见图 3-7）。从图 3-6 和图 3-7 不难看出，Pyatt 基尼系数及分解与 Dagum 基尼系数基本一致，这表明我们依据 Dagum 基尼系数所得出的有关结论是稳健可靠的。

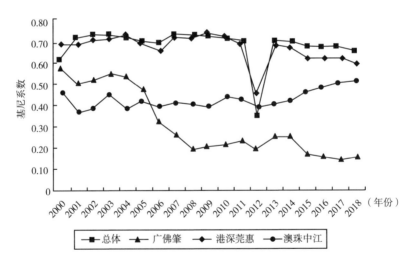

图 3-6 2000~2018 年珠三角"9+2"城市群及三大都市圈内科技
创新的发展差异

资料来源：笔者根据手工方法从中华人民共和国国家知识产权局（SIPO）专利检索系统收集整理的数据，采用 Pyatt 模型计算而得。

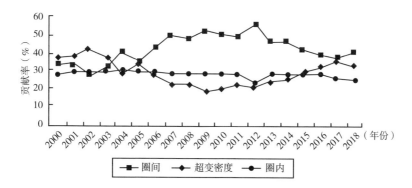

图3-7 2000~2018年珠三角"9+2"城市群科技创新发展差异的来源解析

资料来源：笔者根据手工方法从中华人民共和国国家知识产权局（SIPO）专利检索系统收集整理的数据，采用 Pyatt 模型计算而得。

二、空间计量下的 β 条件收敛检验

前文进行 β 条件收敛检验时是基于研究样本彼此独立的前提假设，然而随着经济社会发展要素流动日益频繁，样本对象彼此之间可能存在除地理相关以外的经济空间依赖性。因此，借鉴刘传明等（2017）、刘帅（2019）等做法，本节将尝试构建空间面板杜宾模型（SDM）下的 β 条件收敛检验方程。相应地，β 条件收敛检验方程为：

$$\ln\left(\frac{research_{i,t+1}}{research_{it}}\right) = \alpha + \beta \ln research_{it} + \beta_1 W_{ij} \ln research_{it} + \delta X_{it}$$
$$+ \eta W_{ij} X_{it} + \mu_i + \nu_t + \varepsilon_{it}$$
$$\varepsilon_{it} = \lambda W_{ij} \varepsilon_{it} + \eta_{it} \tag{3-15}$$

式（3-15）中，W_{ij} 为空间权重矩阵，我们依次采用地理距离权重矩阵［见式（3-16）］和经济距离权重矩阵［见式（3-17）］，设定公式如下：

$$W_{ij} = \begin{cases} 0 & , \ i=j \\ 1/d_{ij} & , \ i\neq j \end{cases} \tag{3-16}$$

式中，d_{ij} 代表不同城市（i 和 j）之间的地理距离，采用城市地理中心之间的距离来衡量。

$$W_{ij} = \begin{cases} 0, & i = j \\ (1/|pgdp_i - pgdp_j|) / \left[\sum_{j=1}^{n} (1/|pgdp_i - pgdp_j|) \right], & i \neq j \end{cases}$$

$$(3-17)$$

据此，我们采用有关研究的极大似然法（Lee & Yu，2010）对珠三角"9+2"城市群都市圈科技创新进行 β 收敛回归检验，结果见表3-8。由表3-8不难看出，空间计量下的条件收敛系数 β 值基本显著为正，意味着我们的收敛结论是稳健的，即样本期内珠三角"9+2"城市群科技创新发展呈发散特征，均不存在 β 条件收敛和俱乐部收敛。

表3-8   空间计量下的 β 条件收敛回归结果

地区	权重类型	β	ρ	R^2
珠三角"9+2"城市群	地理距离权重	0.815 *** (11.16)	-0.421 *** (3.40)	0.1499
	经济距离权重	0.825 *** (11.14)	-0.347 ** (-2.36)	0.1263
广佛肇	地理距离权重	0.731 *** (3.94)	-0.101 (-0.58)	0.0646
	经济距离权重	0.738 *** (3.14)	-0.175 (-0.98)	0.0360
港深莞惠	地理距离权重	0.295 (0.89)	-1.333 *** (-8.96)	0.2096
	经济距离权重	0.991 *** (5.38)	-0.546 *** (-3.98)	0.0452
澳珠中江	地理距离权重	0.410 *** (3.84)	-0.239 (-1.23)	0.0022
	经济距离权重	0.293 ** (2.09)	-1.145 *** (-7.03)	0.0089
广深港澳	地理距离权重	0.844 *** (6.82)	-0.242 * (-1.83)	0.3675
	经济距离权重	0.854 *** (6.86)	-0.243 * (-1.67)	0.2942
珠三角其余7市	地理距离权重	1.001 *** (10.23)	-1.037 *** (-5.85)	0.0362
	经济距离权重	1.066 *** (9.47)	-1.505 *** (-7.32)	0.0365

注：*** 、** 和 * 分别代表1%、5%和10%的显著性水平；括号内为t统计值。

第六节 本章小结

一、研究结论

本章按照地理邻接关系将珠三角"9 + 2"城市群划分为广佛肇、港深莞惠和澳珠中江三大都市圈，运用从中华人民共和国国家知识产权局（SIPO）专利检索系统手工爬取的 2000～2018 年城市级别的发明专利授权数据来表征珠三角"9 + 2"城市群科技创新发展情况，采用 Dagum 基尼系数及其按子群分解的方法对珠三角"9 + 2"城市群科技创新发展的差异及其来源进行测度，并采用 σ 收敛、β 收敛、俱乐部收敛以及空间 β 条件收敛对珠三角"9 + 2"城市群科技创新发展的收敛机制进行经验识别。我们的研究结论如下：

第一，从珠三角"9 + 2"城市群科技创新发展的空间差异及其来源看，考察期内科技创新发展的总体差异呈逐渐下降趋势。三大都市圈内的基尼系数也存在明显的差异，2000～2005 年三大都市圈基尼系数的排序依次是港深莞惠、广佛肇和澳珠中江都市圈。2005～2018 年虽然港深莞惠都市圈基尼系数略微下降但仍稳居首位，澳珠中江都市圈基尼系数稳中有升，排在第二，广佛肇都市圈基尼系数下降明显并低于澳珠中江都市圈，位列第三。样本期内珠三角"9 + 2"城市群科技创新发展差异的贡献率超变密度和城市圈内交替变化，但是都市圈间差异始终最大，因此都市圈间差异是导致珠三角"9 + 2"城市群科技创新发展差异的主要来源。

第二，从科技创新发展的 σ 收敛检验来看，除了澳珠中江都市圈科技创新发展存在发散特征外，珠三角"9 + 2"城市群整体及其余两大都市圈的科技创新发展都具有显著的收敛特征。总体上珠三角"9 + 2"城市群科技创新的 σ 收敛系数月平均下降率为 1.65%，说明珠三角"9 + 2"城市群科技创新发展存在 σ 收敛。从三大都市圈变异系数的演变趋势来看，港深莞惠都市圈科技创新的 σ 收敛与珠三角"9 + 2"城市群总体类似，意味着该都市圈科技创新的区域差距也在不断减少，没有发散；澳珠中江都市圈科技创新的 σ 收敛系数变化比较稳定略微上升，月平均增长率为 0.38%，说明澳珠中江都市圈科技创新没有出现 σ 收敛,其发展存在发散特征;广佛肇都市圈科技创新的 σ 收敛系数变化最为剧烈,收敛机制极为显著,其中 2000~2011 年 σ 收敛系数月平均下降率高达 8.97%,这说明广佛肇都市圈科技创新的差距也在显著缩小。

第三,从科技创新发展的 β 收敛检验来看,珠三角"9+2"城市群总体、广佛肇都市圈和港深莞惠都市圈的 β 值均为正值,且通过了 1% 统计性显著检验,这说明以上区域科技创新发展并不存在 β 绝对收敛;澳珠中江都市圈的科技创新 β 值也为正值,但并未通过 10% 统计性显著检验,说明该区域也依然不存在 β 绝对收敛。在考虑了经济发展、教育水平,控制了时间、城市以及都市圈等影响因子的情况下,珠三角"9+2"城市群总体及三大都市圈科技创新发展的收敛系数 β 显著为正,说明这些地区科技创新发展并未呈现条件收敛特征。在考虑了空间影响因素下,珠三角"9+2"城市群总体及三大都市圈科技创新发展仍不存在 β 条件收敛。

第四,从科技创新发展的俱乐部收敛检验来看,不论广深港澳还是珠三角其余 7 市,其收敛系数 β 值均为正值且通过 1% 统计性水平检验,这表明广深港澳、珠三角其余 7 市科技创新发展依然存在显著的发散特征,并不具备俱乐部收敛机制。这些结论在空间因素下依然稳健存在。

二、相关政策建议

首先,发挥市场在珠三角"9+2"城市群科技创新发展中的决定性作用,进一步完善市场价格、供求、竞争机制对地区创新要素资源的调节作用,使其在珠三角"9+2"城市群整体及都市圈得到科学合理配置。同时,要继续充分发挥政府的宏观调控作用,统筹推进各都市圈的建设,建立健全创新要素资源便捷流动机制。都市圈内部应强化科技创新的核心引领,构建与其他都市圈融合创新的体制机制,共同提升珠三角"9+2"城市群科技创新能力。

其次,利用各地区的资源禀赋优势进行合理分工,尤其是对珠三角"9+2"城市群都市圈内部进行有机的规划和协调。本章研究结论显示都市圈内部科技创新发展存在较大差异,其中港深莞惠都市圈内部科技创新发展差异最大,这意味着在该都市圈内部应加大对科技创新发展较为滞后城市的扶持力度，提高高新技术产业的规模和效益，大力发展创新经济；对于科技创新领先发展的城市，充分发挥其科技创新的正向空间外溢效应。都市圈之间差异是珠三角"9 + 2"城市群科技创新发展总体差异的主要来源，因此着重缩小科技创新发展的区域间差距对于促进珠三角"9 + 2"城市群的协调发展，推动湾区科技创新集聚发展的扩散及辐射作用具有重要的实践意义。

最后，在推进珠三角"9 + 2"城市群科技创新协同发展的同时，也要重视其科技创新发展的收敛或发散特征。对于存在收敛的都市圈要注重其科技创新发展的速度与发展差距之间的协调性。本章研究结论也意味着未来珠三角"9 + 2"城市群科技创新发展存在分化的可能。目前对科技创新发展滞后的都市圈提供一定的扶持固然重要，对于缩小城市群内部发展差距可以发挥积极作用，但是着力提高本都市圈科技创新的效率才是提升本都市圈科技创新发展的关键所在。从长远来看，有必要进一步系统制定城市群科技创新发展政策，让不同都市圈在城市群全局框架下协调发展。

第四章　珠三角"9＋2"城市群科技创新空间关联网络研究*

第一节　问题的提出

科技创新是引领中国经济发展的第一动力,是实现经济高质量发展的关键因素。习近平总书记从全局和战略高度提出,"科技创新是提高社会生产力和综合国力的战略支撑,必须把科技创新摆在国家发展全局的核心位置"[①]。作为改革开放和科技创新的先行区,珠三角"9＋2"城市群肩负特殊的历史使命。2019年党中央、国务院发布的《粤港澳大湾区发展规划纲要》将珠三角"9＋2"城市群所在区域定位为全球科技创新高地和新兴产业重要策源地,其中明确提出要"敢为人先,通过提升自主创新水平,掌握技术革新的自主权及主动权,迈向技术创新领域的新台阶"。其中,加强区域科技协同创新被认为是珠三角"9＋2"城市群建成世界级城市群、国际科技创新中心和"一带一路"建设的核心驱动,也是支持深圳建设中国特色社会主义先行示范区的重要支撑(丁焕烽等,2000)。值得注意的是,与东京、纽约、旧金山等世界三大湾区的科技创新态势相比,珠三角"9＋2"城市群科技创新在合作机制、协同分工及创新要素配置等方面依然具有

　＊　本章主要内容直接采用了程风雨(2022)的论文结果。

　①　习近平论科技创新:科技强国要在标志性技术上下功夫[EB/OL].(2016－03－18). http://cpc.people.com.cn/xuexi/n1/2016/0318/c385475－28209512.html.

较为明显的制约效应（覃成林等，2017；彭芳梅，2017）。这使得要在珠三角"9＋2"城市群构建和完善以创新为主要支撑的经济体系和发展模式，提升区域科技创新实力，以高质量创新引领经济高质量发展不仅需要关注科技创新的经济社会效应，还需要重视区域间科技创新关联与协同。因此，弄清珠三角"9＋2"城市群科技创新的空间关联及其结构演化，无疑将有助于探索如何更好地加强粤港澳科技创新合作，解码科技创新协同有效模式，也将有助于探索如何推动形成珠三角"9＋2"城市群创新链，助力实现区域经济高质量发展的新格局。

创新空间关联是当前学界研究的热点问题之一。中国区域科技创新从东部到西部呈现出递减的梯度特征（陆大道，2003），同时科技创新存在较为显著的空间依赖，创新溢出效应明显，能力较弱或较强区域更易在邻近范围内集聚式发展（张玉明和李凯，2007；张战仁，2013；金刚等，2015；杨凡等，2016）。作为中国乃至全球最具创新能力的城市群之一，珠三角"9＋2"城市群所在区域科技创新问题的研究较多集中于宏观层面，定性探讨珠三角"9＋2"城市群科技创新发展现状及不足（龙建辉，2018；辜胜阻等，2018；叶林和宋星洲，2019；曹钟雄，2019；申文青，2020），但少有文献直接针对珠三角"9＋2"城市群科技创新空间关联网络开展实证研究。

综合来看，上述研究在一定程度上表明空间关联效应是区域科技创新不可忽视的影响因素，但仍然存在以下有待深入探讨的地方。一是对于珠三角"9＋2"城市群科技创新指标的度量数据的获取及使用还有待完善，这可能会直接影响研究结论的可信度及科学性。珠三角"9＋2"城市群拥有"一个国家、两种制度、三个关税区、四个核心城市"特殊背景，11个城市包括科技创新衡量指标在内的统计口径存在较大差异，也缺乏可以直接获取的指标数据，这可能是目前珠三角"9＋2"城市群定量研究相对匮乏的重要原因之一。二是现有研究网络关系的实证模型虽然采用社会网络分析，却均忽略了内生机制及关系变量之间的依赖性，仅将外生机制纳入实证分析，这是不完整的，并可能导致在探究空间网络驱动机制问题时产生研究偏误。同时，针对珠三角"9＋2"城市群科技创新网络的探讨缺乏基于区域整体层面动态演化的微观机制研究。三是按照新经济地理学的有关研究，区域经济社会发展并非独立存在，珠三角"9＋2"城市群科技创新问题也不例外，呈现出一定的空间关联特征。珠三角"9+2"城市群内任何两个城市间的科技创新关联关系可能会受到整体网络中其他区域关联关系的间接影响，同时经济及技术等多维邻近会对珠三角"9+2"城市群科技创新合作产生显著影响（许培源和吴贵华，2019），但是现有文献（高爽等，2019；李文辉等，2019）使用的社会网络分析工具如二次迭代分配程序（quadratic assignment procedure，QAP）基本无法有效地透射出这种"第三方效应"。此外，社会网络分析作为静态分析方法，缺少对时间依赖效应的必要关照，也无法从动态演化的视角有效识别珠三角"9+2"城市群科技创新空间关联网络的演化过程及驱动机制。

有鉴于此，我们尝试从三个方面做出可能的边际贡献。第一，首次针对珠三角"9+2"城市群科技创新空间网络采用动态网络分析，创新性地利用时态指数随机图模型（temporal exponential random graph models，TERGM）探讨珠三角"9+2"城市群科技创新空间关联网络的驱动机制问题。TERGM作为目前研究网络关系最前沿的方法，不仅可以控制依赖关系，还能够使用二元的、连续的或分类的属性变量将网络关系变量间的相互依赖性纳入研究框架内，从而使研究结论更具可靠性。第二，基于程风雨（2020）的研究，我们尝试在统一口径下获取衡量珠三角"9+2"城市群科技创新的面板数据，整合空间关联网络可视化与统计建模方法，采用复杂社会网络分析方法从整体、个体及板块等三重维度探究珠三角"9+2"城市群科技创新空间关联网络结构的宏微观特征，并就演化趋势给予可能的解释。我们的研究结论有助于丰富对珠三角"9+2"城市群科技创新协调发展的研究，并提出了来自网络视角及微观机制的新发现。第三，从静态和动态、内生结构和外生机制等多维视角，探寻和检验影响珠三角"9+2"城市群科技创新关联网络格局演化的自组织机制和关系嵌入机制，考察珠三角"9+2"城市群科技创新空间关联网络结构的驱动因素，为进一步推进珠三角"9+2"城市群科技创新高质量发展提供系统的决策依据，对于珠三角"9+2"城市群科技创新要素的深度交流融合以及协同发展机制的有效构建具有重要价值。

本章将对珠三角"9+2"城市群科技创新发展的空间差异进行测度，并按照三大都市圈的空间尺度进行分解，对珠三角"9+2"城市群科技创新发展的收敛机制进行有效识别，并采用 Pyatt 基尼系数方法以及空间 β 条件收敛对结论进行稳健性检验，最后基于珠三角"9+2"城市群科技创新协同发展提出相应政策启示。总体而言，本章的研究成果对于缩小珠三角"9+2"城市群都市圈科技创新发展的空间差异，推动大湾区科技创新集聚发展的扩散及辐射作用具有重要意义。

第二节 珠三角"9+2"城市群科技创新空间关联网络的构建及分析方法

一、引力模型与科技创新空间关联网络的构建方法

对研究对象开展网络分析的前提与关键是确定合理的网络关系（Scott & Caxrington，2011）。在现有关于空间关联网络的实证研究中，主要存在两种刻画方法（吕荣杰等，2019；王周伟，2021），即 VAR 格兰杰因果检验（李敬等，2014）和引力模型（侯赟慧等，2009；冷炳荣等，2011；汤放华等，2013）。

我们选择引力模型确定珠三角"9+2"城市群科技创新的空间关联关系，其理由主要是以下三个方面：

第一，我们的数据结构更适宜使用引力模型。VAR 格兰杰因果检验方法一般不适用时间跨度不长的数据结构，由于其对滞后阶数过于敏感且缺乏严格的经济理论解释，可能会在一定程度上影响对空间关联结构特征的有效研究（刘华军等，2015）。而引力模型能够综合顾及研究对象间经济地理的因素，更适用于数据时间跨度相对较小和截面总量数据的情况，从而可以对研究对象的空间关联网络的演变趋势进行更加精准的刻画（Wasserman & Faust，1994）。

第二，引力模型能够更真实地勾画研究对象的空间关联网络。几乎所有的空间数据都具有空间自相关性和空间依赖性的特征（Anselin & Florax，1995）。在全球化背景下，多种因素的共同作用使得珠三角"9+2"城市群城市之间科技创新并非独立存在，而是呈现出一定的空间关联。并且，随着《粤港澳大湾区发展规划纲要》的公布落实和市场化进程的持续推进，珠三角"9+2"城市群科技创新的空间关联已经突破物理空间的限制，即

单纯地理学意义上的"近邻"关系,尤其是在"一个国家、两种制度、三个关税区、四个核心城市"特殊背景下,珠三角"9+2"城市群科技创新空间关联网络形成及演化更加复杂,呈现出多线程的复杂网络结构形态。基于此,我们采用引力模型确定珠三角"9+2"城市群科技创新相互关系的强度,进而明确各城市在科技创新空间关联网络中的地位和角色,不仅可以在考虑空间因素的基础上考察科技创新"量"的效应,还能深入揭示科技创新的"空间关联效应"与"空间非线性关系"。

第三,引力模型可以刻画出珠三角"9+2"城市群科技创新的溢出效应。引力模型最初由廷伯根(Tingbergen,1962)根据于物理学中万有引力定律提出,后经安德森(Anderson,1979)和伯格斯特兰(Bergstrand,1985)等学者不断完善,该模型可以用来刻画中心城市对周边城市的溢出能力,也能反映周边城市对中心城市外溢效应的接受程度(王姣娥等,2014)。同时,可以根据引力模型计算出引力矩阵,并对该矩阵进行0-1变换,即:对各行取平均值作为临界值,若引力值大于临界值的地区记为1,说明该行城市对该列城市的科技创新存在空间溢出;引力值小于临界值的地区记为0,说明该行城市对该列城市的科技创新不存在空间溢出。

综上所述,就理论层面而言,在现有研究技术手段下,引力模型可能是较为适宜本书研究条件以探讨珠三角"9+2"城市群科技创新空间关联的方法选择,但是该模型是否真的可以有效刻画珠三角"9+2"城市群科技创新空间关联网络的本质特征,还需要在后文结合其他实证方法加以实证考察。

鉴于上述原因,本章将用于衡量区域间经济关联的引力模型运用到珠三角"9+2"城市群科技创新空间联系。进一步,为了增强引力模型对现实的解释能力,本章对传统引力模型加以修正:选取城市层面发明专利授权额、人口规模和地区生产总值指标来综合表征珠三角"9+2"城市群科技创新发展"质量";为了更好地衡量城市群所辖城市间科技创新联系和吸引差异,使用人均地区生产总值对传统引力模型的引力参数进行修正。从而,得到如下形式的引力模型方程:

$$G_{ij} = \frac{T_i}{T_i + T_j} \times \frac{\sqrt[3]{P_i T_i E_i} \sqrt[3]{P_j T_j E_j}}{D_{ij}^2}, \quad D_{ij}^2 = \left(\frac{d_{ij}}{e_i - e_j}\right)^2 \quad (4-1)$$

式（4-1）中 i 和 j 分别代表珠三角"9+2"城市群不同城市。其中，G 代表城市间的科技创新引力，T 代表发明专利授权额，P 代表人口规模，E 代表地区生产总值，e 代表人均地区生产总值，d 和 D 分别代表城市间的经纬度球面距离和经济加权后的距离。最终通过式（4-1）构建珠三角"9+2"城市群所辖城市间科技创新的引力矩阵，并按照前文的计算方法对该引力矩阵进行 0-1 数值变换。需要注意的是，经赋值变换后的珠三角"9+2"城市群科技创新空间关联引力矩阵具有有向性的特征。

二、科技创新空间关联网络的特征指标及测度方法

（一）整体网络结构指标

借鉴刘军（2014）的研究，我们采用网络密度、网络关联度、网络等级度和网络效率等 4 个指标来分析整体网络结构。其中，网络密度和网络关联度为正向指标，网络等级度和网络效率为逆向指标。

第一，网络密度。假设珠三角"9+2"城市群科技创新空间关联网络中共有 N 个节点，则最大的可能关联数为 $N(N-1)$，若 11 个城市间确定的科技创新空间关联数为 M，则网络密度可表示为 $M/[N(N-1)]$。网络密度用于衡量和反映科技创新空间关联网络的紧密程度，该指标的取值范围为 0~1，越接近 1 即网络密度越大，则珠三角"9+2"城市群科技创新空间联系就越紧密，也就意味着珠三角"9+2"城市群 11 个城市间科技创新空间互动影响关系越多也越复杂。

第二，网络关联度。该指标是用于反映珠三角"9+2"城市群科技创新空间关联网络自身的稳健性和脆弱性。如果网络中某一节点城市存在较为密集的关联线，那么科技创新空间关联网络整体对该城市的依赖性就很高。假设珠三角"9+2"城市群所辖城市间科技创新空间网络中不可达的点对关联数为 V，则网络关联度的计算公式可表示为 $1-\dfrac{V}{N(N-1)/2}$。

第三，网络等级度。该指标反映的是珠三角"9+2"城市群科技创新空间关联网络中存在多大程度的非对称。假设珠三角"9+2"城市群所辖城市间科技创新空间网络中对称可达的点对关联数为 S，则网络等级

度的计算公式为 $1 - \dfrac{S}{\max S}$。其中，$\max S$ 为珠三角"9+2"城市群科技创新空间关联网络中最大对称可达的点对关联数。网络等级度指标值越大，表明珠三角"9+2"城市群科技创新空间关联网络的界限越森严，意味着在该关联网络中可能会有更多的节点城市处于网络边缘，扮演从属角色。

第四，网络效率。该指标反映了珠三角"9+2"城市群科技创新空间关联网络中各节点城市之间的连接效率。假设珠三角"9+2"城市群11个城市间科技创新空间网络中冗余的点对关联数为 R，则网络效率的计算公式为 $1 - \dfrac{R}{\max R}$。其中，$\max R$ 为珠三角"9+2"城市群科技创新空间关联网络中最大可能冗余的点对关联数。网络效率指标值越小，表明珠三角"9+2"城市群空间网络中存在更多的关联连线，节点城市科技创新之间存在更加紧密的联系。

（二）个体网络结构指标

对于个体网络结构，我们采用点度中心度、中介中心度和接近中心度等指标进行刻画。

第一，点度中心度。该指标可以根据网络中的关联数来衡量各节点城市在珠三角"9+2"城市群科技创新空间关联网络中处于中心位置的程度，其计算方法为：鉴于科技创新空间关联引力矩阵是有向的，可将某一节点城市 i 的点度中心度分为点入度（IPC_i）和点出度（OPC_i），其计算公式分别为 $\displaystyle\sum_{j=1, j \neq i}^{n} \dfrac{g_{ij}}{N-1}$ 和 $\displaystyle\sum_{j=1, j \neq i}^{n} \dfrac{g_{ji}}{N-1}$。其中，$g_{ij}$ 和 g_{ji} 分别代表珠三角"9+2"城市群节点城市 $i(j)$ 和 $j(i)$ 的科技创新空间关联强度；进而采用加权求和的方式计算得出点度中心度：$\dfrac{IPC_i + OPC_i}{2N-2}$。某一节点城市的点度中心度越高，代表在珠三角"9+2"城市群科技创新空间关联网络中，该节点城市与其他城市之间的联系越紧密，意味着该城市处于整体网络中更加中心的地位，在该网络中拥有较大的影响力。

第二，中介中心度。该指标反映了某个节点城市 i 在多大程度上控制其他节点城市之间的关联关系，其计算方法为：为了反映某一节点城市发挥"桥梁"作用的程度，需要计算该城市 i 处于空间关联网络中其他节点

城市 k 和 j 之间捷径的概率 $b_{jk}(i)$，其算法公式为 $\dfrac{s_{jk}(i)}{s_{jk}}$。其中，$k \neq j \neq i$ 且 $j < k$。s_{jk} 代表珠三角"9+2"城市群节点城市 k 与 j 之间存在的捷径数，而 $s_{jk}(i)$ 表示节点城市 k 与 j 之间存在经过节点城市 i 的捷径数；进而，采用如下加权公式计算出中介中心度：$\dfrac{2\sum\limits_{j}^{N}\sum\limits_{k}^{N} b_{jk}(i)}{3N^2 - 3N + 2}$。某一节点城市的中介中心度越高，表明该节点城市对珠三角"9+2"城市群内其他城市科技创新之间的互动具有越大的操控能力，也就处于网络越中心的地位。

第三，接近中心度。该指标刻画了网络中某个节点城市在珠三角"9+2"城市群科技创新联系过程中"不受其他城市控制"的程度，其计算公式为 $\sum\limits_{j=1}^{N} \dfrac{d_{ij}}{N-1}$。其中，$d_{ij}$ 代表节点城市 i 与 j 间的捷径距离，即捷径中包含的点对称关联线数。如果接近中心度越高，则该城市科技创新与其他城市之间存在越多的直接关联，表明该城市在珠三角"9+2"城市群科技创新整体网络中扮演着中心行动者的角色。

（三）空间聚类分析方法

为了揭示和刻画珠三角"9+2"城市群科技创新空间关联网络的结构状态，我们借鉴有关研究（Wasserm & Faust，1994；Girvan & Newman，2002），采用块模型方法从板块内部科技创新关联关系数占该板块内外关联关系数总额的比例、板块间科技创新关联结构两个方面将珠三角"9+2"城市群科技创新空间网络划分为净受益、净溢出、双向溢出和经纪人等四大板块（见表4-1）。四大板块的具体内涵为：净受益板块中节点城市的科技创新空间关联关系主要发生在板块内部，与其他板块内的节点城市的空间关联关系较少，该板块的科技创新合作以接收其他板块的科技创新溢出效应为主；净溢出板块中，板块间的科技创新合作关系更加紧密，且该板块的科技创新合作以影响其他板块的科技创新为主；双向溢出板块内部各节点城市间科技创新有着密切的空间关联，同时对其他板块也存在较多的接收溢出效应关联关系；经纪人板块内部各节点城市间科技创新空间关联关系较少，但与其他板块有着密切的双向溢出效应关联，在整体网络中充当中介的角色。据此,下文将根据珠三角"9+2"城市群科技创新空间关联网络的具体特点加以划分,从而探究其科技创新的空间集聚特征。

表4-1　　　　　　　　多值网络下块模型的板块角色划分标准

板块内部关系的比例	板块接收到的关系比例	
	$I_{k,e}/I_{k,i} \geqslant 1$	$I_{k,e}/I_{k,i} < 1$
$I_k/I_{k,t} \geqslant (N_k - 1)/(N - 1)$	双向溢出板块	净受益板块
$I_k/I_{k,t} < (N_k - 1)/(N - 1)$	净溢出板块	经纪人板块

三、TERGM 空间关联网络动态分析方法

卢舍等(Lusher et al,2012)研究认为,任何研究对象的网络关系的形成均会受到各种因素的影响,其大致可分为内生结构与外生机制两种,它们可能会同时作用于特定网络结构的形成。作为分析网络关联形成机制的前沿方法,TERGM 能够充分考虑历史空间网络格局的影响并拟合网络关联结构的动态变化情景,从而更加全面地探究内外部因素对研究对象的空间关联网络形成的影响机制。据此,我们参考汉尼科等(Hanneke et al,2010)的研究,将空间关联网络的影响因素细分为内生结构效应、外部网络效应以及行为者–关系效应,与之相对应,选择一系列指标变量加以衡量。同时,我们将采用伪极大似然估计法(MPLE)对 TERGM 进行近似参数估计,该方法不需要通过仿真模拟来实现估计,因此其运算效率较高,且在样本量较大时仍可以确保估计满足一致性。但是,MPLE 方法也有缺陷,就是当样本量随机性不足或样本量较少时,无法确定该样本量是否足够使其估计具有一致性。相比较而言,马尔可夫蒙特卡罗极大似然估计法(MCMCMLE)可以在一定程度上弥补上述不足。MCMCMLE 方法使用仿真图的方法进行参数估计,即设定初始参数值 θ_0,并使用马尔可夫蒙特卡罗方法(MCMC)生成大量仿真图,通过不断修正 θ_0 解决各类统计量在生成图分布下的期望值与实际观察到的网络统计指标值的偏差问题,最终实现收敛估计。鉴于此,我们采用 MCMCMLE 方法来对 TERGM 估计系数进行稳健性检验。

第三节 珠三角"9+2"城市群科技创新空间 关联网络的统计分析

一、珠三角"9+2"城市群科技创新空间关联引力变化分析

为了揭示珠三角"9+2"城市群科技创新空间关联网络的发展势态及特征,我们基于修正的科技创新空间关联的引力模型,利用 UCINET 可视化工具 Netdraw 绘制了2000年、2008年和2019年三个代表年份科技创新的空间关联网络图(如图4-1所示)。之所以选择这三个年份,主要理由是:2000年是本章研究的初始年份,可以作为对比研究基期;2008年国家发改委发布《珠江三角洲地区改革发展规划纲要(2008—2020年)》,明确提出探索和推进广东与港澳地区合作,打造世界级城市群,意味着珠三角"9+2"城市群建设与一体化发展成为珠三角地区的发展战略,因此2008年为珠三角"9+2"城市群的重大规划历程的初始期;2019年《粤港澳大湾区发展规划纲要》正式发布,标志着珠三角"9+2"城市群建设迈上新台阶。我们旨在通过比较上述三个代表性研究年份的科技创新空间关联网络图来有效识别珠三角"9+2"城市群科技创新的空间关联关系。

从图4-1可以看出,随着珠三角"9+2"城市群建设的不断深入,珠三角"9+2"城市群科技创新空间关联呈现以下几个特征:一是由单核关联向多核联动发展。从2000年的以香港为单核心,节点城市独链甚至缺链的关联状态,逐步发展成为以广深港澳四个城市为关联内核,呈现出复杂且相互交织的空间溢出关系。二是科技创新在广佛肇、港深莞惠和澳珠中江三大都市圈呈现集聚性发展。2000年三大都市圈均没有形成单层关联闭环,2008年广佛肇和澳珠中江两大都市圈的科技创新空间关联开始形成闭环式发展,但是港深莞惠都市圈的科技创新关联依然存在断链情况,2019年三大都市圈的科技创新均实现了多线程关联发展,广深港澳科技创新走廊也正在加快形成。三是珠三角"9+2"城市群节点城市的科技创新对周边城市产生溢出效应,从"空间关联效应"与"空间非线性关系"两个维度探寻科技创新空间溢出的来源可以为珠三角"9+2"

城市群科技创新的深度交流融合以及协同发展机制的有效构建提供新的思路与依据。

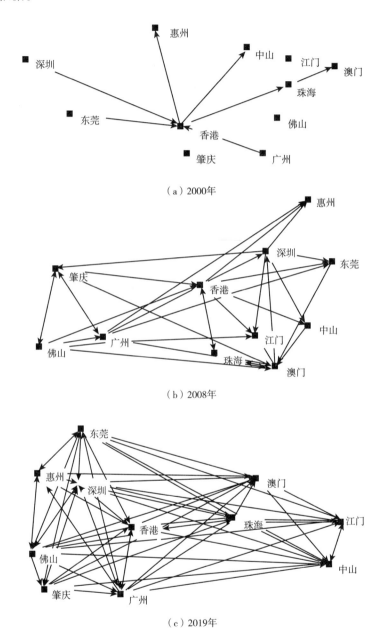

（a）2000年

（b）2008年

（c）2019年

图 4 - 1   不同年份珠三角"9 + 2"城市群科技创新的空间关联网络

二、基于整体层面的空间关联网络的结构特征

（一）网络密度

我们发现，样本考察期内珠三角"9+2"城市群科技创新空间关联关系总额呈逐年递增趋势，由2000年10个关联关系增加到2019年的100个。与之相对应，珠三角"9+2"城市群科技创新空间关联的整体网络密度也呈现逐年上升趋势，2000年仅为0.091，2019年则上升到0.909，网络密度值逐年上升意味着珠三角"9+2"城市群科技创新的空间关联愈发密切。但同时，我们发现，2003年以后珠三角"9+2"城市群科技创新的空间关联网络密度增速也发生了巨大变化，其增速明显快于2003年之前，其中2009年、2004年珠三角"9+2"城市群科技创新空间关联网络密度增速位居考察期内前两名，分别为39.23%和33.82%。究其原因，可能是2003年以后，内地与港澳地区签署的《关于建立更紧密经贸关系的安排》极大地促进了珠三角"9+2"城市群科技创新的跨区域合作与交流，同时包括技术在内的生产要素市场化进程加速推进也进一步增强了其科技创新资源的跨区域流动，上述各种因素的综合作用提升了珠三角"9+2"城市群不同城市间科技创新的空间关联。

（二）网络关联性

我们利用网络关联度、网络等级度与网络效率等指标衡量珠三角"9+2"城市群科技创新网络的空间关联性。具体而言，首先，网络关联度的测度结果显示，考察期内除了期初即2000年为0.509外，其余年份的网络关联度均为1，表明珠三角"9+2"城市群节点城市科技创新之间的联系非常密切，且具有非常显著的空间溢出和关联效应。其次，网络等级度的测度结果显示，2006年以前珠三角"9+2"城市群科技创新空间关联的网络等级度呈阶梯下降态势。其中，2000年网络等级度最高，约为0.76，2001~2005年网络等级度下降到0.182左右，而2006年及之后网络等级度稳定保持为0。这一结果表明珠三角"9+2"城市群科技创新跨区域协调合作的门槛已然被突破，城市群内部不同城市间的科技创新的相互联系和相互作用较为明

显，并且这种强关联趋势具有持续性的特点。最后，珠三角"9+2"城市群科技创新空间关联的网络效率呈逐年下降趋势，该值在 2000 年为 1，2019 年则下降为 0.089，这意味着随着珠三角"9+2"城市群科技创新空间关联冗余程度下降，其科技创新空间关联度大大增强。综合以上分析结果，我们认为，随着珠三角"9+2"城市群要素市场化进程的深入推进，区域科技创新发展环境得到持续优化。与此同时，市场对科技创新要素资源的配置作用被极大激发，也进一步降低了珠三角"9+2"城市群科技创新协调合作的交易成本，从而使珠三角"9+2"城市群所辖城市间的科技创新关联关系增多，最终提升了整体关联网络的稳定程度。

三、基于个体层面的网络结构中心性分析

网络中心性是表征珠三角"9+2"城市群科技创新空间关联网络中的 11 个节点城市地位的重要指标，其相关测度结果如表 4-2 所示。

表 4-2　珠三角"9+2"城市群科技创新空间关联的网络中心性分析

城市	点度中心度		中介中心度		接近中心度	
	中心度	排序	中心度	排序	中心度	排序
广州	100	1	1.458	1	10	1
深圳	100	1	1.458	1	10	1
珠海	100	1	1.458	1	10	1
佛山	100	1	1.458	1	10	1
惠州	70	5	0	5	7.692	5
东莞	95	2	0.982	2	9.545	2
中山	80	3	0.125	4	8.392	2
江门	80	3	0.143	3	8.333	3
肇庆	75	4	0	5	8.013	4
香港	100	1	1.458	1	10	1
澳门	100	1	1.458	1	10	1

从点度中心度看，点度中心度均值约为 91，其中高于这一均值的城市

数约占总数的63.6%，而广州、佛山、深圳、香港、珠海和澳门6个城市的点度中心度最高，均为100，并列第一，东莞紧随其后，其点度中心度为95。说明这些城市在珠三角"9＋2"城市群科技创新空间关联网络中处于中心地位，并与其他城市之间存在空间关联及空间溢出效应，这充分表明广深港澳科技创新走廊正在加快形成，粤港澳协同创新体系所蕴含的蓬勃创新能量正不断释放。此外，惠州的点度中心度排在末位，说明该城市科技创新与其他节点城市的科技创新活动关联度较低。其中可能的原因在于惠州创新资源相对缺乏，经济发展总量与周边城市还存在较大差距，难以较好地支撑本地科技创新，从而导致其科技创新的空间关联较弱。从中介中心度看，中介中心度均值为0.908，高于这一均值的节点城市依然是前面点度中心度高于均值的7个，其中广州、佛山、深圳、香港、珠海和澳门6个城市的中介中心度均达到1.458，说明随着《粤港澳大湾区发展规划纲要》发布实施，这些城市在珠三角"9＋2"城市群科技创新空间关联网络中处于核心地位并发挥着桥梁作用，通过不断破除发展瓶颈，这种控制和支配作用将愈发增强。此外，研究发现，珠三角"9＋2"城市群科技创新空间关联网络的中介中心度总量为9.998，而并列排名第一位的节点城市的中介中心度之和占了总量的80%以上，这些城市大都处于珠三角"9＋2"城市群科技创新的核心地位，而惠州和肇庆的中介中心度并列末位第一，在珠三角"9＋2"城市群科技创新网络中处于依附和受支配的地位。因此，珠三角"9＋2"城市群科技创新空间关联网络中各个节点城市的中介中心度呈现出非均衡特征，且相当多的科技创新关联需要通过广州、深圳和香港等经济发达城市来完成。从接近中心度看，接近中心度均值为9.271，同样是前文提及的广州等7个城市高于这一均值，这意味着这些城市在珠三角"9＋2"城市群科技创新空间网络中扮演着中心行动者的角色，它们与其他城市之间科技创新合作的效率更高，同时对科技资源与技术力量的集聚能力也更强。而惠州的接近中心度依然处于末位，表明其在整个珠三角"9＋2"城市群科技创新网络中扮演着边缘行动者的角色。

四、空间关联网络的块模型分析

结合表4－1中的块模型分类方法，我们以2为最大分割深度和0.2为集中标准度,采用相关收敛法(convergent correlations,CONCOR)方法,对 2019 年珠三角"9+2"城市群科技创新空间关联网络进行块模型分析,最终将珠三角"9+2"城市群 11 个城市划分为三个板块(block),通过分块系统刻画珠三角"9+2"城市群科技创新空间关联网络的空间聚类特征。其中,位于第 Ⅰ 板块的成员有 6 个,分别是广州、深圳、珠海、佛山、香港和澳门;位于第 Ⅱ 板块的成员有 4 个,分别是中山、江门、肇庆和惠州;位于第 Ⅲ 板块的成员仅有 1 个,即东莞。

整体来看,在珠三角"9+2"城市群 11 个城市的 100 个科技创新空间关联关系中,板块内部的科技创新空间关联数为 33 个,占比率为 33%;不同板块之间的空间关联数为 67 个,占比率为 67%。板块间的科技创新空间关联关系所占比例较高,这说明虽然珠三角"9+2"城市群板块内部所呈现的局部关联特征不容忽视,但是该区域科技创新的空间关联主要表现在板块之间,而且这种空间关联模式正由板块内部的局部关联逐步演变为板块间的整体关联。

根据表 4-1 中板块角色的划分标准,我们进一步计算了珠三角"9+2"城市群板块内部的科技创新关联数占比、接受板块外科技创新关联关系数占比等数据,相关结果如表 4-3 所示。结果发现,第 Ⅰ 板块在珠三角"9+2"城市群科技创新空间网络中发生关联关系数为 60 个,其中属于板块内部不同节点城市间的科技创新关联关系数有 30 个,实际内部关系比例与期望内部关系比例均为 50%。但是,考虑到第 Ⅰ 板块接收来自外部板块发出的科技创新关联关系数等于该板块对其他两个板块的溢出关系数,即该板块对板块内部和外部均产生溢出效应,所以第 Ⅰ 板块可以被界定为"双向溢出"板块。第 Ⅱ 板块在珠三角"9+2"城市群科技创新空间网络中发生关联关系数为 30 个,其中板块内部空间关联关系仅有 3 个,期望内部关系比例远远大于实际内部关系比例,同时该板块接收来自外部板块发出的科技创新关联关系数大于该板块对其他两个板块的溢出关系数,因此该板块为"净受益"板块。同理,第 Ⅲ 板块在区域科技创新空间关联网络中共产生 10 个关系数,鉴于该板块对其他两个板块的溢出关系数大于接收来自外部板块城市发出的科技创新关联关系数,因此第 Ⅲ 板块属于"净溢出"板块。

表4-3　　　珠三角"9+2"城市群科技创新各空间板块的关联特征

板块	接收关系数合计（个）		发出关系数合计（个）		期望内部关系比例（%）	实际内部关系比例（%）
	板块内	板块外	板块内	板块外		
第Ⅰ板块	30	30	30	30	50	50
第Ⅱ板块	3	28	3	27	30	10
第Ⅲ板块	0	9	0	10	0	0

　　同时，根据前文测算结果，我们绘制图4-2以更加直观地展示珠三角"9+2"城市群科技创新三大板块的结构关联关系。由图4-2可以明确看出，第Ⅰ板块即"双向溢出"板块不仅内部具有较为紧密的科技创新关联关系，而且可以较为有效地接收来自第Ⅱ板块和第Ⅲ板块的科技创新溢出效应。换言之，广州、深圳和香港等科技创新能力较强的节点城市同样需要其他城市的科技创新要素的输入。同时，第Ⅰ和第Ⅲ板块对第Ⅱ板块、第Ⅰ和第Ⅱ板块对第Ⅲ板块还具有一定的科技创新溢出，这充分表明在珠三角"9+2"城市群科技创新空间关联网络中各板块之间正发挥着各自的比较优势，珠三角"9+2"城市群科技创新的整体联动效应较为突出。

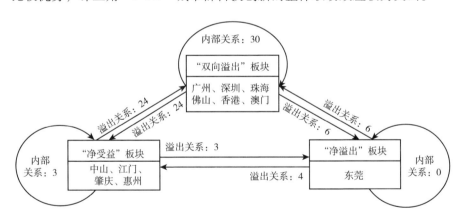

图4-2　珠三角"9+2"城市群科技创新不同板块的空间关联

　　为了识别板块之间科技创新空间关联的收敛特征，我们首先根据不同板块间的科技创新空间关联关系数的分布情况计算得到网络密度矩阵，然后采用0-1标准化变换：将各板块网络密度值与整体网络密度值做差值，该值大于0，则代表科技创新关联关系更加集中于此，这种情形赋值为1；反之，则赋值为0。最终，我们将多值有向网络密度矩阵转化为像矩阵

（见表4-4）。通过表4-4像矩阵结果可以看出，只有第Ⅰ板块在像矩阵对角线上取值为1，意味着珠三角"9+2"城市群板块内部科技创新空间关联和溢出效应并不显著；三大板块在非对角线的矩阵值较多为1，意味着珠三角"9+2"城市群三大板块间关联关系较为紧密，这也在一定程度印证了前文的相关结论。综合来论，我们认为，虽然珠三角"9+2"城市群科技创新空间关联主要表现为不同板块之间的显著关联，但该网络并不具有较为明显的"俱乐部"收敛特征。

表4-4　珠三角"9+2"城市群科技创新空间关联板块的密度矩阵和像矩阵

板块	密度矩阵			像矩阵		
	第Ⅰ板块	第Ⅱ板块	第Ⅲ板块	第Ⅰ板块	第Ⅱ板块	第Ⅲ板块
第Ⅰ板块	1.000	1.000	1.000	1	1	1
第Ⅱ板块	1.000	0.250	0.750	1	0	0
第Ⅲ板块	1.000	1.000	0.000	1	1	0

第四节　珠三角"9+2"城市群科技创新空间关联网络的驱动机制探讨

一、模型构建与变量说明

借鉴许和连等（2015）、潘正奇（Pan，2018）等对国际贸易空间网络关系的研究，我们尝试综合实证探究空间关联网络的互惠性、结构依赖（依附度、传递闭合度与多连通度）与时间依赖（稳定度与变异度）等内生机制，以及地区经济发展等外生机制因素对珠三角"9+2"城市群科技创新空间关联网络的可能影响，并将2000~2019年珠三角"9+2"城市群科技创新空间关联网络的时间间隔设置为2，即包含2000年、2002年、2004年、2006年、2008年、2010年、2012年、2014年、2016年和2018年共10个时期的科技创新空间关联网络，进而构建如下形式的TERGM函数方程式：

$$P(N^t \mid \phi^t, N^{t-1}) = (1/c)\exp(\phi_0 edges + \phi_1 mutual + \phi_2 gwidegree + \phi_3 gwesp$$
$$+ \phi_4 gwdsp + \phi_5 stability + \phi_6 variability + \phi_{r1}\ln PGDP$$

$$
+ \phi_{r2}\ln PEOPLE + \phi_{r3}\ln TC + \phi_{s1}\ln PGDP + \phi_{s2}\ln PEOPLE
$$
$$
+ \phi_{s3}\ln TC + \phi_{sr}circle + \phi_d\ln dist) \qquad (4-2)
$$

其中，N^t 和 N^{t-1} 分别指代 t 和 $t-1$ 时间的珠三角"9 +2"城市群科技创新空间关联网络；ϕ 为待估计的参数，其下标 r 和 s 分别指代网络接受对象与发送对象；$1/c$ 为归一化常数，确保其取值概率处于 0 - 1 之间；$edges$ 代表科技创新空间关联网络中的边变量，相当于非网络化下的传统回归估计模型中的截距项，对此无须作分析。其余变量的含义如下。

(一) 被解释变量

被解释变量是珠三角"9 +2"城市群 11 个城市间科技创新空间关联网络存在的概率，存在即设置 1，否则为 0。

(二) 内生结构型解释变量

(1) 空间互惠效应因素采用互惠性（$mutual$）指标来衡量，该指标意味着当某区域 i 对区域 j 存在科技创新空间关联网络依赖时，区域 j 向区域 i 发出科技创新合作关系的可能性。

(2) 空间结构依赖效应采用聚敛性（$gwidegree$）、多连通性（$gwdsp$）和传递闭合性（$gwesp$）等三个指标加以衡量。其中，聚敛性也称几何加权入度分布，用于衡量偏好依附效应，反映某区域 i 接收多个区域发送的科技创新合作关系的分布趋势；多连通性也称几何加权二元组伙伴分布（dyad-wise shared partners），用于衡量空间关联网络连通效应，反映某区域 i 与区域 j 之间的科技创新空间关联网络关系通过中介区域传递的深度；传递闭合性也称几何加权边共享伙伴分布（edge-wise shared partners），用于衡量空间关联网络的传递闭合效应，反映两个区域借由第三方区域形成科技创新空间关联网络的可能性。

(3) 时间依赖效应因素采用稳定性（$stability$）和变异性（$variability$）两个指标。其中，稳定性侧重于关注某区域空间关联网络的连接状态从 t 期到 $t+1$ 期保持不变的情况，反映空间关联网络关系稳定不变的发展趋势；变异性关注空间关联网络的连接状态在跨期后是否改变或者消失，反映空间关联网络关系是否具有变异的发展倾向。

（三）行为者 – 关系效应解释变量

在科技创新空间关联网络中，区域的要素禀赋、经济发展水平等特征对于科技创新空间关联网络的形成或维持也具有一定的影响，这些特征可以被界定为"行为者属性"，该效应在指数随机图模型中被称为"行为者 – 关系效应"。我们根据已有研究设定，在数据可获得性的前提下，将可能影响区域科技创新发展的关键因素作为外生机制型解释变量纳入 TERGM，包括地区经济发展（PGDP）、人口规模（PEOPLE）及科技创新水平（TC），这些因素可能共同驱动了珠三角"9 + 2"城市群科技创新关联网络形成的外生机制。其中，地区经济发展采用样本期内人均 GDP 指标加以衡量；科技研发水平则采用珠三角"9 + 2"城市群城市层面历年发明专利授权额来衡量。考虑到科技创新空间关联网络关系往往为涉及行动者双方的有向行为，行动者既可以是单一个体层面，也可能在跨越两个及以上行动者层面影响空间关联网络关系的形成，而发送方与接收方在关联网络中地位作用也有所不同，接收方通常更处于关联网络的依赖地位，因此我们进一步区分了发送方和接收方效应，实证探讨行为者 – 关系效应解释变量的发送方和接收方效应。

（四）外部网络效应解释变量

经典的引力模型认为，地理距离会对不同研究对象间的贸易等空间关联网络产生负面影响。因此，为控制地理距离的影响作用，我们将珠三角"9 + 2"城市群不同城市间的地理距离（dist）构成的加权网络作为外部网络嵌入TERGM，地理距离的负效应反映了珠三角"9 + 2"城市群不同城市之间的距离越远，建立或维持科技创新空间关联网络关系的概率就越小。此外，考虑到在同一隶属关系研究对象往往存在更多地倾向开展科技创新合作，因此我们引入趋同性指标（circle），即借鉴程风雨（2020）的做法，将珠三角"9 + 2"城市群划分为港深莞惠、澳珠中江、广佛肇三大都市圈，具体考察珠三角"9 + 2"城市群科技创新空间关联网络是否具有趋同性特征。

二、数据说明及处理

基于研究内容的安排，我们以 2000 ~ 2019 年珠三角"9 + 2"城市群 11

个城市的科技创新为研究对象，系统探讨其空间关联网络结构特征及驱动机制，主要使用两套地级市层面的数据：第一套数据为区域科技创新水平的衡量数据。作为创新变革的重要技术来源，专利数据可以从一定程度上反映出一个区域科技创新基础与创新水平（Griliches，1991），其中发明专利则是最优质且最能反映科技创新能力与质量水平的（李诗等，2012；李兵等，2016），在《中华人民共和国国民经济和社会发展第十四个五年规划和2035年远景目标纲要》中也明确将发明专利拥有量作为衡量"十四五"时期我国创新驱动发展的主要指标之一。考虑到专利授权量是目前备受学者在城市层面所认可的创新测度指标（周锐波等，2019），我们参考程风雨（2020）的研究，运用 Python 编程，按照一定的筛选原则从中华人民共和国国家知识产权局（SIPO）专利数据库中获取珠三角"9+2"城市群所辖城市发明专利授权额，以此作为衡量珠三角"9+2"城市群所在区域城市层面科技创新水平的指标数据。需要指出的是，对于香港和澳门而言，国家知识产权局不是其唯一的专利授权申请机构，因此依托其数据库所得出的专利数据可能存在部分数据遗漏的情形。第二套数据为珠三角"9+2"城市群城市层面的地区生产总值、人口规模等。其中珠三角9市数据来源于2001~2020年《中国城市统计年鉴》《广东统计年鉴》，港澳数据来源于相应年度的《香港统计年刊》《澳门统计年鉴》。我们以2000年为基期，采用其不变价格的地区生产总值，对样本期内名义地区生产总值用其平减指数加以换算，以消除价格因素对地区生产总值的影响；对于少量数据的缺失问题，依据既有数据分析推算或插值补全来解决。此外，对于珠三角"9+2"城市群不同城市之间的地理距离，我们使用 ArcGIS 计算球面距离而得。同时，为了避免发生空间关联网络的自闭合状况，我们将城市与城市本身的地理距离设置为0。

三、实证分析

表4-5为 TERGM 相关分析结果。其中，模型1为基准模型，在此基础上逐步加入了互惠性、三个结构依赖变量和两个时间依赖变量，最终形成涵盖外生机制变量与内生机制变量的综合模型4，即前文的方程式（4-2）。对比四个模型的估计结果可以看到，外生机制变量的变化及显著性基本一

致，即使控制了内生机制变量的影响作用，外生机制变量的回归结果依然稳健。据此，我们主要以模型 4 的实证结果来进行回归分析。

表 4 – 5 珠三角"9+2"城市群科技创新空间关联网络的 TERGM 实证结果

变量		模型 1	模型 2	模型 3	模型 4
类型	符号				
边变量	edges	−71.2085 *** (5.7656)	−63.9756 *** (6.8773)	−66.4412 *** (8.4020)	−55.9015 *** (9.8621)
互惠性	mutual		4.1477 *** (0.4940)	3.9471 *** (0.6214)	3.3968 *** (1.0006)
结构依赖	gwidegree			0.5493 (2.4525)	0.2716 (3.6463)
	gwesp			−1.1122 *** (0.1529)	−0.9733 *** (0.2430)
	gwdsp			0.1967 (0.0958)	0.0781 (0.1430)
时间依赖	stability				1.4036 (5.1163)
	variability				−0.0508 (0.1211)
发送方属性	lnPGDP	2.3989 *** (0.1608)	2.2933 *** (0.2517)	2.4515 *** (0.2943)	2.0712 *** (0.4761)
	lnPEOPLE	1.4971 *** (0.1818)	1.2340 *** (0.1512)	1.1085 ** (0.3707)	1.1339 ** (0.4494)
	lnTC	0.7089 *** (0.0760)	1.1996 *** (0.1425)	1.4612 *** (0.1557)	1.2854 *** (0.1966)
接收方属性	lnPGDP	2.3805 *** (0.2152)	1.9384 *** (0.2673)	2.0061 *** (0.3322)	1.8510 *** (0.5316)
	lnPEOPLE	1.2479 *** (0.1756)	0.9810 *** 0.1924	0.9042 ** (0.3349)	1.1494 ** (0.4107)
	lnTC	−0.4583 *** (0.0604)	−0.9739 *** (0.1238)	−0.9048 *** (0.1623)	−0.8300 *** (0.2396)
趋同性	circle	2.9251 *** (0.2264)	2.5010 *** (0.2138)	2.9686 *** (0.4345)	2.0636 *** (0.4933)
协网络	lndist				−0.8213 (0.4902)

注： *** 、 ** 和 * 分别代表双尾检验中 1%、5% 和 10% 的显著性水平，括号内数值为回归系数的标准误。

作为较为简单和常见的微观网络格局形式，互惠性系数为 3.3968 且在 1% 统计水平下显著，这意味着当珠三角"9+2"城市群某个城市 i 对另外一个城市 j 发出科技创新合作或依赖关系时，城市 j 有向城市 i 发出科技创新合作或依赖关系的倾向，即不同城市的科技创新互惠性会对珠三角"9+2"城市群科技创新空间关联网络的形成具有积极的推动作用。

聚敛性、传递闭合性和多连通性为高阶的网络结构依赖变量，它们的系数及各自的含义分别为：第一，聚敛性系数为正且未通过统计性检验，这表明珠三角"9+2"城市群科技创新空间关联网络中的偏好依附效应表现得不明显。结合前文分析的网络特征可知，珠三角"9+2"城市群科技创新空间关联网络中存在节点入度分布不均的情况，广州、深圳和香港等为高入度科技创新体，虽然它们位居整体科技创新网络中心地位，可以更加容易获取新的科技创新合作关系，但是反观低入度的科技创新体如肇庆、惠州等城市，在偏离网络中心和创新依赖关系较少的情况下，广州、深圳、香港并没有持续失去更多的科技创新依赖关系，从而最终并未呈现出强者恒强、弱者恒弱的局面，即珠三角"9+2"城市群科技创新发展不存在"马太效应"。这其中可能的原因在于，珠三角"9+2"城市群深刻把握科技创新的区域集聚规律，不断深化科技创新开放合作。一直以来，国家加强对珠三角"9+2"城市群科技创新空间格局及系统推进任务的顶层设计部署，将广深港澳科技创新走廊作为珠三角"9+2"城市群国际科技创新中心建设的核心平台和引领性工程，加快推动广深港澳科技创新走廊建设，珠三角"9+2"城市群的创新引擎和辐射引领作用日益明显。同时，坚持强化"一核一带一区"协同发展，以珠三角地区引领、辐射带动沿海经济带和北部生态发展区，全面实施以功能区为引领的区域发展新战略，多极驱动，积极探索区域协调发展新路径。第二，多连通性系数为 0.0781 但在统计上并不显著，表明珠三角"9+2"城市群两个城市 i 和 j 依托第三方城市进行地区间科技协同创新的深度比较有限，即 2 路径的网络格局还没有对珠三角"9+2"城市群科技创新关联网络的形成起到较为显著的推动作用。第三，传递闭合性系数为 −0.9733 且在 1% 统计水平上显著，这意味着虽然 2 路径的网络格局作用有限，但是在珠三角"9+2"城市群两个城市 i 和 j 之间依然存在通过第三方城市而发生科技创新协同关系的可能性。

稳定性系数为 1.4036 但并未通过统计性水平检验，意味着珠三角"9+

2"城市群科技创新空间关联网络具有一定的稳定性，但是已有的科技创新协调关系随时间推移保持稳定的倾向并不显著。变异性代表的是科技创新网络的时间协变量，可以用于识别模拟数据生成过程中的结构性中断，该变量的系数为负且不显著，表明随着时间推移，珠三角"9＋2"城市群科技创新空间关联网络的形成和演化会与时间形成具有抑制性的交互作用，但这种抑制作用并不显著，意味着科技创新空间关联网络在下一个时期产生消失的倾向并不确定。

发送方效应用于衡量具有特定属性特征的城市比其他城市发送更多科技创新空间关联网络的倾向。从表4－5中的模型4结果中不难看出，珠三角"9＋2"城市群科技创新空间关联网络存在发送者效应，且地区经济发展、人口规模及科技创新水平的估计系数至少在5%统计水平下显著，且均为正值，表明经济发达程度越高、人口规模越大和科技创新发展水平越高的城市发送科技创新空间关联网络关系的概率越高。

接收方效应衡量了具有特定属性特征的城市比其他城市接收更多科技创新空间关联网络的倾向。接收方属性框架下，地区经济发展、人口规模及科技创新的估计系数均显著，其中地区经济发展和人口规模系数显著为正，说明越是经济发达或者人口规模越庞大的城市，其与科技创新"领头雁"接收科技创新空间关联网络的概率越高；科技发展系数为负，说明地区自身科技发展实力越不发达，接收珠三角"9＋2"城市群科技创新空间关联网络关系的倾向就越低。

趋同性衡量的是具有某种属性特征的城市倾向选择具有相同属性特征的科技创新协作伙伴，我们按照城市隶属三大都市圈进行趋同性分析。从模型4的估计结果可以看出，都市圈属性的趋同性系数均为正数且在1%统计水平上显著，说明隶属珠三角"9＋2"城市群中的某一个都市圈的城市倾向于选择同一隶属关系的科技创新协作伙伴，从而产生相应的科技创新依赖关系。

值得注意的是，地理距离的系数为负但并不显著，意味着地理距离对珠三角"9＋2"城市群科技创新空间关联网络的抑制作用十分有限，其中可能的原因在于区域协调发展交通互联互通是基础与前提，随着珠三角"9＋2"城市群社会经济高速发展，日渐成型的跨行政区域、跨行业主体、跨交通方式的多元交通格局弱化了地理距离对科技创新要素流动的空间阻隔效应，提升了创新要素的跨区域流动和创新活动的开展,从而更加有效地推动区域科技创新合作。

综上,从总体上看,珠三角"9+2"城市群科技创新空间关联网络的形成和演化受内生机制的影响有限,并未表现出较为明显的路径依赖特征。同时,随着互惠性、结构依赖及时间依赖等变量的逐步加入,外生变量对珠三角"9+2"城市群科技创新空间关联网络的影响效应呈现下降趋势。例如,发送方属性下的地区经济发展系数从模型1的2.3989持续下降到模型4的2.0712。事实上,鉴于空间依赖关系的相互影响,空间关联网络的关系形成和演化往往是内生和外生机制因素共同作用的结果,因此倘若仅考虑其中一种维度的机制因素来探讨珠三角"9+2"城市群科技创新空间关联网络的形成机制有可能存在一定研究偏误。

四、稳健性检验

为了验证TERGM拟合结果的稳健性,我们通过更换估计方法和调整珠三角"9+2"城市群科技创新空间关联网络数据的时间间隔来对TERGM重新进行实证估计,结果如表4-6所示。具体包括:

(1)按照前文模型4即方程式(4-2)的时间间隔设定和边的选取标准,将TERGM的估计方法更换为马尔可夫蒙特卡罗极大似然估计(Leifeld et al, 2018),得到TERGM的实证结果见表4-6中的模型5。

(2)将动态化的珠三角"9+2"城市群科技创新空间关联网络的时间间隔分别设置为1年、3年和4年,边的筛选标准同模型4,同时采用马尔可夫蒙特卡罗极大似然估计方法,得到TERGM的实证结果分别对应表4-6中的模型6、模型7和模型8。

表4-6 珠三角"9+2"城市群科技创新空间关联网络的稳健性结果

变量		模型5	模型6	模型7	模型8
类型	符号				
edges		−46.8908***	−38.8092***	−40.5221***	−41.2979***
		(7.5501)	(5.9451)	(4.3134)	(43.3167)
互惠性	*mutual*	3.0046***	2.8924***	2.5842***	4.0780***
		(0.6062)	(0.5024)	(0.6857)	(1.0138)

变量		模型5	模型6	模型7	模型8
类型	符号				
结构依赖	gwidegree	0.0921 (1.3603)	1.1111 (1.0491)	1.0943 (1.7395)	2.9885 (1.9977)
	gwesp	-0.9240*** (0.2100)	-0.6187*** (0.1782)	-0.7890** (0.2705)	-1.4181*** (0.3490)
	gwdsp	0.0662 (0.1116)	0.0140 (0.0986)	0.1231 (0.1223)	0.3450 (0.1516)
时间依赖	stability	1.7013 (0.2669)	2.5019 (0.2373)	7.3388 (4.3323)	6.4695 (41.8629)
	variability	-0.0764 (0.1194)	-0.0320 (0.0493)	0.0658 (0.2118)	0.0835 (0.3288)
发送方属性	$\ln PGDP$	1.7646*** (0.2959)	1.3870*** (0.2276)	1.5960*** (0.3358)	1.5662*** (0.4518)
	$\ln PEOPLE$	0.9346** (0.2932)	0.6219* (0.2418)	0.9109* (0.3529)	1.4003** (0.4362)
	$\ln TC$	1.0753*** (0.1476)	0.9741*** (0.1210)	0.9319*** (0.1576)	1.4490*** (0.2404)
接收方属性	$\ln PGDP$	1.5806*** (0.3455)	1.3758*** (0.2871)	1.6040*** (0.3965)	1.3998** (0.4577)
	$\ln PEOPLE$	0.9113** (0.3015)	0.8125** (0.2526)	0.8066* (0.3567)	0.9543* (0.4533)
	$\ln TC$	-0.6996*** (0.1417)	-0.6222*** (0.1214)	-0.5859*** (0.1556)	-0.9493*** (0.2221)
趋同性	circle	1.8323*** (0.4480)	1.6464*** (0.3769)	2.0339*** (0.5501)	2.3092*** (0.6306)
协网络	$\ln dist$	-0.6021 (0.3713)	-0.4519 (0.3282)	-0.3530 (0.4199)	-0.8377 (0.5094)

注: ***、**和*分别代表双尾检验中1%、5%和10%的显著性水平,括号内数值为回归系数的标准误。

从表4-6中回归结果不难发现,在模型5~模型8中,内生机制及外生机制影响因素的估计系数与表4-5中的模型4的估计系数在影响方向与显著性两方面基本一致,再次支持了前文的相关结论。因此,可以认为我们的研究结论是稳健可靠的。

五、TERGM 拟合效果检验

目前学界通常采用仿真网络的拟合优度评价方法来评价前文 TERGM 的拟合效果。参考利菲尔德等(Leifeld et al,2018)的研究,我们基于方程式(4-2),通过不断增加不同的空间关联网络的属性特征参数,最终模拟出 1000 个仿真网络,并对这些仿真网络与实际观察到的网络关键特征参数值进行统计比较与可视化(见图 4-3)。通过将仿真模拟的空间网络图的特征参数与实际观察到的网络特征参数进行对比,我们发现在仿真网络指标值绘制的箱型图中,节点间测地线距离(geodesic distance)、多连通性、传递闭合性、节点入度(indegree)和三元组普查(triadcensus)等关键网络特征指标值的中点大多数接近于实际观测到的特征参数值点,也均处于或接近于仿真网络的 95% 置信区间,这表明前文所构建的 TERGM 空间关联网络的确可以较好地解释现实网络。

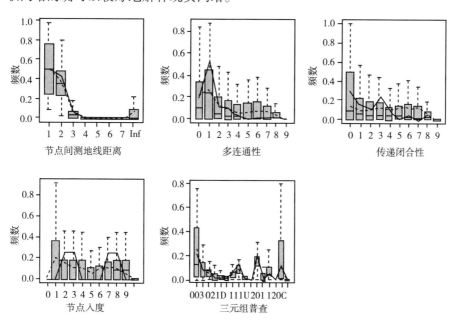

图 4-3 珠三角"9+2"城市群科技创新空间关联网络的 TERGM 的拟合效果

第五节 本章小结

一、相关结论

本章利用2000～2019年珠三角"9＋2"城市群面板数据，以修正的引力模型构建珠三角"9＋2"城市群科技创新空间关联网络，使用社会网络分析方法深入分析该网络的结构特征，并依托 TERGM 分析方法实证研究了该空间关联网络演化机理。主要得到以下研究结论：

第一，珠三角"9＋2"城市群科技创新发展总体呈现较为复杂且多线程的网络结构形态。随着珠三角"9＋2"城市群建设的不断深入，珠三角"9＋2"城市群科技创新空间关联由单核关联向多核联动发展，从前期以香港为单核心，节点城市独链甚至缺链的关联状态，逐步发展成为以广、深、港、澳四个城市为关联内核，呈现出复杂且相互交织的空间溢出关系。科技创新在广佛肇、港深莞惠和澳珠中江三大都市圈呈现集聚性发展。期初珠三角"9＋2"城市群三大都市圈均没有形成单层关联闭环；2008年广佛肇和澳珠中江两大都市圈的科技创新空间关联开始形成闭环式发展，但是港深莞惠都市圈的科技创新关联依然存在断链情况；2019年三大都市圈的科技创新均实现了多线程关联发展，广深港澳科技创新走廊也正在加快形成。

第二，珠三角"9＋2"城市群科技创新空间关联关系总额呈逐年递增趋势，科技创新空间关联的整体网络密度也呈现逐年上升趋势。随着珠三角"9＋2"城市群科技创新空间关联冗余程度的下降，其科技创新空间关联度大大增强。进一步，本章认为，随着珠三角"9＋2"城市群要素市场化进程的深入推进，区域科技创新发展环境得到持续优化。与此同时，市场对科技创新要素资源的配置作用被极大激发，也进一步降低了珠三角"9＋2"城市群科技创新协调合作的交易成本，从而使珠三角"9＋2"城市群所辖城市间的科技创新的关联关系增多，最终提升了整体关联网络的稳定程度。

第三，从空间网络中的城市个体视角看，珠三角"9＋2"城市群节点城市的科技创新对周边城市产生溢出效应，其中广州、佛山、深圳、香港、珠海与澳门这六个城市扮演中心角色，其在珠三角"9+2"城市群科技创新空间关联网络结构中发挥"桥梁"作用，具有较强的空间相关性和空间溢出效应。珠三角"9+2"城市群科技创新跨区域协调合作的门槛已然被突破，城市群内部不同城市间的科技创新的相互联系和相互作用较为明显，并且这种强关联趋势具有持续性的特点。广深港澳科技创新走廊正在加快形成，粤港澳协同创新体系所蕴含的蓬勃创新能量正不断释放。珠三角"9+2"城市群科技创新空间关联网络中各个节点城市的中介中心度呈现出非均衡特征，且相当多的科技创新关联需要通过广州、深圳和香港等经济发达城市来完成。

第四，从板块特征分析，珠三角"9+2"城市群科技创新空间关联网络存在"双向溢出""净受益""净溢出"三大板块。珠三角"9+2"城市群板块内部所呈现的局部关联特征不容忽视，但是该区域科技创新的空间关联主要表现在板块之间，而且这种空间关联模式正由板块内部的局部关联逐步演变为板块间的整体关联。虽然珠三角"9+2"城市群科技创新空间关联主要表现为不同板块之间的显著关联，但该网络并不具有较为明显的"俱乐部"收敛特征。

第五，从空间关联网络的驱动因素看，珠三角"9+2"城市群科技创新空间关联网络的形成和演化受内生机制的影响有限。同时，随着互惠性、结构依赖及时间依赖等变量的逐步加入，外生变量对珠三角"9+2"城市群科技创新空间关联网络的影响效应呈现下降趋势。自组织机制中仅有互惠性、趋同性有助于珠三角"9+2"城市群科技创新空间关联网络的形成，地理距离对该网络的抑制作用十分有限。并且，地区经济发展等外生机制仍是影响珠三角"9+2"城市群科技创新空间关联网络发展的主要因素，该网络的形成及演化并未呈现出明显的路径依赖。鉴于空间依赖关系的相互影响，空间关联网络的关系形成和演化往往是内生和外生机制因素共同作用的结果，因此倘若仅考虑其中一种维度的机制因素来探讨珠三角"9+2"城市群科技创新空间关联网络的形成机制有可能存在一定研究偏误。

二、政策启示

结合上述研究结论，我们简要提出以下若干政策启示：

第一，把握世界科技发展趋势，结合粤港澳三地自身发展特征，有针对性地出台科技创新政策，因地制宜落实提升科技创新能力的政策措施；从补短板、强弱项、激活力的角度出发，充分发挥"双向溢出"板块城市的桥梁作用，重点加强对东莞、惠州等相对落后城市的科技创新扶持力度。

第二，加快推进广佛肇、深莞惠都市圈、广深港澳科技创新走廊建设，破解科技创新资源配置的体制机制障碍，通过创新链和产业链传导通道，发挥网络枢纽作用形成科技创新合力；立足全局，加强区域内科技创新分工优化，促进不同板块间城市的合作交流，合理引导珠三角"9+2"城市群内部科技创新策略协同，创新区域科技创新协同的网络化发展机制，使科技创新在网络传导中产生联动效果。另外，要充分运用好地区间科技创新的影响关联。

第三，以共同利益为纽带，着力拓展内源式的科技创新合作，主动构建自发合作的政府间科技创新协同发展模式，完善广深港澳创新圈合作模式，为珠三角"9+2"城市群创新高地的建设提供根本性和持续性的动力。

第五章　珠三角"9+2"城市群科技创新发展的趋势研究

第一节　引　　言

珠三角"9+2"城市群肩负打造国家创新高地的历史使命。《粤港澳大湾区发展规划纲要》在确立珠三角"9+2"城市群所在区域的重要地位的同时，提出该区域要吸引国际著名企业、聚集国际优质资源、优化创新环境和政策制度，建立自己的创新体系，走出一条属于中国的创新之路，打造成一个集金融贸易、先进工业和科技创新于一身的世界级城市群。珠三角"9+2"城市群的建设是国家发展中极其重要的一环，而科技创新则是在国家战略规划以及发展建设中的支柱。创新是发展的首要动力，所以我国在珠三角"9+2"城市群所在区域的相关发展规划中，将实施创新驱动作为重要项目来实行。从2017年7月1日，《深化粤港澳合作推进大湾区建设框架协议》的签署，到2019年2月18日，《粤港澳大湾区发展规划纲要》正式公布，数年间珠三角"9+2"城市群所在区域持续深入合作，积极打造全球科创高地。

当今国际竞争尽管是综合国力的竞争，但其重点主要体现在科技创新能力上。在国际局势风云变幻和竞争日益加剧的背景下，通过科技创新来提升国际竞争力已成为我国战略发展的重中之重。事实上，通过科技创新来驱动经济发展已经成为国际各大经济体发展的共识，而珠三角"9+2"城市群要成为国际上首屈一指的世界城市群，也离不开创新驱动的力量。

珠三角"9+2"城市群不仅是科技创新的组织单位,而且它本身的发展就需要科技创新。一方面,科技创新可以通过国家层面推动香港和澳门融入国家创新体系,协调和推进粤港澳三地在科研和交流上的融合发展。另一方面,科技创新能力是衡量高质量发展的重要标志,而通过发展科技创新来构建具有国际竞争力的产业体系,通过建设现代化、体系化、全面的知识供给,形成创新知识生产体系和系统资源配置能力,有助于珠三角"9+2"城市群在国际竞争中沿着差异化竞争、高质量发展的路线前进。因此,本章结合新时代提出的要求与发展的实际情况,试图总结和厘清珠三角"9+2"城市群科技创新的发展现状及问题,分析其发展面临的机遇与挑战,进而研判其科技创新发展的趋势路径,以期为推动珠三角"9+2"城市群现代化经济体系建设及创新驱动发展做出贡献。

本章首先将结合党和国家提出的新时代要求与发展的实际情况,总结和厘清珠三角"9+2"城市群科技创新的发展现状;并针对国内外科技竞争形势的新变化,深入探讨珠三角"9+2"城市群高质量高标准地实现科技创新建设面临较大的挑战。然后从时间和空间、静态和动态等维度分别采用传统和空间马尔可夫链方法,对珠三角"9+2"城市群及其三大都市圈科技创新发展的趋势特征加以刻画;利用地理探测器模型、Shaply值的因素分解等方法对珠三角"9+2"城市群科技创新发展驱动因素及其交互作用机制进行深入探讨,研判其科技创新发展的趋势路径。

第二节 珠三角"9+2"城市群科技创新发展基础与机遇[*]

一、优越的科技创新制度及环境提供发展沃土

(一)国家重点扶持科技创新发展

根据国家"十四五"规划,珠三角"9+2"城市群已经被赋予了建设

---

* 本节相关数据参考:陈文玲. 粤港澳大湾区:打造世界级战略性创新高地[J]. 开放导报,2022(3):40-47,90。

世界第一科技走廊的光荣使命,因此该区域要瞄准世界科技和产业发展前沿,加强创新平台建设,大力发展新技术、新产业、新业态、新模式,加快形成以创新为主要动力和支撑的经济体系,从而创造超越美国和日本湾区发展的综合优势。珠三角"9+2"城市群所在区域已经纳入建设具有全球影响力的国家科学中心和国际科技创新中心行列,其目标是建成全球科技创新高地和新兴产业重要策源地。国家支持在珠三角"9+2"城市群建设综合性国家科学中心先行启动区,布局建设了散裂中子源、驱动嬗变装置等一系列重大科技基础设施,依托前海深港现代服务业合作区、横琴粤澳深度合作区、河套深港科技创新合作区、深圳西丽湖国际科教城、广州中新知识城等一批重大创新合作平台,促进科技、产业、金融的良性互动和有机融合,推动广深港、广珠澳科技创新走廊不断提升能级。中央支持建设珠三角"9+2"城市群所在区域建设国家技术创新中心、新型显示国家技术创新中心、第三代半导体国家技术创新中心以及一批新型研发机构,打造国际技术转移枢纽,引领新兴产业发展。

国家支持香港和澳门科技力量成为国家创新体系和国家战略科技力量的重要组成部分,推动港澳科技力量进一步融入国家创新体系,中央财政科研经费过境支持港澳科技发展;国家重点研发计划17个基础前沿类专项、自然科学基金优秀青年科学基金向港澳开放;4家香港高校在内地的分支机构成为人类遗传资源过境香港的试点单位,可独立申请内地人类遗传资源过境香港。国家支持香港建设16个国家重点实验室、6个国家工程技术研究中心香港分中心、3个国家高新技术产业化基地香港伙伴基地、2个国家级科技企业孵化器等一批创新平台。支持澳门建设4个国家重点实验室,以及港澳地区"一带一路"联合实验室、澳门海岸带生态环境野外科学观测研究站等科研和国际合作平台。

(二)高能级创新平台建设日渐成型

科技创新平台是开展科技合作交流的重要载体。"深圳—香港—广州"创新集群连续两年位居全球第二,业已成为珠三角"9+2"城市群所在区域的科技创新中心具有国际影响力的创新高地和人才高地的集聚区。在珠江东岸地区,依托中新广州知识城、广州科学城、深圳光明科学城、西丽湖国际科教城、东莞松山湖科学城、惠州潼湖生态智慧区等重点创新平台，广深港澳科创走廊成为珠三角"9 + 2"城市群产业创新的主轴。珠江西岸的广州、佛山和珠江东岸的深圳、东莞，构成了珠三角"9 + 2"城市群制造业高质量创新发展重要区域。在珠江西岸地区，依托南沙粤港澳全面合作示范区、琶洲人工智能与数字经济试验区、珠海西部生态新区、佛山粤港澳合作高端服务示范区、中山翠亨新区、江门大广海湾经济区、肇庆新区等重点创新平台建设，正在打造广珠澳科技创新走廊，引领带动粤西地区创新发展。全国一体化算力网络粤港澳大湾区国家枢纽已经启动，将聚焦"数网""数纽""数链""数脑""数盾"五大关键子体系，系统谋划推动算力、算法、数据、应用资源集约化和服务化创新，打造辐射华南乃至全国的实时性算力中心。到"十四五"规划期末，建成"绿色集约、统筹调度、数据融通、创新应用、安全可靠"的粤港澳大湾区国家枢纽总体格局。

（三）营商环境不断升级优化

珠三角"9 + 2"城市群持续优化营商环境，支持区域内企业科技创新。根据世界银行发布《2020 年全球营商环境报告》，中国香港在开办企业、办理施工许可证、获得电力、纳税等方面具有优势，其营商环境水平位居全球第三；按照中科营商环境大数据研究院发布的《中国营商环境指数蓝皮书（2021）》，深圳成功入选中国首批营商环境创新试点城市，排名前五。持续推进科技领域"放管服"改革，积极构建"放得下、接得住、管得好"的财政科研项目资金制度体系，先后出台《关于鼓励香港特别行政区、澳门特别行政区高等院校和科研机构参与广东省财政科技计划（专项、基金等）组织实施的若干规定》等多项重要法规文件，为珠三角"9 + 2"城市群科技创新发展提供财政保障和制度支撑。《广东省进一步稳定和扩大就业若干政策》《关于推动港澳青年创新创业基地高质量发展的意见》等诸多政策提升了高质量人才引进制度的供给优势。粤港澳三地开放合作取得显著突破，三地规则衔接、机制对接不断深化，基本实现与港澳服务贸易自由化，港澳企业商事登记实现"一网通办"，企业开办时间压缩到 1 个工作日内办结，"深港通"、债券"南向通"、"跨境理财通"等措施落地实施。

二、要素资源集聚支撑科技创新"加速跑"

（一）教育资源丰富

珠三角"9+2"城市群科研院校集聚，有 14 所高校登上 2022QS 世界大学排行榜（见表 5-1），聚集了香港大学、香港科技大学、香港中文大学、香港城市大学、香港理工大学等 5 所全球百强高校。香港特别行政区是大湾区的重要学术研究中心，同时作为国际金融中心拥有和国际惯例接轨的优势。广州是华南地区的政治和科技文化中心，拥有华南理工大学、中山大学等众多大学和科研院所。深圳特区作为珠三角"9+2"城市群的创新中心，除了深圳大学之外，还引进了清华大学研究生院、香港相关大学的研究院，创办了南方科技大学、中山大学深圳校区，并且和中科院合作筹建深圳理工大学和深圳海洋大学。珠三角"9+2"城市群高校优势学科表现亮眼，根据南方财经 2021 年 1 月发布的《粤港澳大湾区高水平创新主体研究报告》，珠三角"9+2"城市群所在区域 45 所高校中共有 23 所院校有学科进入基本科学指标数据库（Essential Science Indicators，ESI）全球前 1%，主要集中在化学、工程学、临床医学以及材料科学领域。根据 2015 年全国 1% 人口抽样调查数据，珠三角"9+2"城市群接受过高等教育的达 1187.81 万人，占 6797.49 万常住人口的 17.47%。如果高等教育人口增长率保持在 8% 水平上，那么，2022 年珠三角"9+2"城市群高等教育人口将达到 1883.6 万人。

表 5-1　　2022QS 世界大学排行榜中珠三角"9+2"城市群的高校

所在城市	数量	高校名称（排名）
广东	5	中山大学（260）、南方科技大学（275）、华南理工大学（407）、深圳大学（601~650）、暨南大学（751~800）
香港	7	香港大学（22）、香港科技大学（34）、香港中文大学（39）、香港城市大学（53）、香港理工大学（66）、香港浸会大学（287）、香港岭南大学（581~589）
澳门	2	澳门大学（322）、澳门科技大学（651~700）

资料来源：夸夸雷利·西蒙兹咨询公司. QS2022 年世界大学排名［EB/OL］.（2021-06-09）. http://rankings.betteredu.net/qs/world-university-rankings/latest/2022.html。

（二）人才优势突出

根据我国科学技术部发布的《中国火炬统计年鉴 2020》，2020 年，珠三角"9+2"城市群的高新技术企业共拥有年末从业人员 707.73 万人，大专以上从业人员占总人员的 42.19%，留学归国人员比率为 0.3670%，人才质量结构不断优化。海外高层次人才精准引进计划优化了人才要素跨境跨区域政策；全面实施城市群境外高端紧缺人才个人所得税优惠政策以来，珠三角 9 市累计发放个税补贴 23.9 亿元，引进近 9000 名境外创新人才。2021 年，广州有全职院士 64 人，近 200 位院士、40 余位港澳科学家集聚广东开展研发，城市群基础研究和原始创新能力显著增强。以深圳特区和广州市为代表，吸引了全国大批优秀人才聚集，大量留学生加速回国，相当部分聚集在珠三角"9+2"城市群。据《2020 年深圳人才竞争力报告》，2019 年深圳引进各类人才 28.75 万人，引进人才数量逐年稳步上升，在深圳有省级创新科研团队 38 个，连续十年居于广东省地级市第一；制造业的人才总量超过 104 万人，占全市总量的比重超过 40%。目前深圳各类人才总量达 548 万余人，深圳科技大军人数超过 200 万人，累计认定高层次人才近 1.6 万人，全职院士超过 50 人，留学回国人员超过 14 万人。东莞人才总量达到 258.4 万人，人才总量占全市人口比重的 24.6%；高层次人才总量 18.3 万人，院士工作站、重点实验室等各类人才平台 1523 个，通过机构集聚基础研究人才近万人。广州市统计局数据显示，广州市目前已经拥有国家级大学科技园 3 个、省级大学科技园 5 个。

（三）创新企业众多

珠三角"9+2"城市群部分城市已公布 2022 年生态环境监督执法正面清单，目前有超过 620 家企业入选正面清单，其中除高技术制造业外，也不乏石化、纺织、造纸、建材等传统制造产业，众多企业绿色转型的背后，是珠三角"9+2"城市群科技创新建设打下的扎实基础。① 2021 年，珠三角"9+2"城市群国家高新技术企业达到 5.7 万家，拥有 25 家世界 500 强

---

① 光明网. 粤港澳大湾区科技引擎强劲 打造全球科创高地 [EB/OL]. (2022-06-21). https：//m. gmw. cn/baijia/2022-06/21/35825869. html.

企业①，51 家独角兽企业占中国独角兽企业总数的 17%②。在波士顿咨询集团（BCG）发布的全球最具创新力的 50 家公司榜单中，有两家来自珠三角"9+2"城市群，分别是华为（第 8 名）、腾讯（第 26 名），中国上榜公司数量共 5 家③。按照世界知识产权组织发布的研究数据，2020 年华为以 5464 件的 PCT 国际专利申请量位居全球 PCT 国际专利申请人排行榜首位，已连续 4 年位居第一；位于东莞市的 OPPO 移动通信位列第八位；来自深圳的中兴通讯、平安科技也进入排行榜前 20 名④。珠三角"9+2"城市群的 500 家优势创新机构中，有 122 家属于各类制造业，2021 年《财富》世界 500 强企业名单中珠三角"9+2"城市群共有 25 家"领头羊"企业上榜，其中第一名是中国平安保险（集团）股份有限公司，其 2021 年名次上涨至榜单第 16 位，其次为华为；从城市分布来看，香港拥有上榜企业总部数量最多（9 家），然后依次为深圳（8 家）、广州（5 家）、佛山（2 家）、珠海（1 家），这也从侧面反映出珠三角"9+2"城市群企业的科技创新实力。

（四）创新财力雄厚

一是独特的经济规模优势。2021 年珠三角"9+2"城市群 11 个城市全年 GDP 约为 12.63 万亿元，其中，珠三角 9 个城市 GDP 总量为 100585.72 亿元，名义增长了 7.9%，这是珠三角 9 市首次迈上 10 万亿新台阶。若加上香港、澳门，珠三角"9+2"城市群的 GDP 总量比 2017 年增长约 2.4 万亿元。珠三角"9+2"城市群 11 个城市中，有 5 个万亿 GDP 城市，其中深圳超过 3 万亿元，香港、广州超过 2 万亿元，佛山、东莞突破万亿元。2021 年，深圳的规上工业总产值已达 41341.32 亿元，首次突破 4 万亿元，是珠三角"9+2"城市群的"工业第一大市"，广州、佛山、东莞和

---

① 财富中文网.2021 年《财富》世界 500 强企业名单 [EB/OL].（2021-08-02）. https：//www. fortunechina. com/fortune500/c/2021-08/02/content_394571. htm.

② 张莹.中国独角兽企业 17% 聚集在粤港澳大湾区 [EB/OL].（2021-12-21）. https：//finance. sina. com. cn/tech/2021-12-21/doc-ikyamrmzo228117. shtml.

③ 全球最具创新力的 50 家公司 [EB/OL].（2021-08-06）. https：//cn. weforum. org/agen-da/2021/08/quan-qiu-zui-ju-chuang-xin-li-de-50-jia-gong-si/.

④ 世界知识产权组织：中国国际专利申请量保持全球第一 [EB/OL].（2021-06-02）. ht-tps：//www. mofcom. gov. cn/article/i/dxfw/jlyd/202106/20210603067438. shtml.

惠州成为达到万亿元工业产值的城市。珠三角"9 + 2"城市群实现了城市齐头并进的发展格局,在广州、深圳、佛山、东莞迈入 GDP 超万亿元的城市后,中山、珠海、惠州等城市也在加速争取迈入万亿元 GDP 城市。二是研发投入创新高。广东区域创新综合能力实现全国"五连冠",科技部公布的数据显示,2021 年,珠三角"9 + 2"城市群 2021 年的研发费用支出约占 GDP 的 3.14%,投入超过 3800 亿元;深圳华为公司一家企业的研发经费就达到 1400 亿元,腾讯公司达到 389.72 亿元,两家公司的研发总和超过了 1789.72 亿元。2021 年,城市群内珠三角 9 个城市的研发支出预计超过 3600 亿元,研发投入强度预计为 3.7%。

(五) 创新基础厚实

根据世界知识产权组织 (WIPO) 发布的《2021 年全球创新指数报告》,粤港澳大湾区"广州—深圳—香港—澳门"科创走廊成为仅次于东京—横滨之后排名全球第二的科创走廊。一方面,广东已初步构建了以 10 家省实验室、30 家国家重点实验室、430 家省重点实验室、20 家粤港澳联合实验室、4 家"一带一路"联合实验室等组成的高水平多层次实验室体系,推动广东原始创新能力持续增强。另一方面,专利发展也是科技创新水平的集中体现。珠三角"9 + 2"城市群专利授权量预计达到 78 万件,其中发明专利授权量预计超过 10 万件。发明专利有效量、PCT 国际专利申请量等重要的创新指标位居全国首位;广东省研发人员超过 110 万人;在粤外国人才约占全国的 1/5。珠三角"9 + 2"城市群近五年 PCT 专利公开总量约 12.20 万件,仅次于东京湾区,是纽约湾区和旧金山湾区的 2.88 倍和 3.40 倍。珠三角"9 + 2"城市群 PCT 专利年复合增长率超 15%,居四大湾区之首。从 PCT 专利影响力来看,珠三角"9 + 2"城市群比值为 0.42,东京湾区比值为 0.92,旧金山湾区和纽约湾区比值分别为 1.53 和 1.34。2020 年珠三角"9 + 2"城市群发明专利公开量约 36.59 万件,为东京湾区的 2.39 倍,旧金山湾区的 5.73 倍,纽约湾区的 7.85 倍。珠三角"9 + 2"城市群 2016 ~ 2020 年发明专利公开量达 149.84 万件,也远超其他三大湾区,年复合增长率达 17.23%。根据近五年珠三角"9 + 2"城市群发明专利公开数据,在国内排名前 10 位的 IPC 行业分别为 G06F(电数字数据处理)、H04L(数字信息传输)、H04W(无线通信网络)、H04N(图像通信)、

G06Q（专门适用于行政、商业、金融、管理、监督或预测目的的数据处理系统或方法）、G06K（数据识别；数据表示；记录载体；记录载体的处理）、A61K（医用、牙科用或梳妆用的配制品）、H04M（电话通信）、F24F（空气调节；空气增湿；通风；空气流作为屏蔽的应用）、H01L（半导体器件）。

三、战略性新兴产业快速发展衍生创新需求

（一）实现产业全链条式发展

目前，珠三角"9＋2"城市群中的珠三角9市，已经形成了从研发到制造、再到应用的产业链完善的产业体系。2021年广东工业增加值突破4.5万亿元，位居全国第一，约占全国的1/8；工业投资同比增长19.5%，高技术制造业增加值占规模以上工业比重达29.9%；单位工业增加值能耗强度约为全国工业能耗强度的一半，能源利用效率居全国前列。广东培育主营业务收入超百亿元的企业310家；累计培育国家级制造业单项冠军85家、国家级专精特新"小巨人"企业429家。

（二）产业空间布局日趋合理

广东已形成7个产值超万亿元的产业集群，其中，5G产业和数字经济规模排在全国第一位；建设20个战略性产业集群的政策初步落地；新一代信息技术、生物医药、无人机、机器人等新兴领域均取得了显著成绩。2021年，在工信部确定的全国两批高规格25个先进制造业集群中，广东省珠三角地区占了6个，包括深圳市新一代信息通信集群、深圳市电池材料集群、东莞市智能移动终端集群、广佛惠超高清视频和智能家电集群、广深佛莞智能装备集群、深广高端医疗器械集群。另外，珠三角"9＋2"城市群新兴产业城市集中趋势明显，如新一代信息技术、高端装备制造、新能源、数字创意产业分别有86.5%、81.8%、87%、89.2%的企业分布在广州市和深圳市；其中新一代信息技术集中在深圳市，新能源、数字创意集中在广州市，广州市、深圳市还集中了该城市群的高端装备制造企业。深圳形成了十几个战略性新兴产业基地，东莞、佛山、中山以专业镇方式

推动经济发展,以特色产业为支撑,组成了多维立体的产业集群。在新一代信息技术工程上,除广州粤芯半导体项目二期将进行投产外,新开工建设的 26 个项目中,有 18 个位于珠三角"9+2"城市群,包括电子信息、人工智能、新一代移动通信、新型显示面板等产业。

(三) 集群效应日益显著

《粤港澳大湾区发展规划纲要》提出,要在珠三角"9+2"城市群加码布局制造业、战略性新兴产业相互融合、互补互促的产业集群发展。广东作为主体省份的战略性产业集群,成为珠三角"9+2"城市群的重要战略支撑,成为积极参与世界经济分工合作与竞争博弈的重要力量。在 2021 年广东新开工的重点建设项目中,包括新型基础设施、重大发展平台、新一代信息技术工程、新材料产业工程等领域的建设,都巩固了珠三角"9+2"城市群产业创新基础。2021 年,广东省 20 个战略性产业集群实现增加值49069.97 亿元,同比增长 8.3%,增加值约占全省 GDP 的40%;十大战略性支柱产业集群实现增加值43262.03 亿元,占全省 GDP 的34.8%。

第三节 珠三角"9+2"城市群科技创新发展的问题与挑战

进入新的发展时期,结合国内外科技竞争形势的新变化,珠三角"9+2"城市群高质量高标准地实现科技创新建设面临较大的挑战;同时与国内外先进创新区域相比,其发展还存在较大差距,具有一些瓶颈和薄弱环节。

一、基础创新能力仍需提升

与国际一流城市群相比,珠三角"9+2"城市群的基础研究水平和前沿研究能力仍旧存在较大差距。一方面,珠三角"9+2"城市群相对缺乏世界级基础性、前瞻性研究平台。如旧金山湾区内 73 所大学中拥有以斯坦福大学、加州大学伯克利分校为代表的 5 所高水平研究型大学和 5 个国家级研究实验室，是其创新体系的核心组成部分。相比之下，珠三角"9＋2"城市群内在国际上享有盛誉的一流大学、高水平科研院所和知名实验室的数量总体偏少，同时粤港澳三地高校的创新合作还不足。另一方面，珠三角"9＋2"城市群发明专利总量居世界首位，但施引专利量不及纽约、旧金山、东京三大湾区。根据 2020 年 11 月广州日报数据和数字化研究院发布的《粤港澳大湾区协同创新发展报告（2020）》显示，2015～2019 年五年间，珠三角"9＋2"城市群 PCT 专利申请总量整体上升，达 128.76 万件。但当比较发明专利施引数与发明专利数的比值时，珠三角"9＋2"城市群的比值（0.75）不及旧金山湾区（2.93）、纽约湾区（1.60）和东京湾区（0.90）。珠三角"9＋2"城市群发明专利的低施引比率证明了其发明专利"多而不强"，科技创新仍处于"大却不优"状态，实际的创新引领能力仍有待提升，发明专利质量有待进一步提高。

从国内比较来看，珠三角"9＋2"城市群科技创新存在"大而不优"，总体基础研究能力基本无法满足国际科技创新中心对于基础创新的巨大需求。一方面，《中国基础研究竞争力报告 2020》指出，2019 年，广东省在全国省域基础研究竞争力指数综合排名中位列第 3（指数值为 2.7676），处于全国第二梯队，基础研究竞争力远远落后于处于第一梯队的北京市（4.8909），也落后于同为第二梯队的江苏省（2.9671）。全国大学与科研机构基础研究竞争力指数 10 强中仅有中山大学（排名第 5）入围。另一方面，我国正在加紧综合性国家科学中心建设，2020 年国内拥有四大综合性国家科学中心，而长三角区域内两个综合性国家科学中心所在的上海和安徽合肥拥有 12 个国家大科学装置，如上海张江光子大科学装置群是长三角地区集聚程度最高的大科学装置集群，其中包括上海光源、国家蛋白质中心、硬软 X 射线自由电子激光等以加速器光源为主力的设施，珠三角"9＋2"城市群所辖城市与北京、上海、合肥等已形成大科学装置集群的城市相比差距明显。珠三角"9＋2"城市群正在积极探索国家重大科技基础设施与广东省实验室协同发展的创新路径，如已形成东莞的"中国散裂中子源＋松山湖材料实验室"、惠州的"HIAF 和 CiADS＋先进能源科学与技术广东省实验室"等"CP 组合"新模式，但围绕重大科技基础设施和大科学装置布局配套产业不够,仍然主要是依靠产业发展和经济社会发展来倒逼大装置建设。

二、科技创新的要素流动仍需加强

珠三角"9＋2"城市群拥有一个国家、两种制度、三个法域和关税区,流通三种货币,其内部体制机制差异性较大,发展面临着跨区域、跨制度协作机制障碍,导致其创新要素资源流动效率不足。由深圳市社会科学院与广东粤港澳大湾区研究院联合编制并发布的《世界四大湾区流动指数研究(2020—2021)》排名中,世界四大湾区七座城市按要素资源流动综合指数排名为纽约、东京、香港、圣何塞、旧金山、深圳、广州,珠三角"9＋2"城市群创新要素流动性仍需加强。比如,交通基础设施的不完备、货物通关手续烦琐制约珠三角"9＋2"城市群物流协同发展。科研项目跨境申请与科研经费跨境使用等体制机制建设尚需完善,科研创新资金流存在障碍;科技信息共享机制欠缺,科技合作项目信息与研发进展互相不了解,一定程度上阻碍了科研项目在市场中发挥真实价值。珠三角"9＋2"城市群大力提高人才发展与产业转型升级的匹配度,人才年轻化特征明显,但与之相关的是珠三角"9＋2"城市群在科技创新型人才资源方面仍面临人才要素流通不畅、人才同构现象严重、高端科技人才资源较为匮乏等主要挑战。此外,珠三角"9＋2"城市群不仅服务本地,也服务全国、全球,在规则、规制、管理、标准等方面与全球高标准的服务规范相衔接需要三地保持良好的沟通与协调、行动保持同步,通过体制机制做大事,制度创新先行的理念和全方位开放、合作共赢、平等相处的意识仍有待进一步增强。

三、区域内企业科技创新水平亟待增强

珠三角"9＋2"城市群内企业整体科技创新能力不强,如华为、中兴等龙头骨干企业屈指可数,且辐射带动作用不够强,真正拥有全球主导权和全球竞争力、影响力的科技创新产业集群偏少,大量中小型科技企业缺

乏核心技术,长期以来以代工生产为主,处于价值链的中低端,企业抗风险能力偏弱。数据显示,全球企业研发投入排名1000强中,旧金山湾区有85家,珠三角"9+2"城市群只有2家;珠三角"9+2"城市群拥有自主核心技术的制造业企业不足10%,高档数控机床、高档装备仪器等关键零部件及检测设备95%依赖进口。在关键核心技术上面临"卡脖子"风险,珠三角"9+2"城市群从"科技产业中心"向"科学发现中心"转变仍然挑战很大。在2018年4月《科技日报》梳理的35项"卡脖子"技术中,有多项技术在珠三角"9+2"城市群亟待突破。珠三角"9+2"城市群等国内若干区域初步形成了具有一定规模的电子信息产业基地,半导体材料国产化进程加速,部分产品已实现自产自销,但核心技术缺乏,高端产品如5G核心芯片、高端电子元器件、工业基础软件、光刻胶、化学品等对外依存度均在60%以上,部分材料在技术上与全球一流水平相比存在较大差距,材料和设备不足必将造成"巧妇难为无米之炊"的窘境。

四、区域协同创新发展模式和机制需要不断完善

对标硅谷等全球知名创新区域,目前世界三大湾区基本上已处于创新引领发展阶段,而珠三角"9+2"城市群在空间布局、区域协同、合作深度等方面仍具有较大提升空间。如珠三角地区在产业转移过程中极少将技术含量高、附加值高的产业转移到粤东西北地区,仍以转移传统产业为主,也极少有高水平高校和科研机构到粤东西北地区独立设立分支机构或共建创新平台,高端领军人才在粤东西北地区更为缺乏。珠三角"9+2"城市群内相当一部分城市土地和人口等资源错配,发展不充分、不均衡,仍处于要素与投资拉动阶段。各行政区和城市不可避免地存在理念和利益观念差异以及竞争过度,导致地区的产业结构趋同、重大基础设施建设重复、市场严重分割等。重大、重点平台等各类创新载体的建设涉及各级政府和各个部门的职能,但区域内尚缺乏专门、系统的管理机制,协同发展创新机制和利益分配机制有待完善,这在一定程度上制约了国际科技创新中心建设工作形成合力。此外,广深港澳科技创新走廊建设虽然已具备一定基础,但在高质量加快构建"一核一带一区"区域发展格局背景下,对沿海经济带、北部生态发展区的创新引领带动作用,以及对粤东西北地区创新

发展的创新效能溢出、辐射带动作用都有待进一步加强,仍需持续探索更多新模式、新路径。

第四节 珠三角"9+2"城市群总体科技创新发展的演进趋势

一、实证研究设计

(一)研究方法

1. 传统马尔可夫链分析

马尔可夫(Markov)链分析是通过构建马尔可夫转移矩阵来反映研究对象的内部动态演进特征。马尔可夫链估计是一个形如 $\{x(a),a \in A\}$ 的随机过程,它对样本期 a 和所有可能发生的状态 j、i 以及 $ik(k=0,1,\cdots,a-2)$ 而言,当随机变量 X 处于状态 j 的发生概率只取决于 X 在 $a-1$ 时期的状态,而与之前的状态无关。上述过程的数学表达式为:

$$P\{X_a = j \mid X_{a-1} = i, X_{a-2} = i_{a-2}, \cdots, X_0 = i_0\}$$
$$= P\{X_a = j \mid X_{a-1} = i\} = P_{ij} \tag{5-1}$$

由式(5-1)可以看出,马尔可夫链方法是一类较为特殊的随机过程,其动态演进行为特征表现为状态 X_a。结合本章的研究场景,可以具体做如下设定:P_{ij} 代表珠三角"9+2"城市群某一城市的科技创新从 a 年样本期的 i 类型转移到 $a+1$ 年样本期的 j 类型的转移概率;n_i 为样本期内第 i 种科技创新发展状态所出现的总次数;n_{ij} 为科技创新发展由第 i 种状态转移到第 j 种状态所发生的次数,则 P_{ij} 可以利用极大似然估计法求得,计算公式为:

$$P_{ij} = n_{ij} / n_j \tag{5-2}$$

2. 空间马尔可夫链分析

简单而言,将"空间滞后"概念引入马尔可夫分析过程中即为空间马尔可夫链分析方法。本章使用空间马尔可夫链分析方法来考察珠三角"9+2"城市群科技创新动态演进过程中空间因素的作用,即将珠三角"9+2"

城市群内相邻城市的科技创新发展对本城市科技创新发展状态转移的影响。具体而言，即通过设定空间权重矩阵，把传统马尔可夫链分析中的 $N \times N$ 的转移概率矩阵分解为空间马尔可夫链分析下的 $N \times N \times N$ 的转移概率矩阵，此时 P_{ij} 为珠三角"9+2"城市群某一城市在 t 年空间滞后类型为 N_i 的情况下，从 t 年的 i 类型转移到 $t+1$ 年的 j 类型的概率，从而可以具体刻画空间效应对珠三角"9+2"城市群科技创新动态演进的影响。

（二）数据说明

作为创新变革的重要技术来源，专利数据可以从一定程度上反映出一个区域科技创新基础与创新水平，其中发明专利是最优质且最能反映科技创新能力与质量水平的。考虑到专利授权量是目前备受学者在城市层面所认可的创新测度指标以及数据的可获得性，基于研究内容的安排，本章参考程风雨（2020）的研究，运用 Python 编程，按照一定的筛选原则从中国国家知识产权局（SIPO）专利数据库中获取珠三角"9+2"城市群所辖城市的发明专利授权额，以此作为衡量珠三角"9+2"城市群科技创新水平的指标数据。

二、实证结果及分析

与 Kernel 密度估计方法相比，马尔可夫链分析方法既能够体现珠三角"9+2"城市群各地区科技创新发展水平状态转移的方向，又能够计算其转移概率大小，因此可与 Kernel 密度估计方法相结合，进一步考察珠三角"9+2"城市群科技创新的动态演进趋势。我们采用四分位法，将样本期内珠三角"9+2"城市群科技创新发展水平划分为四种不同类型，分别为低水平、中低水平、中高水平和高水平，据此相应测算经历不同时间跨度下的转移概率矩阵。

（一）传统马尔可夫链分析

本研究根据四分位方法得出了 2000~2020 年时间跨度为 1 年、2 年、3 年、4 年和 5 年的珠三角"9+2"城市群科技创新发展水平的转移概率矩阵，结果如表 5-2 所示。由表 5-2 不难看出：第一，转移概率最大的都是对角线上的元素，表明珠三角"9+2"城市群科技创新的发展具有俱乐部收敛特征。第二,转移概率表中对角线上元素的平均值约为73.2%,即意味着如果珠三角"9+2"城市群某地区 t 年的科技创新发展水平为四种类型的某一种,那么1~5年后其发展水平仍处于该类型的平均概率为73.2%,也就是说流动性差、持续性强。同时,低水平趋同俱乐部相对稳定,高水平趋同俱乐部则较易发生转移。第三,趋同俱乐部多发生在相邻类型之间,跨状态转移发生的概率较小。第四,随着时间的变化,四种类型的稳定性均呈下降趋势特征,其中,低水平地区向上转移到更高水平的概率逐步增加,中低水平向更低或更高水平转移的概率越来越大,中高水平向更低或更高水平转移的概率越来越大,高水平地区向中高水平转移的概率增加。也就是说随着时间的推移,俱乐部趋同程度下降,同时组间流动性趋势增加。

表5-2　珠三角"9+2"城市群总体科技创新的传统马尔可夫转移概率矩阵

时间跨度（年）	类别	低	中低	中高	高
1	低	0.9057	0.0943	0.0000	0.0000
	中低	0.1250	0.7143	0.1607	0.0000
	中高	0.0000	0.1429	0.7679	0.0893
	高	0.0000	0.0000	0.0909	0.9091
2	低	0.8600	0.1400	0.0000	0.0000
	中低	0.1455	0.6182	0.2364	0.0000
	中高	0.0000	0.1731	0.6923	0.1346
	高	0.0000	0.0192	0.1154	0.8654
3	低	0.8542	0.1458	0.0000	0.0000
	中低	0.1132	0.6038	0.2642	0.0189
	中高	0.0000	0.1800	0.6400	0.1800
	高	0.0000	0.0213	0.1489	0.8298
4	低	0.8478	0.1304	0.0217	0.0000
	中低	0.1176	0.5490	0.3137	0.0196
	中高	0.0000	0.2083	0.5625	0.2292
	高	0.0000	0.0238	0.1667	0.8095
5	低	0.8182	0.1591	0.0227	0.0000
	中低	0.1224	0.4490	0.4082	0.0204
	中高	0.0000	0.2391	0.5000	0.2609
	高	0.0000	0.0000	0.1622	0.8378

（二）空间马尔可夫链分析

空间马尔可夫链是将空间邻接权重纳入时间跨度的趋势分析方法。与前文处理方法相类似，我们同样基于四分位法分别计算样本期内时间跨度为 1 年、2 年、3 年、4 年和 5 年的珠三角"9+2"城市群科技创新发生状态转移的空间转移概率矩阵，表 5-3 报告了跨期为 1 年与 5 年的计算结果。

表 5-3　珠三角"9+2"城市群科技创新的空间马尔可夫转移概率矩阵

空间滞后类型	地区类别	T = 1				地区类别	T = 5			
		低	中低	中高	高		低	中低	中高	高
低	低	0.00	0.00	0.00	0.00	低	0.00	0.00	0.00	0.00
	中低	0.00	0.60	0.40	0.00	中低	0.00	0.20	0.80	0.00
	中高	0.00	0.20	0.70	0.10	中高	0.00	0.30		0.50
	高	0.00	0.00	0.00	1.00	高	0.00	0.00	0.00	0.00
中低	低	0.80	0.20	0.00	0.00	低	0.73	0.27	0.00	0.00
	中低	0.67	0.33	0.00	0.00	中低	0.33	0.67	0.00	0.00
	中高	0.00	0.00	0.60	0.40	中高	0.00	0.00	0.80	0.20
	高	0.00	0.00	0.13	0.88	高	0.00	0.00	0.22	0.78
中高	低	1.00	0.00	0.00	0.00	低	0.93	0.07	0.00	0.00
	中低	0.10	0.70	0.20	0.00	中低	0.14	0.14	0.57	0.14
	中高	0.00	0.11	0.84	0.05	中高	0.00	0.12	0.76	0.12
	高	0.00	0.00	0.04	0.96	高	0.00	0.00	0.00	1.00
高	低	0.82	0.18	0.00	0.00	低	0.50	0.50	0.00	0.00
	中低	0.11	0.76	0.13	0.00	中低	0.12	0.53	0.35	0.00
	中高	0.00	0.18	0.77	0.05	中高	0.00	0.43	0.29	0.29
	高	0.00	0.00	0.20	0.80	高	0.00	0.00	1.00	0.00

注：限于篇幅，我们对转移概率数据结果进行保留两位小数点的处理。

根据表 5-3 的结果，我们认为：

第一，四种空间滞后条件下的转移概率矩阵结果各不相同，表明在珠三角"9+2"城市群内某一城市的邻近区域科技创新发展具有差异性的情况下，该城市的科技创新发展水平受到影响，使得其转换的概率各不相同，导致城市群内城市之间的科技创新产生一定的空间地理依存性。

第二，对角线上的元素仍远远大于非对角线上的元素，这充分说明即便考虑了空间因素的影响，珠三角"9+2"城市群全局科技创新的发展仍然具有俱乐部收敛的特征。同时，珠三角"9+2"城市群全局科技创新状态转移只发生在相邻类型之间，不存在跨状态转移。

第三，随着空间滞后类型的升高，珠三角"9+2"城市群科技创新低水平地区的稳定性整体呈现上升趋势，向上转移至中低水平的概率越来越大；中低水平地区的稳定性随着空间滞后类型的升高而下降，向下转移的概率整体呈上升趋势，向上转移的概率越来越小；中高水平地区的稳定性也随着空间滞后类型的升高而上升，向上转移和向下转移的概率均降低；高水平地区的稳定性越来越低，而向下转移的概率随着空间滞后类型的升高而增加。

总体来说，空间滞后类型的升高对珠三角"9+2"城市群科技创新低水平和中高水平地区的发展有一定的促进作用，对中低水平和中高水平地区的促进作用不明显。具体而言：

其一，当空间滞后类型为低水平时：珠三角"9+2"城市群科技创新低水平地区1~5年后仍维持在此水平的概率均为0；也就是说，随着时间跨度的增加，低水平的稳定性均不存在，且向上转移的概率越来越大。中低水平地区1~5年后仍维持在此水平的概率分别为60%、40%、40%、20%和20%，稳定性随时间的变化越来越低，且向上转移的概率均随时间的增加而增大，但不存在向下水平转移的概率。中高水平地区1~5年后仍维持在此水平的概率分别为70%、50%、40%、30%和20%，稳定性随时间的变化越来越低；向上转移的概率均随时间的增加逐年增大，相应的转移概率分别为10%、20%、30%、40%和50%，从第二年开始向下转移的概率保持稳定，且不存在跨状态转移的概率。高水平地区1~5年后仍维持在原有水平的概率从100%下降到0，稳定性随时间的变化越来越差，均不存在向其他水平转移的概率。

其二，当空间滞后类型为中低水平时：珠三角"9+2"城市群科技创新低水平地区1年后仍维持在此水平的概率分别为80%，而2~5年后维持在此水平的概率均为73.3%，也就是说，随着时间跨度的增加，相对于跨期1年而言，向上转移的概率有所增大，但是2~5年后低水平的稳定性保持在一定水平。中低水平地区1~5年后仍维持在此水平的概率分别为33.3%、33.3%、66.7%、66.7%和66.7%，从跨期第3年开始稳定性变大后保持稳定；向下转移的概率均随时间的增加而增大，但不存在向上水平转移的概率。中高水平地区1~5年后仍维持在此水平的概率分别为60%、80%、80%、40%和80%，稳定性随时间的变化呈现波动型增长态势；向上转移的概率均随时间的增加而减少，从第2年开始向上转移的概率保持稳定，相应的转移概率分别为40%、20%、20%、20%和20%，基本上不存在向下及跨状态转移的概率。高水平地区1~5年后仍维持在原有水平的概率分别为87.5%、87.5%、86.9%、78.2%和78.2%，稳定性随时间的变化有所降低，向下转移的概率具有递增的趋势。

其三，当空间滞后类型为中高水平时：珠三角"9+2"城市群科技创新低水平地区1~5年后仍维持在此水平的概率分别为100%、100%、96.3%、96.3%和92.6%，稳定性随时间的变化呈现降低趋势，向上转移的概率越来越大，但均不存在跨期转移的可能。中低水平地区1~5年后仍维持在此水平的概率分别为70%、66.6%、55.5%、37.5%和14.2%，稳定性随时间的变化呈现明显的递减特征，向下转移的概率分别为10%、0、11.1%、12.5%和14.2%，表明其变化的概率在低水平上有所增加，向上转移的概率分别为20%、33.3%、22.2%、37.5%和57.1%，表明其向上变化的概率显著增加，同时跨期转移的概率也从跨期第1年的0增加到第5年的14.2%，表明跨期向上转移的概率也明显增加。中高水平地区1~5年后仍维持在此水平的概率分别为84.2%、82.3%、82.3%、88.2%和76.4%，稳定性随时间的变化有所降低，向下转移的概率分别为10.5%、5.8%、5.8%、0和11.7%，表明其变化的概率在低水平上有所增加，同时不存在向下跨期转移的概率；向上转移的概率在跨期第1年开始为5.2%，其余跨期年份的转移概率均为11.7%，这表明向上转移的概率变化较为稳定。高水平地区1~5年后仍维持在此水平的概率分别为95.6%、90.4%、84.2%、93.7%和100%，表明其稳定性发生变化的概率在高水平阶段上有所增加，同时向下转移的概率也有所降低。

其四，当空间滞后类型为高水平时：珠三角"9+2"城市群科技创新低水平地区 1 ~ 5 年后仍维持在此水平的概率分别为 81.8%、62.5%、66.6%、50% 和 0，稳定性随时间的变化呈现较为明显的降低趋势特征，向上转移的概率越来越大。中低水平地区 1 ~ 5 年后仍维持在此水平的概率分别为 76.3%、65.7%、63.8%、62.8% 和 52.9%，稳定性随时间的变化呈现递减特征，向上转移的概率分别为 13.1%、18.4%、25%、25.7% 和 35.2%，表明其变化的概率有所增加，但不存在向上跨期转移的概率。中高水平地区 1 ~ 5 年后仍维持在此水平的概率分别为 77.2%、65%、55.5%、43.7% 和 28.5%，稳定性随时间的变化显著降低，向下转移的概率分别为 18.8%、35%、27.7%、31.2% 和 42.8%，表明其向下转移的概率显著提高，同时不存在向下跨期转移的概率；向上转移的概率分别为 4.5%、10%、16.6%、25% 和 28.5%，这表明向上转移的概率变化也十分显著。高水平地区 1 ~ 5 年后仍维持在此水平的概率分别为 80%、60%、33.3%、0 和 0，表明其稳定性随时间的变化大大降低，向下转移的概率具有递增的趋势，但均不存在向下跨期转移的概率。

综上所述，我们初步认为，在考虑研究对象的邻居背景条件后，珠三角"9 + 2"城市群科技创新的转移情况发生明显的改变，说明珠三角"9 + 2"城市群科技创新的演变具有一定的空间溢出效应。为了从统计学意义上验证上述空间滞后效应的显著性与否，我们进一步进行如下假设检验。即假设珠三角"9 + 2"城市群的科技创新类型的转移是相互独立的，与研究对象的邻居状态类型无关。相应地，我们借鉴王少剑和黄永源（2019）的研究，采用卡方检验以检验空间因素对珠三角"9 + 2"城市群本地区科技创新的影响是否显著。其卡方检验公式如下：

$$M = -2\log\left\{ \prod_{l=1}^{k} \prod_{i=1}^{k} \prod_{j=1}^{k} \left[\frac{m_{ij}}{m_{ij}(l)} \right]^{n_j(l)} \right\} \qquad (5-3)$$

M 为服从自由度为 $k \times (k-1)^2$ 的卡方分布。其中：k 为珠三角"9 + 2"城市群科技创新状态类型数量，即 k 取值为 4；m_{ij} 和 $m_{ij}(l)$ 分别指代传统马尔可夫转移概率和空间滞后类型为 l 的空间马尔可夫转移概率，$n_j(l)$ 为与空间滞后类型为 l 的空间马尔可夫转移概率相应的研究对象个数。未调整自由度的情况下，自由度为 36，进而根据式（5 - 3）计算处于 1% 统计水平时，当跨期时间为 1 年、2 年、3 年和 5 年的情况下，其相应的 M 统计值分别为 475.03、444.49、488.34、492.47 和 484.66，统计值均大于 $\chi^2(40) = 63.69$。因此，拒绝接受在样本期间珠三角 "9 + 2" 城市群科技创新类型转移在空间上是相互独立的原假设，这表明珠三角 "9 + 2" 城市群内邻近地区对于本地区科技创新的转移存在显著的影响。

第五节　珠三角 "9 + 2" 城市群都市圈的科技创新发展的演进趋势

与前文相类似，我们采用马尔可夫链分析方法来进一步考察珠三角 "9 + 2" 城市群都市圈层面的科技创新动态演进趋势。我们采用四分位法，将样本期内珠三角 "9 + 2" 城市群都市圈的科技创新发展水平划分为四种不同类型，分别为低水平、中低水平、中高水平和高水平，据此相应测算经历不同时间跨度下的转移概率矩阵。

一、广佛肇都市圈的实证分析

(一) 传统马尔可夫链分析

本研究根据四分位方法得出了 2000~2020 年时间跨度为 1 年、2 年、3 年、4 年和 5 年的广佛肇都市圈科技创新发展水平的转移概率矩阵，结果如表 5 - 4 所示。由表 5 - 4 不难看出：第一，对角线上的元素并不全是转移概率最大值，表明广佛肇都市圈科技创新发展的俱乐部收敛特征并不显著。第二，转移概率表中对角线上元素的平均值约为 42.9%，即意味着如果广佛肇都市圈某地区 t 年的科技创新发展水平为四种类型的某一种，那么 1~5 年后其发展水平仍处于该类型的平均概率为 42.9%，也就是说广佛肇都市圈科技创新发展的流动程度较大，保持性不高。同时，低水平和高水平趋同俱乐部相对稳定，中间阶段的发展水平趋同俱乐部则较易发生转移。第三，趋同俱乐部多发生在相邻类型之间，跨状态转移发生的概率较小。第四，随着时间的变化，四种类型的稳定性均呈下降趋势特征，其中，低水平地区向上转移到更高水平的概率逐步增加，中低水平向更低或更高水平转移的概率越来越大；中高水平向更低水平转移的概率越来越大，向更高水平转移的概率有所降低；高水平地区向中高水平转移的概率增加。也就是说随着时间的增加，俱乐部趋同程度下降，同时组间流动性趋势增加。

表 5-4　　　广佛肇都市圈科技创新的传统马尔可夫转移概率矩阵

时间跨度（年）	类别	低	中低	中高	高
1	低	0.8261	0.0870	0.0870	0.0000
	中低	0.5000	0.3333	0.1667	0.0000
	中高	0.1667	0.1667	0.3333	0.3333
	高	0.0000	0.0800	0.0000	0.9200
2	低	0.7273	0.0909	0.1818	0.0000
	中低	0.6000	0.2000	0.0000	0.2000
	中高	0.1667	0.5000	0.0000	0.3333
	高	0.0833	0.0417	0.0000	0.8750
3	低	0.6190	0.1429	0.1905	0.0476
	中低	0.8000	0.2000	0.0000	0.0000
	中高	0.3333	0.3333	0.0000	0.3333
	高	0.0909	0.0455	0.0000	0.8636
4	低	0.5500	0.2500	0.1500	0.0500
	中低	0.8000	0.0000	0.2000	0.0000
	中高	0.4000	0.2000	0.0000	0.4000
	高	0.1429	0.0476	0.0000	0.8095
5	低	0.5263	0.3158	0.1053	0.0526
	中低	0.7500	0.0000	0.2500	0.0000
	中高	0.6000	0.2000	0.0000	0.2000
	高	0.1500	0.0000	0.0500	0.8000

（二）空间马尔可夫链分析

空间马尔可夫链是将空间邻接权重纳入时间跨度的趋势分析方法。与前文处理方法相类似，我们同样基于四分位法分别计算了样本期内时间跨度为 1 年、2 年、3 年、4 年和 5 年的广佛肇都市圈科技创新发生状态转移的空间转移概率矩阵，表 5-5 报告了跨期为 1 年与 5 年的计算结果。

表 5-5 广佛肇都市圈科技创新的空间马尔可夫转移概率矩阵

空间滞后类型	地区类别	T = 1				地区类别	T = 5			
		低	中低	中高	高		低	中低	中高	高
低	低	0.67	0.00	0.33	0.00	低	0.00	1.00	0.00	0.00
	中低	0.50	0.50	0.00	0.00	中低	0.75	0.00	0.25	0.00
	中高	0.00	0.25	0.50	0.25	中高	0.50	0.25	0.00	0.25
	高	0.00	0.05	0.00	0.95	高	0.16	0.00	0.05	0.79
中低	低	0.50	0.50	0.00	0.00	低	0.00	0.00	0.00	0.00
	中低	0.00	0.00	0.00	0.00	中低	0.00	0.00	0.00	0.00
	中高	0.00	0.00	0.00	0.00	中高	0.00	0.00	0.00	0.00
	高	0.00	0.00	0.00	1.00	高	0.00	0.00	0.00	0.00
中高	低	1.00	0.00	0.00	0.00	低	0.00	1.00	0.00	0.00
	中低	0.00	0.00	0.00	0.00	中低	0.00	0.00	0.00	0.00
	中高	0.00	0.00	0.00	0.00	中高	0.00	0.00	0.00	0.00
	高	0.00	0.00	0.00	1.00	高	0.00	0.00	0.00	1.00
高	低	0.88	0.06	0.06	0.00	低	0.67	0.13	0.13	0.07
	中低	0.50	0.00	0.00	0.00	中低	0.00	0.00	0.00	0.00
	中高	0.50	0.00	0.00	0.50	中高	1.00	0.00	0.00	0.00
	高	0.00	0.50	0.00	0.50	高	0.00	0.00	0.00	0.00

注：限于篇幅，我们对转移概率数据结果进行保留两位小数点的处理。

根据表 5-5 结果，我们认为：

第一，四种空间滞后条件下的转移概率矩阵结果各不相同，表明在广佛肇都市圈内邻近区域科技创新发展具有差异性的情况下，某一城市的科技创新发展水平会受到影响，使得转换的概率各不相同，导致都市圈内城市之间的科技创新产生一定的空间地理依存性。

第二，对角线上的元素并非始终远远大于非对角线上的元素，这表明当考虑了空间因素的影响时，广佛肇都市圈科技创新的发展不具有显著的俱乐部收敛的特征。同时，广佛肇都市圈科技创新状态转移不仅发生在相邻类型之间，也存在跨状态转移。

第三，随着空间滞后类型的升高，广佛肇都市圈科技创新低水平地区的稳定性整体呈现上升趋势，向上转移至中低水平的概率越来越大；中低水平地区的稳定性随着空间滞后类型的升高而下降，向下转移与向上转移的概率越来越小；中高水平地区的稳定性也随着空间滞后类型的升高而下降，向上转移和向下转移的概率均有所提升；高水平地区的稳定性越来越低，而向下转移的概率随着空间滞后类型的升高基本稳定。

第四，时间跨度的影响因素下，不同空间滞后类型下广佛肇都市圈科技创新状态转移概率也存在一定差异，具体而言：

其一，当空间滞后类型为低水平时：广佛肇都市圈科技创新低水平地区 1~5 年后仍维持在此水平的概率由 67% 下降为 0，也就是说，随着时间跨度的增加，低水平的稳定性均不存在，且相邻类型的向上转移概率越来越大。中低水平地区 1~5 年后仍维持在此水平的概率由 50% 下降至 0，稳定性随跨期的增加逐渐消失，向上转移的概率随时间的增加而增大，向下水平转移的概率更加显著。中高水平地区 1~5 年后仍维持在此水平的概率由 50% 下降至 0，稳定性随跨期的增加逐渐消失，向上转移的概率随时间的增加保持稳定，向下存在跨状态转移的概率。高水平地区 1~5 年后仍维持在原有水平的概率从 95% 下降到 79%，稳定性随时间的变化有所降低，存在向其他水平转移的概率。

其二，当空间滞后类型为中低水平时：广佛肇都市圈科技创新低水平地区 1~5 年后仍维持在此水平的概率由 50% 下降为 0，也就是说，随着时间跨度的增加，低水平的稳定性不复存在。中低水平地区 1~5 年后仍维持在此水平的概率均为 0，即中低水平的稳定性均不存在，同时也不存在向上及向下转移的概率。中高水平地区 1~5 年后仍维持在此水平的概率均为 0，即中高水平的稳定性均不存在，同时也不存在向上及向下转移的概率。高水平地区 1~5 年后仍维持在此水平的概率由 100% 下降为 0，也就是说，随着时间跨度的增加，低水平的稳定性不复存在，同时不存在向下转移的概率。

其三，当空间滞后类型为中高水平时：广佛肇都市圈科技创新低水平地区 1~5 年后仍维持在此水平的概率由 100% 下降为 0，也就是说，随着时间跨度的增加，低水平的稳定性不复存在，同时不存在向上转移的概率。中低水平地区 1~5 年后仍维持在此水平的概率均为 0，即中低水平的稳定性均不存在，同时也不存在向上及向下转移的概率。中高水平地区 1~5 年后仍维持在此水平的概率均为 0，即中高水平的稳定性均不存在，同时也不存在向上及向下转移的概率。高水平地区 1~5 年后仍维持在此水平的概率均为 100%，但均不存在向下转移的概率。

其四，当空间滞后类型为高水平时：广佛肇都市圈科技创新低水平地区 1~5 年后仍维持在此水平的概率由 88% 下降至 67%，虽然稳定性随时间的变化呈现较为明显的下降趋势，但向上转移的概率越来越大。中低水平地区 1~5 年后仍维持在此水平的概率均为 0，即中低水平的稳定性均不存在，同时向上及向下转移的概率随着时间的改变而降低。中高水平地区 1~5 年后仍维持在此水平的概率均为 0，即中高水平的稳定性均不存在，同时向上转移的概率随着时间的改变而降低，向下转移的概率有所增加。高水平地区 1~5 年后仍维持在此水平的概率由 50% 下降为 0，也就是说，随着时间跨度的增加，低水平的稳定性不复存在，同时基本不存在向下转移的概率。

综上所述，我们初步认为在考虑研究对象的邻居背景条件后，广佛肇都市圈科技创新的转移情况发生明显的改变，说明广佛肇都市圈科技创新的演变具有一定的空间溢出效应。为了从统计学意义上验证上述空间滞后效应的显著性与否，我们进一步进行如下假设检验。即：假设广佛肇都市圈的科技创新类型的转移是相互独立的，与研究对象的邻居状态类型无关，相应地采用卡方检验以检验空间因素对广佛肇都市圈内本地区科技创新的影响是否显著。卡方检验结果表明，不同时间跨度下其统计值至少在 10% 统计水平下显著，因此拒绝接受在样本期间广佛肇都市圈科技创新类型转移在空间上是相互独立的原假设，这表明广佛肇都市圈内邻近地区对于本地区科技创新的转移存在显著的影响。

二、港深莞惠都市圈的实证分析

(一) 传统马尔可夫链分析

本研究根据四分位方法得出 2000~2020 年时间跨度为 1 年、2 年、3 年、4 年和 5 年的港深莞惠都市圈科技创新发展水平的转移概率矩阵，结果如表 5-6 所示。由表 5-6 不难看出：第一，对角线上的元素基本均为转移概率最大值，表明港深莞惠都市圈科技创新的发展俱乐部收敛特征较为明显。第二，转移概率表中对角线上元素的平均值约为 64.5%，即意味着如果港深莞惠都市圈某地区 t 年的科技创新发展水平为四种类型的某一种，那么 1~5 年后其发展水平仍处于该类型的平均概率为 64.5%，也就是说港深莞惠都市圈科技创新发展的流动性不高、持续性强于一般水平。同时，低水平和高水平趋同俱乐部相对稳定，中间阶段的发展水平趋同俱乐部则较易发生转移。第三，趋同俱乐部多发生在相邻类型之间，跨状态转移发生的概率较小。第四，随着时间的变化，港深莞惠都市圈科技创新发展的稳定性均总体呈现下降趋势特征，其中，港深莞惠都市圈科技创新低水平地区向上转移到更高水平的概率逐步增加，中低水平向更低或更高水平转移的概率越来越大；中高水平向更低水平转移的概率越来越大，向更高水平转移的概率保持稳定；高水平地区向中高水平转移的概率基本为 0。

表 5-6　　港深莞惠都市圈科技创新的传统马尔可夫转移概率矩阵

时间跨度（年）	类别	低	中低	中高	高
1	低	0.8000	0.1000	0.1000	0.0000
	中低	0.0000	0.0000	1.0000	0.0000
	中高	0.2222	0.0000	0.7778	0.0000
	高	0.0000	0.0000	0.0000	1.0000
2	低	0.6842	0.2632	0.0526	0.0000
	中低	0.3000	0.4500	0.2500	0.0000
	中高	0.0000	0.2222	0.7778	0.0000
	高	0.0000	0.0000	0.0000	1.0000
3	低	0.5000	0.3889	0.1111	0.0000
	中低	0.4500	0.3500	0.2000	0.0000
	中高	0.0000	0.1875	0.8125	0.0000
	高	0.0000	0.0000	0.0000	1.0000
4	低	0.4118	0.4118	0.1765	0.0000
	中低	0.5000	0.2500	0.2500	0.0000
	中高	0.0000	0.2143	0.7857	0.0000
	高	0.0000	0.0000	0.0000	1.0000
5	低	0.4375	0.3125	0.2500	0.0000
	中低	0.4500	0.2000	0.3500	0.0000
	中高	0.0000	0.3333	0.6667	0.0000
	高	0.0000	0.0000	0.0000	1.0000

（二）空间马尔可夫链分析

空间马尔可夫链是将空间邻接权重纳入时间跨度的趋势分析方法。与前文处理方法相类似，我们同样基于四分位法分别计算了样本期内时间跨度为1年、2年、3年、4年和5年的港深莞惠都市圈科技创新发生状态转移的空间转移概率矩阵，表5-7报告了跨期为1年与5年的计算结果。

表5-7　　港深莞惠都市圈科技创新的空间马尔可夫转移概率矩阵

空间滞后类型	T=1					T=5				
	地区类别	低	中低	中高	高	地区类别	低	中低	中高	高
低	低	0.00	0.00	0.00	0.00	低	0.00	0.00	0.00	0.00
	中低	0.00	0.00	0.00	0.00	中低	0.00	0.00	0.00	0.00
	中高	0.00	0.00	0.00	0.00	中高	0.00	0.00	0.00	0.00
	高	0.00	0.00	0.00	0.00	高	0.00	0.00	0.00	0.00
中低	低	0.00	0.00	0.00	0.00	低	0.00	0.00	0.00	0.00
	中低	0.00	0.00	0.00	0.00	中低	0.00	0.00	0.00	0.00
	中高	0.00	0.00	0.00	0.00	中高	0.00	0.00	0.00	0.00
	高	0.00	0.00	0.00	1.00	高	0.00	0.00	0.00	1.00
中高	低	0.73	0.27	0.00	0.00	低	0.18	0.45	0.36	0.00
	中低	0.17	0.67	0.17	0.00	中低	0.33	0.17	0.50	0.00
	中高	0.00	0.06	0.94	0.00	中高	0.00	0.11	0.89	0.00
	高	0.00	0.00	0.00	1.00	高	0.00	0.00	0.00	1.00
高	低	1.00	0.00	0.00	0.00	低	1.00	0.00	0.00	0.00
	中低	0.13	0.63	0.25	0.00	中低	0.63	0.25	0.13	0.00
	中高	0.00	0.50	0.50	0.00	中高	0.00	0.00	0.00	0.00
	高	0.00	0.00	0.00	0.00	高	0.00	0.00	0.00	0.00

注：限于篇幅，我们对转移概率数据结果进行保留两位小数点的处理。

根据表5-7的结果，我们认为：

第一，四种空间滞后条件下的转移概率矩阵结果各不相同，表明在港深莞惠都市圈内邻近区域科技创新发展具有差异性的情况下，某一城市的科技创新发展水平会受到影响，使得转换的概率各不相同，导致都市圈内城市之间的科技创新产生一定的空间地理依存性。

第二，对角线上的元素基本大于非对角线上的元素，这充分说明即便考虑了空间因素的影响，港深莞惠都市圈科技创新的发展仍然具有俱乐部收敛的特征。同时，港深莞惠都市圈科技创新状态转移几乎只发生在相邻类型之间，跨状态转移的情况鲜见。

第三，随着空间滞后类型的升高，港深莞惠都市圈科技创新低水平地区的稳定性整体呈现上升趋势，但向上转移至中低水平的概率基本不存在；中低水平地区的稳定性随着空间滞后类型的升高而增加，向下和向上转移的概率整体呈上升趋势；中高水平地区的稳定性也随着空间滞后类型的升高而上升，向下转移的概率明显降低；高水平地区的稳定性概率为0，向下转移的概率随着空间滞后类型的升高也并不存在。

第四，时间跨度的影响因素下，不同空间滞后类型下港深莞惠都市圈科技创新状态转移概率也存在一定差异，具体而言：

其一，当空间滞后类型为低水平时：港深莞惠都市圈科技创新低水平地区1~5年后仍维持在此水平的概率均为0，随着时间跨度的增加，低水平的稳定性均不存在，但向上转移的概率也始终不存在。中低水平地区1~5年后仍维持在此水平的概率均为0，即中低水平的稳定性均不存在，同时向上和向下转移的概率也不存在。中高水平地区1~5年后仍维持在此水平的概率均为0，即中高水平的稳定性均不存在，向上与向下转移的概率均始终不存在。高水平地区1~5年后仍维持在此水平的概率均为0，即高水平的稳定性均不存在，而向下转移的概率也始终不存在。

其二，当空间滞后类型为中低水平时：港深莞惠都市圈科技创新低水平地区1~5年后仍维持在此水平的概率均为0，随着时间跨度的增加，低水平的稳定性均不存在，但向上转移的概率也始终不存在。中低水平地区1~5年后仍维持在此水平的概率均为0，即中低水平的稳定性均不存在，同时向上和向下转移的概率也不存在。中高水平地区1~5年后仍维持在此水平的概率均为0，即中高水平的稳定性均不存在，向上与向下转移的概率均始终不存在。高水平地区1~5年后仍维持在此水平的概率均为100%，即高水平的稳定性较高，同时向下转移的概率不存在。

其三，当空间滞后类型为中高水平时：港深莞惠都市圈科技创新低水平地区1~5年后仍维持在此水平的概率由73%下降为18%，也就是说，随着时间跨度的增加，低水平的稳定性显著降低，同时存在较为显著的向上转移概率。中低水平地区 1~5 年后仍维持在此水平的概率由 67% 下降为 17%，即中低水平的稳定性显著降低，同时向上及向下转移的概率也随着时间的增长而显著增加。中高水平地区 1~5 年后仍维持在此水平的概率由 94% 下降为 89%，即中高水平的稳定性略微下降，同时不存在向上转移的概率。高水平地区 1~5 年后仍维持在此水平的概率均为 100%，但均不存在向下转移的概率。

其四，当空间滞后类型为高水平时：港深莞惠都市圈科技创新低水平地区 1~5 年后仍维持在此水平的概率均为 100%，但均不存在向上转移的概率。中低水平地区 1~5 年后仍维持在此水平的概率由 63% 下降为 25%，即中低水平的稳定性显著下降，同时向上及向下转移的概率随着时间的改变而增加，但不存在跨状态转移。中高水平地区 1~5 年后仍维持在此水平的概率由 50% 下降为 0，即中高水平的稳定性逐渐消失，同时向下转移的概率随着时间的改变而增加，均不存在向上转移的概率。高水平地区 1~5 年后仍维持在此水平的概率均为 0，即随着时间跨度的增加，高水平的稳定性均不存在，但向下转移的概率也始终不存在。

综上所述，我们初步认为，在考虑研究对象的邻居背景条件后，港深莞惠都市圈科技创新的转移情况发生明显的改变，说明港深莞惠都市圈科技创新的演变具有一定的空间溢出效应。为了从统计学意义上验证上述空间滞后效应的显著性与否，我们进一步进行如下假设检验。即：假设港深莞惠都市圈的科技创新类型的转移是相互独立的，与研究对象的邻居状态类型无关，相应地采用卡方检验以检验空间因素对港深莞惠都市圈内本地区科技创新的影响是否显著。卡方检验结果表明，不同时间跨度下其统计值至少在 10% 统计水平下显著，因此拒绝接受在样本期间港深莞惠都市圈科技创新类型转移在空间上是相互独立的原假设，这表明港深莞惠都市圈内邻近地区对于本地区科技创新的转移存在显著的影响。

三、澳珠中江都市圈的实证分析

（一）传统马尔可夫链分析

本研究根据四分位方法得出 2000~2020 年时间跨度为 1 年、2 年、3

年、4年和5年的澳珠中江都市圈科技创新发展水平的转移概率矩阵，结果如表5-8所示。由表5-8不难看出：第一，转移概率最大的都是对角线上的元素，表明澳珠中江都市圈科技创新的发展具有俱乐部收敛特征。第二，转移概率表中对角线上元素的平均值约为77.8%，即意味着如果澳珠中江都市圈某地区t年的科技创新发展水平为四种类型的某一种，那么1~5年后其发展水平仍处于该类型的平均概率为73.2%，也就是说澳珠中江都市圈科技创新发展的流动性差、持续性强。同时，高水平趋同俱乐部相对稳定，低水平趋同俱乐部则较易发生转移。第三，趋同俱乐部多发生在相邻类型之间，跨状态转移发生的概率较小。第四，随着时间的变化，澳珠中江都市圈科技创新发展稳定性总体呈下降趋势特征，其中，澳珠中江都市圈科技创新发展低水平地区向上转移到更高水平的概率逐步降低，中低水平向更低或更高水平转移的概率越来越大，中高水平向中低水平转移的概率越来越大，高水平地区不存在向中高水平转移的概率。

表5-8　　　澳珠中江都市圈科技创新的传统马尔可夫转移概率矩阵

时间跨度（年）	类别	低	中低	中高	高
1	低	0.9500	0.0000	0.0500	0.0000
	中低	0.0526	0.8421	0.1053	0.0000
	中高	0.0000	0.2381	0.7619	0.0000
	高	0.0000	0.0000	0.0000	1.0000
2	低	0.8947	0.0526	0.0526	0.0000
	中低	0.0588	0.7059	0.2353	0.0000
	中高	0.0476	0.3810	0.5714	0.0000
	高	0.0000	0.0000	0.0000	1.0000
3	低	0.8333	0.1111	0.0556	0.0000
	中低	0.0625	0.6250	0.3125	0.0000
	中高	0.1000	0.3500	0.5500	0.0000
	高	0.0000	0.0000	0.0000	1.0000
4	低	0.8235	0.1176	0.0588	0.0000
	中低	0.0667	0.6000	0.3333	0.0000
	中高	0.1053	0.3684	0.5263	0.0000
	高	0.0000	0.0000	0.0000	1.0000

时间跨度（年）	类别	低	中低	中高	高
5	低	0.8125	0.0625	0.1250	0.0000
	中低	0.0714	0.5714	0.3571	0.0000
	中高	0.1111	0.3889	0.5000	0.0000
	高	0.0000	0.0000	0.0000	1.0000

（二）空间马尔可夫链分析

空间马尔可夫链是将空间邻接权重纳入时间跨度的趋势分析方法。与前文处理方法相类似，我们同样基于四分位法分别计算了样本期内时间跨度为 1 年、2 年、3 年、4 年和 5 年的澳珠中江都市圈科技创新发生状态转移的空间转移概率矩阵，表 5-9 报告了跨期为 1 年与 5 年的计算结果。

表 5-9　　澳珠中江都市圈科技创新的空间马尔可夫转移概率矩阵

空间滞后类型	T = 1					T = 5				
	地区类别	低	中低	中高	高	地区类别	低	中低	中高	高
低	低	0.00	0.00	0.00	0.00	低	0.00	0.00	0.00	0.00
	中低	0.00	0.00	0.00	0.00	中低	0.00	0.00	0.00	0.00
	中高	0.00	0.00	0.00	0.00	中高	0.00	0.00	0.00	0.00
	高	0.00	0.00	0.00	0.00	高	0.00	0.00	0.00	0.00
中低	低	0.00	0.00	0.00	0.00	低	0.00	0.00	0.00	0.00
	中低	0.00	0.00	0.00	0.00	中低	0.00	0.00	0.00	0.00
	中高	0.00	0.00	0.00	0.00	中高	0.00	0.00	0.00	0.00
	高	0.00	0.00	0.00	1.00	高	0.00	0.00	0.00	1.00
中高	低	0.50	0.00	0.50	0.00	低	0.00	0.00	1.00	0.00
	中低	0.00	0.89	0.11	0.00	中低	0.00	0.62	0.38	0.00
	中高	0.00	0.21	0.79	0.00	中高	0.00	0.44	0.56	0.00
	高	0.00	0.00	0.00	1.00	高	0.00	0.00	0.00	1.00
高	低	1.00	0.00	0.00	0.00	低	0.93	0.07	0.00	0.00
	中低	1.00	0.00	0.00	0.00	中低	1.00	0.00	0.00	0.00
	中高	0.00	0.00	0.50	0.50	中高	1.00	0.00	0.00	0.00
	高	0.00	0.00	0.00	0.00	高	0.00	0.00	0.00	0.00

注：限于篇幅，我们对转移概率数据结果进行保留两位小数点的处理。

根据表5－9结果，我们认为：

第一，四种空间滞后条件下的转移概率矩阵结果各不相同，表明在澳珠中江都市圈内邻近区域科技创新发展具有差异性的情况下，某一城市的科技创新发展水平会受到影响而使得转换的概率各不相同，导致都市圈内城市之间的科技创新产生一定的空间地理依存性。

第二，对角线上的元素并非远远大于非对角线上的元素，这说明考虑了空间因素的影响，澳珠中江都市圈科技创新发展俱乐部收敛性特征并不明显。同时，澳珠中江都市圈的科技创新状态转移绝对情况下只发生在相邻类型之间，鲜见跨状态转移。

第三，随着空间滞后类型的升高，澳珠中江都市圈科技创新低水平地区的稳定性整体呈现上升趋势，向上转移的概率有所增加；中低水平地区的稳定性随着空间滞后类型的升高并没有变化，向下转移的概率整体呈上升趋势，但向上转移的概率为0；中高水平地区的稳定性也随着空间滞后类型的升高有所上升，向下转移的概率显著增加；高水平地区的稳定性始终不存在，同时也不存在向下转移的概率。

第四，时间跨度的影响因素下，不同空间滞后类型下澳珠中江都市圈科技创新状态转移概率也存在一定差异，具体而言：

其一，当空间滞后类型为低水平时：澳珠中江都市圈科技创新低水平地区1~5年后仍维持在此水平的概率均为0，随着时间跨度的增加，低水平的稳定性均不存在，但向上转移的概率也始终不存在。中低水平地区1~5年后仍维持在此水平的概率均为0，即中低水平的稳定性均不存在，同时向上和向下转移的概率也不存在。中高水平地区1~5年后仍维持在此水平的概率均为0，即中高水平的稳定性均不存在，向上与向下转移的概率均始终不存在。高水平地区1~5年后仍维持在此水平的概率均为0，即高水平的稳定性均不存在，而向下转移的概率也始终不存在。

其二，当空间滞后类型为中低水平时：澳珠中江都市圈科技创新低水平地区1~5年后仍维持在此水平的概率均为0，随着时间跨度的增加，低水平的稳定性均不存在，但向上转移的概率也始终不存在。中低水平地区1~5年后仍维持在此水平的概率均为0，即中低水平的稳定性均不存在，同时向上和向下转移的概率也不存在。中高水平地区1~5年后仍维持在此水平的概率均为0，即中高水平的稳定性均不存在，向上与向下转移的概率均始终不存在；高水平地区1~5年后仍维持在此水平的概率均为100%，即高水平的稳定性较高，同时向下转移的概率不存在。

其三，当空间滞后类型为中高水平时：澳珠中江都市圈科技创新低水平地区1~5年后仍维持在此水平的概率由50%下降为0，也就是说，随着时间跨度的增加，低水平的稳定性不复存在，同时存在较为显著的向上转移概率。中低水平地区1~5年后仍维持在此水平的概率由89%下降为62%，即中低水平的稳定性有所降低，同时向上转移的概率也随着时间的增长而显著增加。中高水平地区1~5年后仍维持在此水平的概率由79%下降为56%，即中高水平的稳定性有一定下降，同时不存在向上转移的概率，但具有较为明显的向下转移的概率。高水平地区1~5年后仍维持在此水平的概率均为100%，但均不存在向下转移的概率。

其四，当空间滞后类型为高水平时：澳珠中江都市圈科技创新低水平地区1~5年后仍维持在此水平的概率由100%下降至93%，即低水平的稳定性有所下降，但基本不存在向上转移的概率。中低水平地区1~5年后仍维持在此水平的概率均为0，即中低水平的稳定性始终不存在，但向下转移的概率随着时间的改变始终为100%，不存在向上及跨状态转移。中高水平地区1~5年后仍维持在此水平的概率由50%下降为0，即中高水平的稳定性逐渐消失，同时向下转移的概率随着时间的改变而增加，均不存在向上转移的概率。高水平地区1~5年后仍维持在此水平的概率均为0，即随着时间跨度的增加，高水平地区的稳定性均不存在，同时向下转移的概率也始终不存在。

综上所述，我们初步认为在考虑研究对象的邻居背景条件后，澳珠中江都市圈科技创新的转移情况发生明显的改变，说明澳珠中江都市圈科技创新的演变具有一定的空间溢出效应。为了从统计学意义上验证上述空间滞后效应的显著性与否，我们进一步进行如下假设检验。即：假设澳珠中江都市圈的科技创新类型的转移是相互独立的，与研究对象的邻居状态类型无关，相应地采用卡方检验以检验空间因素对澳珠中江都市圈内本地区科技创新的影响是否显著。卡方检验结果表明，不同时间跨度下其统计值至少在10%统计水平下显著，因此拒绝接受在样本期间澳珠中江都市圈科技创新类型转移在空间上是相互独立的原假设，这表明澳珠中江都市圈内邻近地区对于本地区科技创新的转移存在显著的影响。

第六节 珠三角 "9+2" 城市群科技创新发展的影响因素探究

一、实证研究设计

(一) 研究方法

1. 地理探测器

地理探测器是由王劲峰和徐成东 (2017) 提出的一种用于探测空间分异性的统计学方法,本章主要利用其中因子探测和交互作用探测两个模块,旨在分析珠三角 "9 +2" 城市群科技创新发展演变的影响因素,揭示其影响因素背后的驱动作用。相应的地理探测器计算公式如下:

$$q = 1 - \frac{\sum_{h=1}^{L} N_h \delta_h^2}{N \delta^2} \qquad (5-4)$$

式中,q 值为影响因素的因子作用探测值,其值越大意味着影响程度越大;N 和 δ^2 分别为单元个数和方差。值得注意的是,L 代表某一个影响因子的分类数量,对此地理探测器一般选择使得 q 值最大的离散化方案加以确定。R 语言的 "GD" 包中提供了 gdm 分析函数,该函数不仅能够根据定义的离散化方法和类别区间计算出连续变量的最优空间离散化方案,避免人为选择离散化方案的主观性,而且能够计算出离散化方案对应的因子探测和交互探测结果。因此,我们使用 "GD" 包对探测因子进行非监督最优空间离散化处理,通过定义等间距、自然断点和四分位数三种离散化方法,同时设定类别区间为 3~5 类,并由 "GD" 包中的 gdm 分析函数测算出最优离散化方案,在此基础上结合珠三角 "9 +2" 城市群科技创新发展的各项影响因素进行因子探测和交互探测分析。

2. Shapley 值分解模型

Shapley 值因素分解方法是由肖尔罗克斯 (Shorrocks, 2013) 提出来的,该方法是 OLS 回归分析方程与 Shapley 值分解的有机结合,其核心思想就是在计算珠三角"9+2"城市群科技创新发展所涉及的影响因素自变量的线性组合的差异指标时，综合分析每一个变量在影响变量组合中的贡献，从而明确引起珠三角"9+2"城市群科技创新发展差异的关键影响因素。据此，首先，构建反映因变量与相关影响因素自变量之间存在的线性回归关系的函数表达式：

$$Y = C_0 + Var_1 + Var_2 + \cdots + Var_K + Var_R \qquad (5-5)$$

其中，C_0 为回归模型中的截距项估计量，$Var_K = \hat{\beta}_K M_K$，$Var_R$ 为模型的残差估计量。

其次，假设存在 3 个（或以上）影响因素自变量，分别为 m_1，m_2 和 m_3，$I(\cdot)$ 为驱动力函数。为了确保 Shapley 值的分解结果不受影响因素自变量分解顺序的干扰，我们以各种可能发生改变的路径为权重对数值进行加权平均，进而可以获得相关影响要素指标的完全分解结果。简言之，可以根据 Shapley 值的因素分解方法，计算 m_1 贡献度的期望值为：

$$I_1(m_1) = \frac{2}{6}\left[I(m_1,\overline{m}_2,\overline{m}_3) - I(\overline{m}_1,\overline{m}_2,\overline{m}_3)\right] + \frac{1}{6}\left[I(m_1,m_2,\overline{m}_3) - I(\overline{m}_1,m_2,\overline{m}_3)\right]$$

$$+ \frac{1}{6}\left[I(m_1,\overline{m}_2,m_3) - I(\overline{m}_1,\overline{m}_2,m_3)\right] + \frac{2}{6}\left[I(m_1,m_2,m_3) - I(\overline{m}_1,m_2,m_3)\right]$$

$$(5-6)$$

其中，$\overline{m}_i(i=1,2,3)$ 代表不同影响因素自变量的均值。类似地，可以计算获得 m_2 和 m_3 等变量的贡献值。

（二）指标体系及数据说明

1. 指标体系

影响珠三角"9+2"城市群科技创新发展的因素具有多样性和复杂性，同时鉴于我国内地与港澳两地在行业统计口径上的差异及数据的可获得性，本书结合研究目标，分别从人口、经济和发展基础等 3 个维度建构影响因素指标体系。本书的影响指标体系包括信息技术（Inf）、产业结构（Ser）、从业人口（Pep）、对外开放（Ope）、地区经济发展（GDP）和物质资本投入（Cap）。其具体含义如下：

（1）信息技术，选用互联网宽带接入用户数量（万户）作为衡量指标。互联网已成为新常态下区域经济增长的助推器,与其他信息技术类似,互联网也存在网络效应,而且信息技术的快速发展与互联网的大规模使用可以借由带动知识的扩散推动区域技术进步与科技创新发展,促进全要素生产率的提升。

(2)产业结构,选用第三产业占地区 GDP 比重(%)作为衡量指标。产业结构与地区科技创新发展之间存在较为紧密的关联:一方面产业结构升级有助于企业技术创新;另一方面地区科技创新与产业结构升级之间存在双向的互动关系。因此,产业结构也是研究珠三角"9+2"城市群科技创新发展的重要因素。

(3)从业人口,选用城市劳动力数量(人)作为衡量指标。一般而言,城市拥有越多的可用的就业人口就意味着能直接服务或者配套支撑地区科技创新发展的劳动力要素资源越丰富,对地区科技创新发展的影响作用也就越大。

(4)对外开放,选用贸易开放度即进出口总额占地区 GDP 比重(%)作为衡量指标。对外开放与地区科技创新发展的关系研究较为普遍,但研究结论存在较大差异。一方面,有研究认为对外开放的提升有助于 FDI 流入我国低端产业,造成全球价值链低端锁定效应,阻碍价值链地位攀升;另一方面认为对外开放产生技术的逆向溢出效应,实现先进技术的跨国转移,助推东道国技术创新。因此,对外开放对珠三角"9+2"城市群科技创新具有较为复杂的影响作用。

(5)地区经济发展,选用人均 GDP(万元/人)作为衡量指标。地区经济发展水平会对资源及要素配置产生重要影响,其中与科技创新要素的关系密切,因为经济发展水平较高的地区往往能够提供更为优越的科技创新环境,科技创新主体也更加需要自我革新以获得市场竞争优势。

(6)物质资本投入,选用固定资产投资(亿元)作为衡量标准。物质资本对地区科技创新发展具有重要支撑作用,科技创新活动往往具有资金需求大、投资周期长、盈利回报慢等风险,使得创新主体较难获得外部资本注入,加快科技创新发展则需要更加多元的物质资本支持。

2. 数据说明及预处理

鉴于数据的可获得性,基于研究内容的安排,我们相继使用了两套珠三角"9+2"城市群城市层面的数据:第一套数据即为前文所用的区域科技创新水平的衡量数据；第二套数据为珠三角"9＋2"城市群所辖城市的地区生产总值等经济社会发展数据。其中珠三角9市数据来源于2001～2021年《中国城市统计年鉴》《广东统计年鉴》，港澳数据来源于相应年度的《香港统计年刊》《澳门统计年鉴》。我们以2000年为基期，采用其地区GDP指数、商品零售价格指数等对样本期内相关名义经济数据加以换算，以消除价格因素的影响；在计算对外开放指标时，以人民币兑美元汇率的年度平均值，将进出口总额由美元计价的转换成人民币计价加以计算；对于数据的缺失问题，依据既有数据分析推算或采用插值补全来解决。

二、实证分析

（一）影响因素因子探测

为了进一步厘清珠三角"9＋2"城市群科技创新发展时空演变的内在机理，我们使用地理探测器重点探究珠三角"9＋2"城市群科技创新发展产生时空异质性的主要驱动力，相关结果如表5－10所示。

表5－10　珠三角"9＋2"城市群科技创新发展的影响因素因子探测结果

指标	Inf	Ser	Pep	Ope	GDP	Cap
Inf	0.6083 ***					
Ser	0.7108	0.2077 ***				
Pep	0.6563	0.6342	0.4294 ***			
Ope	0.7620	0.4333	0.4828	0.0336 *		
GDP	0.7404	0.5268	0.5806	0.5437	0.3782 ***	
Cap	0.8173	0.8296	0.7597	0.7384	0.7248	0.6338 ***

注：*** 表示通过0.01的显著性水平检验，* 代表未通过显著性检验。

表5－10中的因子探测分析结果显示，我们5个影响因素自变量均在1%统计水平上显著。其中，对角线上的数值大小代表科技创新因变量在多大程度上受到影响因素自变量的影响。根据表5－10可知，影响珠三角"9＋2"城市群科技创新的各项因子的解释力强弱排序为物质资本投入（Cap）＞信息技术（Inf）＞从业人口（Pep）＞地区经济发展（GDP）＞产业结构（Ser）＞对外开放（Ope）。在这5个显著影响的自变量中，影响因素因子解

释力最大的为物质资本投入（0.6338），这是因为物质资本是地区科技创新重要的动力来源，地区科技创新发展离不开物质资本深化的带动作用，当地区科技创新内生动力不足时，可通过增加外部刺激源来提高科技创新水平。因此物质资本投入对珠三角"9+2"城市群科技创新发展至关重要。其次是信息技术发展，以互联网为代表的信息技术快速发展，极大地便利了地区科技创新发展要素的集聚，从而促进珠三角"9+2"城市群科技创新发展。最后，影响因素因子解释力最小的是对外开放（0.0336）。我们认为其中可能的原因有，其一对外开放对珠三角"9+2"城市群科技创新发展的影响并非线性，而是非线性作用。其二，按照发展经济学的观点，在地区经济发展早期，外部依赖程度较低，此时对外开放往往更能发挥逆向知识溢出作用进而带动科技创新发展。因此，作为开放前沿，珠三角"9+2"城市群对外开放程度远高于国家平均水平，过高的外部依赖性可能暂时无法使其对科技创新发展产生正向效应。

（二）影响因素因子驱动力方向分解

缩小珠三角"9+2"城市群不同城市科技创新发展之间的差异，有效推动珠三角"9+2"城市群科技协同创新发展的关键点在于找到影响珠三角"9+2"城市群各城市科技创新发展的主要影响因素。鉴于地理探测器无法衡量出影响因素的驱动力方向这一不足，我们结合前文的指标设定，尝试构建关于珠三角"9+2"城市群科技创新及其影响因素的面板数据回归模型，以期明确不同影响因素的作用方向。回归估计模型的具体形式如下：

$$Tech_{it} = \alpha_0 + \alpha_1 Cap_{it} + \alpha_2 Inf_{it} + \alpha_3 Pep_{it} + \alpha_4 GDP_{it} + \alpha_5 Ser_{it} + \alpha_6 Ope_{it} + \varepsilon_{it}$$

$$(5-7)$$

式（5-7）中，$Tech$ 为因变量，代表科技创新发展水平；ε_{it} 为服从正态分布的随机扰动项；α_0 为模型截距项，其余指标的含义前文已有赘述，此处不再重复说明。为了检验模型的稳健性，我们以物质资本投入为基准影响因素，逐步将珠三角"9+2"城市群科技创新的其他影响因素加入式（5-7）的回归分析之中，从而得到了面板数据固定效应回归结果，如表5-11所示。

表5-11 珠三角"9+2"城市群科技创新发展的影响因素的回归估计

解释变量	模型1	模型2	模型3	模型4	模型5
Cap	2.116 *** (35.79)	1.477 *** (12.53)	1.067 *** (5.37)	0.923 *** (4.52)	0.892 *** (4.33)
Inf		0.604 *** (4.03)	0.426 *** (2.61)	0.309 * (1.84)	0.354 ** (2.05)
Pep		0.002 *** (5.30)	0.002 *** (4.96)	0.002 *** (4.54)	0.002 *** (4.48)
GDP			0.937 ** (2.54)	1.149 *** (3.08)	1.108 *** (2.96)
Ser				1.279 ** (2.54)	1.058 * (1.97)
Ope					-0.236 (-1.17)
截距项	-8.354 *** (-20.59)	-8.320 *** (-19.57)	-14.846 *** (-5.71)	-20.443 *** (-6.04)	-18.132 *** (-4.63)
r^2	0.855	0.884	0.887	0.891	0.891
r^2_a	0.847	0.877	0.880	0.883	0.883
F值	1280.603	547.815	422.887	348.178	290.868

注：*、**和***分别代表在10%、5%和1%的显著性水平下通过检验，括号内的值为t统计量。

根据表5-11中模型1~模型5的回归结果，可以发现，随着影响因素的不断加入，在其各自相应的回归模型中，不同影响因素的估计系数的方向与显著性基本一致，表明珠三角"9+2"城市群科技创新影响因素的估计结果具有一定的稳健性。模型5可以综合反映珠三角"9+2"城市群科技创新影响因素的具体情况，根据其呈现的总体情况来看，前文地理探测器下的物质资本投入等5个具有显著影响的要素，至少在10%统计水平下与珠三角"9+2"城市群科技创新发展之间呈现显著的正相关关系。这意味着物质资本投入等5个因素均可以显著推动珠三角"9+2"城市群科技创新发展，它们均可以作为重要的外部推动因素，较为有效地为珠三角"9+2"城市群科技创新发展提供经济基础及物质支撑，从而极大地提高该地区科技创新发展水平。此外，对外开放的估计系数为负值，但并未通过显著性检验，这表明对外开放影响因素对珠三角"9+2"城市群科技创新发展的作用相对有限，这与前文的相关研究结论相吻合。

为了有效界定相关影响因素导致珠三角"9+2"城市群科技创新发展差异的贡献情况，我们从上述模型的回归估计结果出发，基于 Shapley 值分解模型方法来系统量化研究包括信息技术、产业结构、从业人口、对外开放、地区经济发展和物质资本投入在内的主要影响因素对珠三角"9+2"城市群科技创新发展差异的绝对及相对贡献程度，得到相关量化测算及分解结果（见表5－12）。

表5－12　　基于回归的珠三角"9+2"城市群科技创新发展贡献解释度分解

影响因素	绝对解释贡献度	相对解释贡献度（%）
Cap	0.261	35.36
Inf	0.247	33.48
Pep	0.166	22.49
GDP	0.037	4.98
Ser	0.019	2.56
Ope	0.008	1.13

根据表5－12结果可知：

（1）包含物质资本投入、信息技术、从业人口等在内的各项影响因素对珠三角"9+2"城市群科技创新发展的绝对解释贡献度的总和值为0.738，这再次从侧面表明我们所选取的6个影响因素在解释珠三角"9+2"城市群科技创新发展方面具有较强的解释力。

（2）各影响因素对于珠三角"9+2"城市群科技创新发展的贡献程度是各不相同的。在相对解释贡献度中，物质资本投入、信息技术、从业人口等3个影响要素贡献率在所有因素中排名前3位，它们对珠三角"9+2"城市群科技创新发展的贡献比例分别为35.36%、33.48%和22.49%，意味着它们是推动珠三角"9+2"城市群科技创新发展非常重要的因素。

（三）分阶段影响因素因子探测

2009年10月和2010年4月，《大珠江三角洲城镇群协调发展规划研究》和《粤港合作框架协议》相继发布，它们明确提出广东与港澳地区共建世界级城镇群，珠三角"9＋2"城市群所在区域的发展政策定位逐步明晰，基本实现广东与港澳地区跨制度边界的一体化协调规划。有鉴于此，我们进一步以 2010 年为界限，对前后各 10 年珠三角"9＋2"城市群科技创新发展的驱动因子作用进行分阶段测算（见表 5－13），以期探究珠三角"9＋2"城市群科技创新影响要素的变化及其影响差异。

表 5－13　珠三角"9＋2"城市群科技创新发展的影响因素因子探测结果（两阶段）

影响因素	2000～2010 年	2011～2020 年	驱动变化
Inf	0.5494（1）	0.6579（3）	↑
Ser	0.2833（5）	0.3297（5）	↑
Pep	0.5213（2）	0.6948（2）	↑
Ope	0.1755（6）	0.1637（6）	↓
GDP	0.4174（4）	0.6988（1）	↑
Cap	0.4951（3）	0.6066（4）	↑

注：括号内数值代表排名位次。

由表 5－13 结果可以得到以下三点结论：其一，影响因素因子作用总体不断增强。根据表 5－13 结果测算，我们 6 个影响因素因子的驱动作用跨期平均增长约 25.43%，前文因子探测中的 5 个显著影响因素因子的驱动作用均呈现上升趋势。其二，显著影响因素的因子地位发生变更。表 5－13 同时报告了分阶段下 6 个影响因素因子作用排名情况。由此可知，地区经济发展的因子作用增幅最大（67.42%），排名由第一阶段的第 4 名跃升为第二阶段的第 1 名。其中可能的原因在于，2010 年至今，尤其是《粤港澳大湾区发展规划纲要》实施以来，在强大的发展向心力牵引下，珠三角"9＋2"城市群抓住时代机遇，经济总量增长约 10%。地区经济发展为珠三角"9＋2"城市群科技创新发展提供了重要支撑，珠三角"9＋2"城市群已然成为中国区域高质量发展样本。信息技术影响因素的因子作用有所下降，但依然位居前三；从业人口因素的因子的相对作用保持稳定，继续位居第 2 名。其三，对外开放因素的因子作用始终最低，这与前文的因子探测结果相一致。

（四）影响因素因子交互作用探测

基于地理探测器中的交互探测方法，我们实证探究不同因素在影响珠三角"9 + 2"城市群科技创新发展的交互作用，6 个影响因素因子的交互作用结果共有 15 对（见表 5 – 14）。

表 5 – 14　　珠三角"9 + 2"城市群科技创新发展的影响因素因子交互探测

交互因素	交互探测值 q（A∩B）	因子探测值 q（A）	因子探测值 q（B）	交互结果	排序
$x_1 \cap x_2$	0.7108	0.6083	0.2077	双因子增强	8
$x_1 \cap x_3$	0.6563	0.6083	0.4294	双因子增强	9
$x_1 \cap x_4$	0.7621	0.6083	0.0336	非线性增强	3
$x_1 \cap x_5$	0.7404	0.6083	0.3782	双因子增强	5
$x_1 \cap x_6$	0.8173	0.6083	0.6339	双因子增强	2
$x_2 \cap x_3$	0.6342	0.2077	0.4294	双因子增强	10
$x_2 \cap x_4$	0.4333	0.2077	0.0336	非线性增强	15
$x_2 \cap x_5$	0.5268	0.2077	0.3782	双因子增强	13
$x_2 \cap x_6$	0.8296	0.2077	0.6339	双因子增强	1
$x_3 \cap x_4$	0.4828	0.4294	0.0336	非线性增强	14
$x_3 \cap x_5$	0.5806	0.4294	0.3782	双因子增强	11
$x_3 \cap x_6$	0.7597	0.4294	0.6339	双因子增强	4
$x_4 \cap x_5$	0.5437	0.0336	0.3782	非线性增强	12
$x_4 \cap x_6$	0.7384	0.0336	0.6339	非线性增强	6
$x_5 \cap x_6$	0.7248	0.3782	0.6339	双因子增强	7

注：x_1 代表信息技术，x_2 代表产业结构，x_3 代表从业人口，x_4 代表对外开放，x_5 代表地区经济发展，x_6 代表物质资本投入。

总体来看，6 个影响因素因子交互作用对珠三角"9 + 2"城市群科技创新发展具有促进作用。具体而言：

（1）从交互类型来看，6 个影响因素因子交互结果为双因子增强型和非线性增强型，其中双因子增强型占的比重达 66.66%，即因子解释力在交互后显著上升。换言之，任意两个影响因素在因子交互后比单独的影响因素具有更强的驱动作用。由此可以看出,珠三角"9 + 2"城市群科技创新的发展是多种因素共同作用的结果。

(2)从交互数值来看,物质资本投入与产业结构的交互作用最强(0.8296),然后是物质资本投入与信息技术(0.8173)、对外开放与信息技术(0.7621)、物质资本投入与从业人口(0.7597)。同时,其他影响因素之间的交互作用均弱于物质资本投入与其他 5 个影响因素之间的交互作用。换言之,物质资本投入与其他影响因素结合会对珠三角"9 + 2"城市群科技创新发展发挥更大的驱动作用。

综合以上结果可以推断出,对于珠三角"9 + 2"城市群科技创新发展较弱的城市,要想聚力科技创新实现赶超,需要进一步提高所在地区资本积累能力,构建资本形成的良性机制。

第七节 本章小结

一、主要结论

本章首先结合我国党和政府提出的新时代要求与发展的实际情况,试图总结和厘清珠三角"9 + 2"城市群科技创新的发展现状及问题,分析其发展面临的机遇与挑战,进而基于 2000 ~ 2020 年珠三角"9 + 2"城市群城市层面的发明专利授权额数据,从时间和空间、静态和动态等维度分别采用传统和空间马尔可夫链方法,对珠三角"9 + 2"城市群及其三大都市圈科技创新发展的趋势特征加以刻画,并结合地理探测器模型、Shapley 值的因素分解等方法对珠三角"9 + 2"城市群科技创新发展驱动因素及其交互作用机制进行深入探讨,研判其科技创新发展的趋势路径,以期为推动珠三角"9 + 2"城市群现代化经济体系建设及创新驱动发展做出贡献。主要得出如下几点结论:

(1)从传统马尔可夫链方法的实证结果来看,无论是珠三角"9 + 2"城市群总体还是三大都市圈,其科技创新发展的稳定性基本都呈现出随时间而下降的共同特征,但同时还存在较大的差异性。具体而言:

一是珠三角"9 + 2"城市群科技创新的发展具有俱乐部收敛特征,同时其发展的流动性差、持续性强。低水平趋同俱乐部相对稳定，高水平趋同俱乐部则较易发生转移。趋同俱乐部多发生在相邻类型之间，跨状态转移发生的概率较小。随着时间的变化，四种类型的稳定性均呈下降趋势特征。

二是广佛肇都市圈科技创新发展的俱乐部收敛特征并不显著。广佛肇都市圈科技创新发展的流动程度较大，保持性不高。同时，低水平和高水平趋同俱乐部相对稳定，中间阶段的发展水平趋同俱乐部则较易发生转移。广佛肇都市圈科技创新发展的趋同俱乐部多发生在相邻类型之间，跨状态转移发生的概率较小。随着时间的变化，四种类型的稳定性均呈下降趋势特征。

三是港深莞惠都市圈科技创新的发展俱乐部收敛特征较为明显。港深莞惠都市圈科技创新发展的流动性不高、持续性强于一般水平。同时，低水平和高水平趋同俱乐部相对稳定，中间阶段的发展水平趋同俱乐部则较易发生转移。港深莞惠都市圈科技创新发展的趋同俱乐部多发生在相邻类型之间，跨状态转移发生的概率较小。随着时间的变化，港深莞惠都市圈科技创新发展的稳定性均总体呈现下降趋势特征。

四是澳珠中江都市圈科技创新的发展具有俱乐部收敛特征。澳珠中江都市圈科技创新发展的流动性差、持续性强。同时，高水平趋同俱乐部相对稳定，低水平趋同俱乐部则较易发生转移。澳珠中江都市圈科技创新发展的趋同俱乐部多发生在相邻类型之间，跨状态转移发生的概率较小。随着时间的变化，澳珠中江都市圈科技创新发展稳定性总体呈下降趋势特征。

（2）从空间马尔可夫链方法的实证结果来看，我们认为：

一是珠三角"9+2"城市群邻近区域科技创新发展具有差异性的情况下，城市群内某一城市的科技创新发展水平会受到影响，使得转换的概率各不相同，导致珠三角"9+2"城市群内部城市之间科技创新发展具有一定的空间地理依存性。卡方检验结果也表明珠三角"9+2"城市群邻近地区对于本地区科技创新的转移存在显著的影响，即在考虑研究对象的邻居背景条件后，珠三角"9+2"城市群科技创新的转移情况发生明显的改变，产生一定的空间溢出效应。

二是对于珠三角"9+2"城市群全局而言，即便考虑了空间因素的影响，其科技创新的发展仍然具有俱乐部收敛的特征。同时，珠三角"9+2"

城市群全局科技创新状态转移只发生在相邻类型之间，不存在跨状态转移。随着空间滞后类型的升高，珠三角"9+2"城市群科技创新低水平地区的稳定性整体呈现上升趋势，向上转移至中低水平的概率越来越大；中低水平地区的稳定性随着空间滞后类型的升高而下降，向下转移的概率整体呈上升趋势，向上转移的概率越来越小；中高水平地区的稳定性也随着空间滞后类型的升高而上升，向上转移和向下转移的概率均降低；高水平地区的稳定性越来越低，而向下转移的概率随着空间滞后类型的升高而增加。总体而言，空间滞后类型的升高对珠三角"9+2"城市群科技创新低水平和中高水平地区的发展有一定的促进作用，对中低水平和中高水平地区的促进作用不明显。

三是对于广佛肇都市圈而言，在考虑了空间因素的影响后，其科技创新的发展并不具有显著的俱乐部收敛的特征。同时，广佛肇都市圈科技创新状态转移不仅发生在相邻类型之间，也存在跨状态转移。随着空间滞后类型的升高，广佛肇都市圈科技创新低水平地区的稳定性整体呈现上升趋势，向上转移至中低水平的概率越来越大；中低水平地区的稳定性随着空间滞后类型的升高而下降，向下转移与向上转移的概率越来越小；中高水平地区的稳定性也随着空间滞后类型的升高而下降，向上转移和向下转移的概率均有所提升；高水平地区的稳定性越来越低，而向下转移的概率随着空间滞后类型的升高基本稳定。总体而言，空间滞后类型的升高对港深莞惠都市圈科技创新低水平地区的发展有一定的促进作用，而对中低、中高水平以及高水平地区科技创新的促进作用不明显。

四是对于港深莞惠都市圈而言，即便考虑了空间因素的影响，科技创新的发展仍然具有俱乐部收敛的特征。同时，港深莞惠都市圈科技创新状态转移几乎只发生在相邻类型之间，跨状态转移的情况鲜见。随着空间滞后类型的升高，港深莞惠都市圈科技创新低水平地区的稳定性整体呈现上升趋势，但向上转移至中低水平的概率基本不存在；中低水平地区的稳定性随着空间滞后类型的升高而增加，向下和向上转移的概率整体呈上升趋势；中高水平地区的稳定性也随着空间滞后类型的升高而上升，向下转移的概率明显降低；高水平地区的稳定性概率为0，向下转移的概率随着空间滞后类型的升高也并不存在。总体而言，空间滞后类型的升高对港深莞惠都市圈科技创新低水平、中低和中高水平地区的发展有一定的促进作用，而对高水平地区科技创新的促进作用不明显。

五是对于澳珠中江都市圈而言，在考虑了空间因素的影响后，其科技创新发展俱乐部收敛性特征并不明显。同时，澳珠中江都市圈的科技创新状态转移绝对情况下只发生在相邻类型之间，鲜见跨状态转移。随着空间滞后类型的升高，澳珠中江都市圈科技创新低水平地区的稳定性整体呈现上升趋势，向上转移的概率有所增加；中低水平地区的稳定性随着空间滞后类型的升高并没有变化，向下转移的概率整体呈上升趋势，但向上转移的概率为 0；中高水平地区的稳定性也随着空间滞后类型的升高有所上升，向下转移的概率显著增加；高水平地区的稳定性始终不存在，同时也不存在向下转移的概率。总体而言，空间滞后类型的升高对澳珠中江都市圈科技创新低水平和中高水平地区的发展有一定的促进作用，对中低水平和中高水平地区科技创新的促进作用不明显。

（3）从影响珠三角"9 + 2"城市群科技创新的各项因子的解释力来看，其强弱排序为物质资本投入、信息技术、从业人口、地区经济发展、产业结构和对外开放。其中，影响因素因子解释力最大的为物质资本投入，物质资本投入对珠三角"9 + 2"城市群科技创新发展至关重要。其次是信息技术发展，以互联网为代表的信息技术快速发展，极大地便利了地区科技创新发展要素的集聚，从而促进珠三角"9 + 2"城市群科技创新发展。最后，影响因素因子解释力最小的是对外开放。在相对解释贡献度中，物质资本投入、信息技术、从业人口等 3 个影响要素贡献率在所有因素中排名前 3 位，它们对珠三角"9 + 2"城市群科技创新发展的贡献比例分别为35.36%、33.48% 和 22.49%，意味着它们是推动珠三角"9 + 2"城市群科技创新发展的重要因素。

（4）从影响珠三角"9 + 2"城市群科技创新的各项因子的作用方向看，物质资本投入等 5 个具有显著影响的要素，至少在 10% 统计水平下与珠三角"9 + 2"城市群科技创新发展之间呈现显著的正相关关系。这意味着它们均可以作为重要的外部推动因素，较为有效地为珠三角"9 + 2"城市群科技创新发展提供经济基础及物质支撑，从而极大地提高该地区科技创新发展水平。

（5）基于地理探测器中的交互探测方法，我们实证认为，珠三角"9 + 2"城市群科技创新的发展是多种因素共同作用的结果，物质资本投入与其他影响因素结合会对珠三角"9＋2"城市群科技创新发展发挥更大的驱动作用。这表明对于珠三角"9＋2"城市群科技创新发展较弱的城市，要想聚力科技创新实现赶超，需要进一步提高所在地区资本积累能力，构建资本形成的良性机制。

二、政策建议

结合上述研究结论，我们给出以下三点政策建议：

第一，以"港深穗"科技创新率先发展为龙头，统筹解决珠三角"9＋2"城市群科技创新发展战略、政策配套服务和协同发展过程存在的关键性梗阻问题。深圳和广州在珠三角"9＋2"城市群科技创新发展中发挥关键性的引领作用，加之香港具有充足的国际化科创人才以及扎实的科技创新基础，因此要想将珠三角"9＋2"城市群打造成全球科创中心，有必要构建以"港深穗"为主轴的湾区科技创新带，发挥"港深穗"龙头作用，提高港深穗等科技创新中心的极点带动效应。强化提升港深穗等国际科创中心的要素集聚能力，通过极点带动，加快形成多层次协同共赢的区域科技创新体系，共同打造引领型的新兴产业发展策源地。以重大科技创新项目联合投资、知识产权试点互认、创新资源开放共享等多种形式，加强香港、澳门两特别行政区与珠三角9市在科技创新方面的协同合作，促进港澳融入国家发展大局，切实帮助城市群内的后发城市提升创新水平，从而促进实现珠三角"9＋2"城市群整体战略发展目标。

第二，更为注重市场的驱动作用，关注多元创新主体跨区域流动能力的提高。加大对珠三角"9＋2"城市群科技创新的政策支持力度，不断提高科技创新投入在政府财政支出中的占比。利用资本作为重要生产要素的积极作用，提高科技创新资源的配置效率。积极打破不必要的市场管制约束，通过增加专业资格互认领域、提供多样化跨境通勤和生活配套服务以及推动科研项目经费跨境便利使用等方式促进创新要素的跨境高效流动。积极鼓励粤港澳三地企业与高校、科研院所共建技术转移机构和成果转化基地，全面深化产学研协同创新。加快完善创新基础设施建设，进一步加大对前沿性基础科学领域的战略布局力度，通过出台相关配套措施吸引社会闲余资金流向高科技行业，积极引导社会各类创新资源投入创新活动中，并与各创新主体形成开放合作、多元化投入机制。

第三,培育区域创新集群,开创多元共享的创新治理新格局。有选择地软化边界效应,逐步建立区域创新要素供给统一的市场,提高跨区域科技创新要素配置效率。在建设国际科技创新中心和新兴产业策源地的目标引导下,加强吸引包括全球科技领军人才、国际知名企业、IPO 孵化器以及技术中介服务机构等在内的高端创新要素集聚珠三角"9+2"城市群。聚焦基础科学研究和前沿技术创新项目,依托"海上丝绸之路"强化与沿线国家尤其是发达国家和地区的科技合作交流,深度融入全球创新网络。引导内地具有潜力的高新技术企业赴港上市,高效配置利用外商资本和国际融资平台。加快推动港澳两地融入珠三角"9+2"城市群产业创新链条,加强港澳两地与珠三角形成优势互补,推动实现创新链和产业链深度匹配和高效协同,开创多元共享的创新治理新格局。

第六章　总结与启示

第一节　主要研究发现

一、珠三角"9+2"城市群科技创新发展的空间动态演变规律

（一）珠三角"9+2"城市群总体层面

珠三角"9+2"城市群科技创新发展从低水平阶段向高水平阶段持续演进，没有呈现两极分化或多极分化现象，具有分散化的区域集聚特征。珠三角"9+2"城市群科技创新发展水平总体上呈上升趋势，城市群内各区域科技创新发展水平的绝对差距在逐渐扩大，同时科技创新发展水平较低的地区与科技创新发展水平较高的地区之间的相对差距依然显著存在。珠三角"9+2"城市群的科技创新发展并不具有明显的两极分化特征。

跨期条件下，珠三角"9+2"城市群科技创新发展水平较低地区的科技进展变动相对较小，而科技创新发展水平较高地区的科技进展变动较大，且其发展水平呈现继续向上转移的趋势特征。珠三角"9+2"城市群不同地区科技创新发展的正空间相关性会随着时间降低，且其分布动态演进过程中的空间溢出性逐渐减弱。珠三角"9+2"城市群区域间相对科技创新发展水平间存在不一致性，相互作用还较为有限。这意味着珠三角"9+2"城市群科技创新发展难以依靠邻近地区科技创新发展的外溢效应，更多需要依靠自身的产业升级和技术创新，才能够实现本地区

科技创新的跨越式发展。

(二)珠三角"9 + 2"城市群都市圈层面

1. 广佛肇都市圈

一是广佛肇都市圈科技创新发展呈上升趋势。广佛肇都市圈各地区科技创新发展水平的绝对差距呈现明显缩小的趋势。广佛肇都市圈科技创新发展水平较低的地区发展势头逐渐强劲,与科技创新发展水平较高的地区之间的相对差距在不断缩小。广佛肇都市圈的科技创新发展水平呈现轻微的两极分化现象。二是广佛肇都市圈科技创新发展水平较低地区的科技进展变动相对较小,而科技创新发展水平较高地区的科技进展变动较大,且其发展水平呈现向上转移的趋势特征。虽然不同地区科技创新发展的正空间相关性有所增强,且其分布动态演进过程中的空间溢出性逐渐显著,但是广佛肇都市圈内部区域间相对科技创新发展水平间存在不一致性,科技创新发展的相互作用还十分有限。三是广佛肇都市圈科技创新椭圆偏向东北侧,发展重心位于广佛交界处,其科技创新的集聚性显著下降,尤其体现在广佛肇都市圈内的东西方向上科技创新集聚。

2. 港深莞惠都市圈

一是港深莞惠都市圈科技创新发展水平呈上升趋势。港深莞惠都市圈各地区科技创新发展水平的绝对差距呈现明显缩小的趋势。同时,港深莞惠都市圈科技创新发展水平较低地区的发展势头逐渐强劲,与科技创新发展水平较高地区之间的相对差距在不断缩小。港深莞惠都市圈科技创新发展呈现一定的两极分化趋势。二是港深莞惠都市圈科技创新发展的演进中存在趋势"断层"现象,跨期发展过程中港深莞惠都市圈科技创新发展分化较为明显。同时,其发展水平呈现向上转移的趋势特征。港深莞惠都市圈内部相邻地区与本地区的科技创新发展正空间相关性也较为有限。三是港深莞惠都市圈科技创新椭圆偏向西南侧,创新重心位于深圳市西部,其科技创新发展具有明显的向北移动的趋势。港深莞惠都市圈科技创新椭圆面积呈现先降后增的趋势,尤其是 2008 年以后港深莞惠都市圈科技创新的协同发展趋势愈发显著。港深莞惠都市圈具有相对更高水平的科技创新能力。港深莞惠都市圈的空间密集度不断上升,表明该都市圈内科技创新发展具有明显的空间融合趋势。

3. 澳珠中江都市圈

一是澳珠中江都市圈科技创新发展呈上升趋势。澳珠中江都市圈各地区科技创新发展水平的绝对差距和相对差距均呈现明显缩小的趋势。澳珠中江都市圈科技创新发展水平呈现较为显著的两极分化趋势。二是随着科技创新发展水平的提高，澳珠中江都市圈科技创新区域俱乐部收敛的可能性逐渐增大，且其科技创新转移概率密度的分布更倾向于处于正45°对角线的上方。这意味着澳珠中江都市圈科技创新发展分化明显的同时，其发展水平呈现向上转移的趋势特征。对于澳珠中江都市圈科技创新发展整体而言，随着时间因素的加入，不同地区科技创新发展的正空间相关性及空间溢出效用均不显著。三是澳珠中江都市圈科技创新椭圆偏向南侧，发展重心位于珠海市中部。澳珠中江都市圈科技创新重心向西南方向移动，即逐渐往珠海—江门方向发展，且其发展的集聚性不断提高。澳珠中江都市圈科技创新发展的方向性和集聚性不断增强。澳珠中江都市圈的空间密集度不断上升，表明该都市圈内科技创新发展具有明显的空间融合趋势。

（三）科技创新核心集聚区和都市圈轴带分析

珠三角"9＋2"城市群科技创新集聚区呈现先向东南后向西北方向移动、空间收缩密集化的趋势，反映出集聚化在珠三角"9＋2"城市群科技创新的演变发展中具有重要的影响。珠三角"9＋2"城市群科技创新集聚区正在不断扩张，且具有一定的方向性。自2000年以来，珠三角"9＋2"城市群科技创新核心集聚区已经从莞深一带不断往广佛方向扩张。港深莞惠都市圈和广深莞轴带这两个地区具有更强更为集聚的科技创新优势，这两个地区是最有潜力促进珠三角"9＋2"城市群科技创新融合一体化的轴带。

二、珠三角"9＋2"城市群科技创新空间差异及收敛性

（一）珠三角"9＋2"城市群科技创新发展的空间差异及其来源

考察期内科技创新发展的总体差异呈逐渐下降趋势。广佛肇、港深莞惠和澳珠中江三大都市圈内的基尼系数也存在明显的差异，2000～2005年三大都市圈基尼系数的排序依次是港深莞惠、广佛肇和澳珠中江。2005～

2018 年，虽然港深莞惠都市圈基尼系数略微下降，但仍稳居首位；澳珠中江都市圈基尼系数稳中有升，排在第二；广佛肇都市圈基尼系数下降明显并低于澳珠中江都市圈，位列第三。样本期内珠三角"9+2"城市群科技创新发展差异的贡献率超变密度和城市圈内交替变化，但是都市圈间差异始终最大，因此都市圈间差异是导致珠三角"9+2"城市群科技创新发展差异的主要来源。

（二）珠三角"9+2"城市群科技创新发展的收敛

一是从科技创新发展的 σ 收敛检验来看，除了澳珠中江都市圈科技创新发展存在发散特征外，珠三角"9+2"城市群整体及其余两大都市圈的科技创新发展都具有显著的收敛特征。港深莞惠都市圈科技创新的区域差距也在不断减少，没有发散；澳珠中江都市圈科技创新发展存在发散特征；广佛肇都市圈科技创新收敛机制极为显著，其科技创新的差距呈现显著缩小的趋势特征。

二是从科技创新发展的 β 收敛检验来看，珠三角"9+2"城市群总体及广佛肇都市圈、港深莞惠都市圈和澳珠中江都市圈的科技创新发展均不存在 β 绝对收敛。在考虑了经济发展、教育水平，控制了时间、城市以及都市圈等影响因子的情况下，珠三角"9+2"城市群总体及三大都市圈科技创新发展仍旧未呈现条件收敛特征。进一步，在考虑了空间影响因素下，珠三角"9+2"城市群总体及三大都市圈科技创新发展仍不存在 β 条件收敛。

三是从科技创新发展的俱乐部收敛检验来看，不论广深港澳还是珠三角其余 7 市，其收敛系数 β 值均为正值且通过 1% 统计性水平检验，这表明广深港澳、珠三角科技创新发展依然存在显著的发散特征，并不具备俱乐部收敛机制。

三、珠三角"9+2"城市群科技创新空间关联网络及其机制

（一）珠三角"9+2"城市群科技创新网络结构形态呈现较为复杂且多线程特征

珠三角"9+2"城市群科技创新空间关联由单核关联向多核联动发展，

从前期以香港为单核心，节点城市独链甚至缺链的关联状态，逐步发展成为以广深港澳四个城市为关联内核，呈现出复杂且相互交织的空间溢出关系。期初，珠三角"9+2"城市群三大都市圈均没有形成单层关联闭环；2008年，广佛肇和澳珠中江两大都市圈的科技创新空间关联开始形成闭环式发展，但是港深莞惠都市圈的科技创新关联依然存在断链情况；2019年三大都市圈的科技创新均实现了多线程关联发展，科技创新在广佛肇、港深莞惠和澳珠中江三大都市圈呈现集聚性发展。

（二）珠三角"9+2"城市群科技创新网络的空间关联性逐步增强

一是从整体性而言，珠三角"9+2"城市群科技创新空间关联关系总额呈逐年递增趋势，科技创新空间关联的整体网络密度也呈现逐年上升趋势。随着珠三角"9+2"城市群科技创新空间关联冗余程度的下降，其科技创新空间关联度大大增强。珠三角"9+2"城市群内部城市间的科技创新的关联关系增多，最终提升了整体关联网络的稳定程度。二是从空间网络中的城市个体视角看，珠三角"9+2"城市群节点城市的科技创新对周边城市产生溢出效应，其中广州、佛山、深圳、香港、珠海、澳门六个城市扮演中心角色，其在珠三角"9+2"城市群科技创新空间关联网络结构中发挥桥梁作用，具有较强的空间相关性和空间溢出效应。珠三角"9+2"城市群科技创新空间关联网络中各个节点城市的中介中心度呈现出非均衡特征，且相当多的科技创新关联需要通过广州、深圳和香港等经济发达城市来完成。

（三）珠三角"9+2"城市群科技创新空间板块的关联效应

珠三角"9+2"城市群科技创新跨区域协调合作的门槛已然被突破，城市群内部不同城市间的科技创新的相互联系和相互作用较为明显，并且这种强关联趋势具有持续性的特点。广深港澳科技创新走廊正在加快形成，粤港澳协同创新体系所蕴含的蓬勃创新能量正不断释放。从板块特征分析，珠三角"9+2"城市群科技创新空间关联网络存在"双向溢出""净受益""净溢出"三大板块。珠三角"9+2"城市群板块内部所呈现的局部关联特征不容忽视，但是该区域科技创新的空间关联主要表现在板块之间，而且这种空间关联模式正由板块内部的局部关联逐步演变为板块间的整体关联。虽然珠三角"9+2"城市群科技创新空间关联主要表现为不同板块之间的显著关联,但该网络并不具有较为明显的"俱乐部"收敛特征。

(四) 珠三角"9+2"城市群科技创新空间关联网络的演化机制

从空间关联网络的驱动因素看,珠三角"9+2"城市群科技创新空间关联网络的形成和演化受内生机制的影响有限。同时,随着互惠性、结构依赖及时间依赖等变量的逐步加入,外生变量对珠三角"9+2"城市群科技创新空间关联网络的影响效应呈现下降趋势。自组织机制中仅有互惠性、趋同性有助于珠三角"9+2"城市群科技创新空间关联网络的形成,地理距离对该网络的抑制作用十分有限。并且,地区经济发展等外生机制仍是影响珠三角"9+2"城市群科技创新空间关联网络发展的主要因素,该网络的形成及演化并未呈现出明显的路径依赖。鉴于空间依赖关系的相互影响,空间关联网络的关系形成和演化往往是内生和外生机制因素共同作用的结果,因此倘若仅考虑其中一种维度的机制因素来探讨珠三角"9+2"城市群科技创新空间关联网络的形成机制有可能存在一定研究偏误。

四、珠三角"9+2"城市群科技创新发展的演进趋势

(一) 珠三角"9+2"城市群科技创新发展的稳定性

珠三角"9+2"城市群总体及其三大都市圈的科技创新发展的稳定性均呈现出随时间而下降的共同特征。低水平和高水平趋同俱乐部相对稳定,中间阶段的发展水平趋同俱乐部则较易发生转移。趋同俱乐部多发生在相邻类型之间,跨状态转移发生的概率较小。同时,还存在一定的差异:总体而言,珠三角"9+2"城市群科技创新的发展具有俱乐部收敛特征,同时其发展的流动性差、持续性强;广佛肇都市圈科技创新发展的俱乐部收敛特征并不显著,其科技创新发展的流动程度较大,保持性不高;港深莞惠都市圈科技创新的发展俱乐部收敛特征较为明显,其科技创新发展的流动性不高、持续性强于一般水平;澳珠中江都市圈科技创新的发展具有俱乐部收敛特征,其科技创新发展的流动性差、持续性强。

（二）珠三角"9+2"城市群科技创新发展的空间外溢性

珠三角"9+2"城市群邻近地区对于本地区科技创新的转移存在显著的影响，即在考虑研究对象的邻居背景条件后，珠三角"9+2"城市群及其三大都市圈科技创新的转移情况发生明显的改变，产生一定的空间溢出效应。具体来说：

一是对于珠三角"9+2"城市群全局而言，即便考虑了空间因素的影响，其科技创新的发展仍然具有俱乐部收敛的特征。同时，珠三角"9+2"城市群全局科技创新状态转移只发生在相邻类型之间，不存在跨状态转移。空间滞后类型的升高对珠三角"9+2"城市群科技创新低水平和中高水平地区的发展有一定的促进作用，对中低水平和中高水平地区的促进作用不明显。

二是对于广佛肇都市圈而言，在考虑了空间因素的影响后，其科技创新的发展并不具有显著的俱乐部收敛的特征。同时，广佛肇都市圈科技创新状态转移不仅发生在相邻类型之间，也存在跨状态转移。空间滞后类型的升高对广佛肇都市圈科技创新低水平地区的发展有一定的促进作用，而对中低、中高水平以及高水平地区科技创新的促进作用不明显。

三是对于港深莞惠都市圈而言，即便考虑了空间因素的影响，科技创新的发展仍然具有俱乐部收敛的特征。同时，港深莞惠都市圈科技创新状态转移几乎只发生在相邻类型之间，跨状态转移的情况鲜见。空间滞后类型的升高对港深莞惠都市圈科技创新低水平、中低和中高水平地区的发展有一定的促进作用，而对高水平地区科技创新的促进作用不明显。

四是对于澳珠中江都市圈而言，在考虑了空间因素的影响后，其科技创新发展俱乐部收敛性特征并不明显。同时，澳珠中江都市圈的科技创新状态转移绝对情况下只发生在相邻类型之间，鲜见跨状态转移。空间滞后类型的升高对澳珠中江都市圈科技创新低水平和中高水平地区的发展有一定的促进作用，对中低水平和中高水平地区科技创新的促进作用不明显。

（三）珠三角"9+2"城市群科技创新发展的影响因素

一是从影响珠三角"9+2"城市群科技创新的各项因子的解释力来看，其强弱排序为物质资本投入、信息技术、从业人口、地区经济发展、产业结构和对外开放。在相对解释贡献度中，物质资本投入、信息技术、从业人口等3个影响要素对珠三角"9 + 2"城市群科技创新发展的贡献比例分别为35. 36%、33. 48%和22. 49%，意味着它们是推动珠三角"9 + 2"城市群科技创新发展非常重要的因素。二是从影响珠三角"9 + 2"城市群科技创新的各项因子的作用方向看，物质资本投入等5个具有显著影响的要素，至少在10%统计水平下与珠三角"9 + 2"城市群科技创新发展之间呈现显著的正相关关系。这意味着它们均可以作为重要的外部推动因素，较为有效地为珠三角"9 + 2"城市群科技创新发展提供经济基础及物质支撑，从而极大地提高该地区科技创新发展水平。

（四）物质资本投入是珠三角"9 + 2"城市群科技创新发展的关键驱动

基于地理探测器中的交互探测方法，本书实证研究发现，珠三角"9 + 2"城市群科技创新的发展是多种因素共同作用的结果，物质资本投入与其他影响因素结合会对珠三角"9 + 2"城市群科技创新发展发挥更大的驱动作用。这意味着对于珠三角"9 + 2"城市群科技创新发展较弱的区域或城市，要想聚力科技创新实现赶超，需要进一步提高所在地区资本积累能力，构建资本形成的良性机制。

第二节　政策启示

一、协调推进珠三角"9 + 2"城市群科技创新发展

（一）发挥市场在珠三角"9 + 2"城市群科技创新发展中的决定性作用

进一步完善市场价格、供求、竞争机制对地区创新要素资源的调节作用，使其在珠三角"9 + 2"城市群整体及都市圈得到科学合理配置。同时，要继续充分发挥政府的宏观调控作用，统筹推进各都市圈的建设，建立健全创新要素资源便捷流动机制。都市圈内部应强化科技创新的核心引领，构建与其他都市圈融合创新的体制机制，共同提升珠三角"9 + 2"城市群科技创新能力。

（二）完善科技创新体制机制创新，降低协同创新过程中的摩擦成本

面对珠三角"9+2"城市群科技创新发展存在的两极分化的现象，要发挥城市"涓滴效应"，完善科技创新体制机制创新，加强跨境合作的科技创新政策对接，在"'一国两制'、三个关税区和三种法律体系"下推动珠三角"9+2"城市群科技创新资源共建共享。一是放大《内地与香港关于建立更紧密经贸关系的安排》（CEPA）和广东自贸试验区等制度创新优势的乘数效应，基于市场一体化创新湾区跨境协调机制，推动珠三角"9+2"城市群科技创新要素便捷流动。二是构建珠三角"9+2"城市群科技创新合作机制，在珠三角"9+2"城市群总体层面开展基础设施建设、科技装备设施布局、重点产业创新合作等方面的对接和协调。三是多维度强化对珠三角"9+2"城市群创新文化活动宣传，建立相互认同的创新文化协同合作机制，形成对珠三角"9+2"城市群科技创新文化的认可和共识，促进全球科技创新资源在珠三角"9+2"城市群集聚，降低产业集群协同创新过程中的摩擦成本。

（三）发挥港深穗龙头作用，提高港深穗等科技创新中心的极点带效应

要在珠三角"9+2"城市群科技创新发展实践中，发挥创新能力水平高的城市的网络枢纽和辐射带动作用，将其创新资源优势惠及周边地区，进而带动周边城市科技创新发展。本书的研究表明，深圳和广州在珠三角"9+2"城市群科技创新发展中发挥关键性的引领作用，加之香港具有充足的国际化科创人才以及扎实的科技创新基础，因此要想将珠三角"9+2"城市群打造成全球科创中心，有必要构建以港深穗为主轴的湾区科技创新带，发挥三地的龙头作用。强化提升港深穗等国际科创中心的要素集聚能力，通过极点带动加快形成多层次协同共赢的区域科技创新体系，共同打造引领型的新兴产业发展策源地。

（四）培育区域创新集群，提高"9+2"城市科技创新协同发展水平

本书研究结果表明，珠三角"9+2"城市群科技创新发展的地区差距依然显性存在。因此，要有选择地软化边界效应，逐步建立区域创新要素

供给统一的市场，提高跨区域科技创新要素配置效率。同时，加快推动港澳两地融入珠三角"9＋2"城市群产业创新链条，加强港澳地区与珠三角形成优势互补，推动实现创新链和产业链深度匹配和高效协同。

（五）以广深港为科技创新引领，充分利用和发挥好珠三角"9＋2"城市群科技创新网络枢纽功能，疏通传导网络形成创新带

从本书的研究结论来看，广深港在整个珠三角"9＋2"城市群科技创新发展中的核心引领地位不断增强，会对其他城市科技创新发展产生明显的虹吸效应，同时珠三角"9＋2"城市群科技创新的溢出效应较为有限。因此，要坚持以国家创新中心城市和国际科技创新枢纽为导向，重点推进深圳、广州国家自主创新示范区建设，加快广佛肇、深莞惠都市圈、广深港澳科技创新走廊建设。坚持以深化供给侧结构性改革为主线，破解科技创新资源配置的体制机制障碍，以科技创新技术应用落地为重点，通过创新链和产业链传导通道，促进创新技术转移扩大溢出效应。此外，基于珠江三角洲地区专业镇或高新区制造业发展优势，重点推进粤港澳科技创新资源与其精准对接，加强中小微企业技术创新服务平台建设，促进科研成果产业化，推动制造业数字化、网络化、智能化转型步伐。

二、充分挖掘物质资本对科技创新发展的撬动效应*

程风雨（2022）基于2000～2019年珠三角"9＋2"城市群的面板数据，在已有研究的资本配置模型（Wurgler，2000）的研究框架内，综合时空地理加权回归模型来测度珠三角"9＋2"城市群物质资本配置效率，并结合GIS、核密度回归等方法对珠三角"9＋2"城市群物质资本配置的格局演变进行探究，结果发现珠三角"9＋2"城市群物质资本的配置效率有待进一步提升。具体表现为：第一，珠三角"9＋2"城市群物质资本配置总体上是有效率的，尤其是近十年其物质资本配置继续保持有效状态，效率程度也在不断提升，但不同区域配置水平的差距仍然明显；从都市圈内部来看，强弱区域之间的差距均呈现缩小趋势，并且随着时间推移其内部

＊ 本部分主要内容直接引用了程风雨（2022）的研究内容。

极化特征不太明显。第二，珠三角"9＋2"城市群不同城市配置效率的时变形态存在一定差异，除东莞和肇庆两市外，珠三角"9＋2"城市群其余城市的物质资本配置效率均表征为类 U 型递增。第三，深港穗基本保持资本高投入状态，珠三角"9＋2"城市群资本配置效率逐渐摆脱对资本投入规模的过度依赖，但珠三角"9＋2"城市群中高投入高效率模式始终占比不高，低投入低效率模式日益减少，而低投入高效率日益成为主要发展模式。本书的研究结论也从侧面验证了这一点，据此我们建议因城施策，多层协作提升珠三角"9＋2"城市群资本配置效率，带动该城市群科技创新高质量发展。

（一）积极探索和构建有针对性的地区资本配置机制

一是对于资本配置高效运行的城市，建议在保证产业结构升级前提下，继续保持固定资本投入规模。广州和佛山要利用投资规模效益，重点在新兴产业、地铁、高快速路等基础设施加大补短板力度，推动广州新兴产业和新业态新模式进一步壮大；同时扩大两个城市之间的资本互补性投资，加快"全域同城化"步伐。二是随着经济发展进入中高速阶段，需要重点关注港深局部大规模投资过热、效果增速放缓的现象。三是部分城市如肇庆、惠州等并不太依赖资产投资投入带动配置效率提升，对于这部分城市而言，固定资产投资要做到小而精，加快健全产业结构，培育更多本地优势产业才是当务之急。

（二）加强城市群区域内部多方深度协作

处理好珠三角"9＋2"城市群资本富余区域与短缺区域之间的契合问题，是实现资本高效配置，推动区域整体实现高质量发展的重要条件。要在现有"财政分权"体制下，解锁地方政府对流动资本设置的壁垒，谋求建立投入共担、利益共享的财税共享机制。避免产业同构，不同行业或区域应从珠三角"9＋2"城市群"一盘棋"的规划出发，建立合理的产业规划对接机制，形成地区产业差异化健康发展。利用香港、深圳金融资源优势，推进珠三角"9＋2"城市群金融一体化，带动城市群内部城市金融协同深化，优化资本配置。

（三）要科学调控资产规模，优化提升城市群资源配置的枢纽功能

加快推进构建国内大循环为主体、国内国际双循环相互促进的新发展格局是适应中国经济中高速发展的战略之举，这对珠三角"9+2"城市群资本市场未来健康发展也提出了新要求，尤其是在去杠杆任务仍然很重的当下，要科学调控资产规模，深化改革，确保资本投向生产力更高的行业或区域，以期更好地发挥珠三角"9+2"城市群在全球范围内的资源配置功能和辐射带动效应。

（四）利用资本作为重要生产要素的积极作用，提高科技创新资源的配置效率

加大对珠三角"9+2"城市群科技创新的政策支持力度，不断提高科技创新投入在政府财政支出的占比。加快完善创新基础设施建设，进一步加大对前沿性基础科学领域的战略布局力度。同时，通过出台相关配套措施吸引社会闲余资金流向高科技行业，积极引导社会各类创新资源投入创新活动中，并与各创新主体形成开放合作、多元化投入机制。

三、加快构建城市群创新发展新生态

本书相关研究结论对协同推动创新体系，加快构建具有国际竞争力和影响力的创新发展新生态，打造珠三角"9+2"城市群创新发展共同体具有重要启示。

（一）全面认识科技创新的空间关联关系及其网络结构特征，探索区域科技创新协同发展思路

在珠三角"9+2"城市群科技创新空间关联网络中，净溢出板块内的节点城市向外辐射溢出效应更加明显，处于网络中心节点的广州、深圳等城市对其他城市的溢出效应显著，且这些城市的科技创新的空间溢出效应更多呈现向周围城市扩散的趋势。因此，应根据世界科技发展趋势，结合粤港澳三地自身发展特征，有针对性地出台科技创新政策，因地制宜落实提升科技创新能力的政策措施。从补短板、强弱项、激活力的角度出发，

充分发挥"双向溢出"板块城市的桥梁作用，重点加大对东莞、惠州等相对落后城市的科技创新扶持力度。

（二）加快构建跨区域网络化的科技创新协同发展体系，系统推进城市群科技创新高效率协同提升

珠三角"9＋2"城市群科技创新空间关联网络错综复杂且相互交织，地方科技创新产生的空间溢出效应可以较快对外传递。因此，一方面，应注重科技创新的空间溢出效应，立足全局，打破区域壁垒，加强区域内科技创新分工优化，促进不同板块间城市的合作交流，使科技创新在网络传导中产生联动效应。特别是，要加快推进广佛肇、深莞惠都市圈、广深港澳科技创新走廊建设，破解科技创新资源配置的体制机制障碍，更好汇聚人才、资金、技术、信息等创新要素，通过创新链和产业链传导通道，将技术向外扩散，发挥网络枢纽作用形成科技创新合力。另一方面，要充分运用好地区间科技创新的影响关联，合理引导珠三角"9＋2"城市群内部科技创新策略协同，创新区域科技创新协同的网络化发展机制，促进跨区域科技创新的协同提升。

（三）推动区域协调发展，探索构建城市群内源式科技创新合作机制

考虑到地区经济发展对珠三角"9＋2"城市群科技创新空间关联网络发展发挥着重要作用，因此要继续抓住珠三角"9＋2"城市群所在区域建设上升为国家战略这个重大发展机遇，发展地方经济，缩小经济发展差异，促进珠三角"9＋2"城市群经济社会的协调发展。空间关联网络结构的形成与演变往往会受到内生机制与外生机制的共同作用（Lusher et al, 2012），但在珠三角"9＋2"城市群科技创新空间关联网络的形成中，内生性结构依赖作用还有待提升。因此，珠三角"9＋2"城市群科技创新高质量发展也应着力拓展内源式的科技创新合作，以共同利益为纽带主动构建自发合作的政府间科技创新协同发展模式，完善广深港澳创新圈合作模式，联手参与国际竞争，从而为珠三角"9＋2"城市群创新高地的建设提供根本性和持续性的动力。

参考文献

［1］白冰，赵作权，张佩．中国南北区域经济空间融合发展的趋势与布局［J］．经济地理，2021，41（2）：1-10.

［2］鲍建慧．中国区域金融发展的收敛性分析［D］．济南：山东财经大学硕士论文，2014.

［3］毕克新，付珊娜，杨朝均，李妍．制造业产业升级与低碳技术突破性创新互动关系研究［J］．中国软科学，2017（12）：141-153.

［4］蔡利超，王鸿飞，何静．粤港澳大湾区与世界知名大湾区科技创新能力对比分析［J］．中国科技资源导刊，2020，52（6）：95-107.

［5］蔡晓琳，刘阳，黄灏然．珠三角城市科技创新能力评价［J］．科技管理研究，2021，41（4）：68-74.

［6］曹钟雄．"科技湾区"建设面临的挑战与出路———粤港澳大湾区的抉择［J］．开放导报，2019（2）：52-55.

［7］陈国宏，康艺苹，李美娟．区域科技创新能力动态评价———基于改进的"纵横向"拉开档次评价法［J］．技术经济，2015，34（10）：17-23.

［8］陈国政．上市公司景气指数指标体系构建研究［J］．上海经济研究，2017（12）：47-56.

［9］陈建东，戴岱，冯瑛．居民收入样本分组数与基尼系数测算的关系探讨［J］．统计与决策，2011（15）：34-37.

［10］陈江涛，吕建秋，蒋诡霂，田兴国．基于研究成果相对指数分析的广东省科技管理体制创新途径研究［J］．科技管理研究，2018，38（3）：127-133.

［11］陈江涛，吕建秋，田兴国，孙雄松．基于熵值法的广东省科技创新能力评价研究［J］．科技管理研究，2018，38（12）：119-126.

［12］陈劲，陈钰芬，余芳珍．FDI 对促进我国区域创新能力的影响［J］．科研管理，2007（1）：7-13.

［13］陈劲，赵闯，贾筱，梅亮．重构企业技术创新能力评价体系：从知识管理到价值创造［J］．技术经济，2017，36（9）：1-8，30.

[14] 陈套, 尤超良. 我国科技创新系统的治理与创新治理体系建设 [J]. 科学管理研究, 2015, 33 (4): 10 - 13, 25.

[15] 陈文玲. 粤港澳大湾区: 打造世界级战略性创新高地 [J]. 开放导报, 2022 (3): 40 - 47, 90.

[16] 陈锡强, 赵丹晓, 练星硕. 粤港澳大湾区科技协同创新发展研究: 基于要素协同的视角 [J]. 科技管理研究, 2020, 40 (20): 36 - 42.

[17] 陈修颖, 陈颖. 浙江省科技资源的区域差异及其空间配置效率研究 [J]. 地理科学, 2012, 32 (4): 418 - 425.

[18] 程风雨. 粤港澳大湾区都市圈科技创新空间差异及收敛性研究 [J]. 数量经济技术经济研究, 2020, 37 (12): 89 - 107.

[19] 程风雨. 粤港澳大湾区科技创新的空间关联及其驱动机制 [J]. 统计与决策, 2022 (20): 77 - 82.

[20] 程风雨. 粤港澳大湾区物质资本配置效率及时空演化特征 [J]. 统计与决策, 2022, 38 (14): 110 - 113.

[21] 程叶青, 王哲野, 马靖. 中国区域创新的时空动态分析 [J]. 地理学报, 2014, 69 (12): 1779 - 1789.

[22] 崔庆安, 王文坡, 张水娟. 金融深化、产业结构升级与技术创新——基于空间杜宾模型的实证分析 [J]. 工业技术经济, 2018, 37 (2): 42 - 50.

[23] 崔永华, 王冬杰. 区域民生科技创新系统的构建——基于协同创新网络的视角 [J]. 科学学与科学技术管理, 2011, 32 (7): 86 - 92.

[24] 丁焕峰, 周锐波, 刘小勇. 粤港澳大湾区科技创新协同发展机制研究 [R] //粤港澳大湾区建设与广州发展报告 (2019), 2020: 37 - 67.

[25] 杜英, 李晓玲. 基于子系统协同度评价的区域科技创新能力测度——以甘肃省为例 [J]. 中国科技论坛, 2021 (2): 91 - 99.

[26] 段德忠, 杜德斌, 刘承良. 上海和北京城市创新空间结构的时空演化模式 [J]. 地理学报, 2015, 70 (12): 1911 - 1925.

[27] 段杰. 粤港澳大湾区创新生态系统演进路径及创新能力: 基于与旧金山湾区比较的视角 [J]. 深圳大学学报 (人文社会科学版), 2020, 37 (2): 91 - 99.

[28] 范柏乃, 吴晓彤, 李旭桦. 城市创新能力的空间分布及其影响因素研究 [J]. 科学学研究, 2020, 38 (8): 1473 - 1480.

[29] 范斐, 杜德斌, 李恒, 游小珺. 中国地级以上城市科技资源配置效率的时空格局 [J]. 地理学报, 2013, 68 (10): 1331 - 1343.

[30] 范斯义, 刘伟. 科技创新促进城乡融合高质量发展作用机理及实践路径 [J]. 科技管理研究, 2021, 41 (13): 40 - 47.

[31] 方创琳. 中国城市群形成发育的新格局及新趋向 [J]. 地理科学, 2011, 31 (9): 1025 - 1034.

[32] 方旋, 刘春仁, 邹珊刚. 对区域科技创新理论的探讨 [J]. 华南理工大学学报 (自然科学版), 2000 (9): 1 - 7.

[33] 冯琰玮, 张衔春, 徐元朔. 粤港澳大湾区区域合作与产业一体化的演化特征及耦合关系研究 [J]. 地理科学进展, 2022, 41 (9): 1647 - 1661.

[34] 高航. 工业技术研究院协同创新平台评价体系研究 [J]. 科学学研究, 2015, 33 (2): 313 - 320.

[35] 高爽, 王少剑, 王泽宏. 粤港澳大湾区知识网络空间结构演化特征与影响机制 [J]. 热带地理, 2019, 39 (5): 678 - 688.

[36] 辜胜阻, 曹冬梅, 杨嵋. 构建粤港澳大湾区创新生态系统的战略思考 [J]. 中国软科学, 2018 (4): 1 - 9.

[37] 顾伟男, 申玉铭. 我国中心城市科技创新能力的演变及提升路径 [J]. 经济地理, 2018, 38 (2): 113 - 122.

[38] 广东外语外贸大学粤港澳大湾区研究院课题组, 申明浩, 谢观霞, 杨永聪. 新时代粤港澳大湾区协同发展——一个理论分析框架 [J]. 国际经贸探索, 2019, 35 (9): 105 - 118.

[39] 郭家堂, 骆品亮. 互联网对中国全要素生产率有促进作用吗? [J]. 管理世界, 2016 (10): 34 - 49.

[40] 郭文伟, 王文启. 粤港澳大湾区金融集聚对科技创新的空间溢出效应及行业异质性 [J]. 广东财经大学学报, 2018, 33 (2): 12 - 21.

[41] 郭子枫. 河南省区域创新体系评价与研究——基于知识管理分析框架 [D]. 北京: 中央财经大学博士论文, 2014.

[42] 何舜辉, 杜德斌, 焦美琪, 林宇. 中国地级以上城市创新能力的时空格局演变及影响因素分析 [J]. 地理科学, 2017, 37 (7): 1014 - 1022.

[43] 侯赟慧, 刘志彪, 岳中刚. 长三角区域经济一体化进程的社会网络分析 [J]. 中国软科学, 2009 (12): 90 - 101.

[44] 贾春光, 程钧谟, 谭晓宇. 山东省区域科技创新能力动态评价及空间差异分析 [J]. 科技管理研究, 2020, 40 (2): 106 - 114.

[45] 贾永飞, 白全, 王金颖, 等. 基于因子分析与交叉 DEA 的国家自主创新效率评价——以山东半岛国家自主创新示范区为例 [J]. 科技管理研究, 2020, 40 (3): 39 - 45.

[46] 蹇令香, 李辰曦, 曹卓久. 粤港澳大湾区科技创新协同发展研究 [J]. 管理现代化, 2020, 40 (1): 16 - 20.

[47] 姜磊，戈冬梅，季民河．长三角区域创新差异和位序规模体系研究 [J]．经济地理，2011，31（7）：1101-1106．

[48] 姜文仙．广东省区域科技创新能力评价研究 [J]．科技管理研究，2016，36（8）：75-79，86．

[49] 蒋天颖．我国区域创新差异时空格局演化及其影响因素分析 [J]．经济地理，2013，33（6）：22-29．

[50] 蒋文莉，黄何，蔡盼心，等．珠三角生态—经济—科技创新系统耦合协调特征及发展对策 [J]．科技管理研究，2021，41（11）：63-69．

[51] 焦贝贝，张治河，刘海猛，等．乡村振兴战略下欠发达地区农村创新能力评价——以甘肃省 86 个县级行政单元为例 [J]．经济地理，2020，40（1）：132-139，172．

[52] 焦敬娟，王姣娥，刘志高．东北地区创新资源与产业协同发展研究 [J]．地理科学，2016，36（9）：1338-1348．

[53] 金刚，沈坤荣，胡汉辉．中国省际创新知识的空间溢出效应测度——基于地理距离的视角 [J]．经济理论与经济管理，2015（12）：30-43．

[54] 金玉石．基于灰色关联模型的省域技术创新能力测度 [J]．统计与决策，2019（4）：59-62．

[55] 冷炳荣，杨永春，李英杰，赵四东．中国城市经济网络结构空间特征及其复杂性分析 [J]．地理学报，2011，66（2）：199-211．

[56] 李兵，岳云嵩，陈婷．出口与企业自主技术创新：来自企业专利数据的经验研究 [J]．世界经济，2016，39（12）：72-94．

[57] 李二玲，崔之珍．中国区域创新能力与经济发展水平的耦合协调分析 [J]．地理科学，2018，38（9）：1412-1421．

[58] 李国平，王春杨．我国省域创新产出的空间特征和时空演化——基于探索性空间数据分析的实证 [J]．地理研究，2012，31（1）：95-106．

[59] 李红雨，赵坚．中国技术创新产出的空间分布——来自中国地级以上区域的证据 [J]．北京理工大学学报（社会科学版），2020，22（1）：82-92．

[60] 李敬，陈澍，万广华，付陈梅．中国区域经济增长的空间关联及其解释——基于网络分析方法 [J]．经济研究，2014，49（11）：4-16．

[61] 李敏纳，蔡舒，覃成林．黄河流域经济空间分异态势分析 [J]．经济地理，2011，31（3）：379-383，419．

[62] 李琼，李松林，白杏，夏涛，陈修岭．粤港澳大湾区基本公共服务与经济发展耦合协调的时空特征 [J]．地理科学进展，2022，41（9）：1688-1701．

[63] 李胜兰．落实十九大精神，加快粤港澳大湾区建设 [J]．南方经济，2017

（10）：11 - 13.

[64] 李诗，洪涛，吴超鹏. 上市公司专利对公司价值的影响——基于知识产权保护视角 [J]. 南开管理评论，2012，15（6）：4 - 13，24.

[65] 李双杰，白玉莹. 国家重点科技资源支撑区域创新经济产出的空间差异研究 [J]. 科技进步与对策，2017，34（24）：33 - 41.

[66] 李铁成，刘力. 粤港澳大湾区协同创新系统的政策体系研究 [J]. 科技管理研究，2021，41（8）：19 - 27.

[67] 李伟. 澳门科技创新：瞄准市场 [J]. 中国科技财富，2014（10）：36 - 37.

[68] 李文辉，李青霞，丘芷君. 基于专利计量的粤港澳大湾区协同技术创新演化研究 [J]. 统计研究，2019，36（8）：74 - 86.

[69] 李文辉，丘芷君. 粤港澳大湾区协同技术创新现状与趋势 [J]. 科技管理研究，2021，41（2）：77 - 83.

[70] 李沃源，乌兰. 基于系统构成要素的西部地区科技创新系统环境组合评价研究 [J]. 科学管理研究，2019，37（1）：59 - 62.

[71] 李燕. 粤港澳大湾区城市群 R&D 知识溢出与区域创新能力——基于多维邻近性的实证研究 [J]. 软科学，2019，346（11）：138 - 144.

[72] 李勇辉，沈波澜，胡舜，林森. 生产性服务业集聚空间效应与城市技术创新——基于长江经济带 108 个城市面板数据的实证分析 [J]. 经济地理，2021，41（11）：65 - 76.

[73] 李政，杨思莹. 科技创新、产业升级与经济增长：互动机理与实证检验 [J]. 吉林大学社会科学学报，2017，57（3）：41 - 52，204 - 205.

[74] 凌连新，阳国亮. 粤港澳大湾区经济高质量发展评价 [J]. 统计与决策，2020，36（24）：94 - 97.

[75] 刘成昆，张军红. 澳门创新科技的发展及其产业化 [J]. 科技导报，2019，37（23）：57 - 60.

[76] 刘传明，马青山. 黄河流域高质量发展的空间关联网络及驱动因素 [J]. 经济地理，2020，40（10）：91 - 99.

[77] 刘传明，王卉彤，魏晓敏. 中国八大城市群互联网金融发展的区域差异分解及收敛性研究 [J]. 数量经济技术经济研究，2017，34（8）：3 - 20.

[78] 刘改芳，李亚茹，吴朝阳. 区域旅游业景气指数实证分析——以山西省为例 [J]. 经济问题，2017（10）：109 - 115.

[79] 刘华军，杜广杰. 中国经济发展的地区差距与随机收敛检验——基于 2000 ~ 2013 年 DMSP/OLS 夜间灯光数据 [J]. 数量经济技术经济研究，2017，34（10）：43 - 59.

[80] 刘华军，刘传明，孙亚男. 中国能源消费的空间关联网络结构特征及其效应

研究 [J]. 中国工业经济, 2015 (5): 83-95.

[81] 刘华军, 赵浩, 杨骞. 中国二氧化碳排放分布的极化研究 [J]. 财贸研究, 2013, 24 (3): 84-90.

[82] 刘建华, 王明照. 黄河下游城市群创新能力的空间演变及其影响因素 [J]. 郑州大学学报 (哲学社会科学版), 2020, 53 (2): 55-60.

[83] 刘军. 整体网分析: UCINET 软件实用指南 [M]. 上海人民出版社, 2014.

[84] 刘帅. 中国经济增长质量的地区差异与随机收敛 [J]. 数量经济技术经济研究, 2019, 36 (9): 24-41.

[85] 刘阳. 中国区域科技创新能力空间分布特征与演化规律研究 [C]. 中国科学学与科技政策研究会、第七届中国科技政策与管理学术年会论文集, 2011.

[86] 刘亦文, 文晓茜, 胡宗义. 中国污染物排放的地区差异及收敛性研究 [J]. 数量经济技术经济研究, 2016, 33 (4): 78-94.

[87] 刘毅, 任亚文, 马丽, 王云. 粤港澳大湾区创新发展的进展、问题与战略思考 [J]. 地理科学进展, 2022, 41 (9): 1555-1565.

[88] 刘云刚, 张吉星, 王丰龙. 粤港澳大湾区协同发展中的尺度陷阱 [J]. 地理科学进展, 2022, 41 (9): 1677-1687.

[89] 柳卸林, 胡志坚. 中国区域创新能力的分布与成因 [J]. 科学研究, 2002, 22 (5): 550-556.

[90] 龙建辉. 粤港澳大湾区协同创新的合作机制及其政策建议 [J]. 广东经济, 2018 (2): 62-65.

[91] 卢超, 李文丽. 京沪深创新策源能力评价研究: 基于国家科学技术 "三大奖" 的视角 [J]. 中国科技论坛, 2022 (2): 151-161.

[92] 卢山. 连云港区域科技创新能力评价与对策研究 [J]. 中国科技论坛, 2007 (11): 21-24, 32.

[93] 陆大道. 中国区域发展的新因素与新格局 [J]. 地理研究, 2003 (3): 261-271.

[94] 陆天赞, 吴志强, 黄亮. 网络关系与空间组织: 长三角与美国东北部城市群创新合作关系的比较分析 [J]. 城市规划学刊, 2016 (2): 35-44.

[95] 吕国庆, 曾刚, 马双, 刘刚. 产业集群创新网络的演化分析——以东营市石油装备制造业为例 [J]. 科学学研究, 2014, 32 (9): 1423-1430.

[96] 吕拉昌, 李勇. 基于城市创新职能的中国创新城市空间体系 [J]. 地理学报, 2010, 65 (2): 177-190.

[97] 吕拉昌, 梁政骥, 黄茹. 中国主要城市间的创新联系研究 [J]. 地理科学, 2015, 35 (1): 30-37.

[98] 吕荣杰, 贾芸菲, 张义明. 中国区域科技创新的空间关联及其解释 [J]. 经

济与管理评论，2019 (4)：106 – 115.

[99] 罗巍，杨玄酯，杨永芳. 面向高质量发展的黄河流域科技创新空间极化效应演化研究 [J]. 科技进步与对策，2020，37 (18)：44 – 51.

[100] 马海涛，徐楦钫. 黄河流域城市群高质量发展评估与空间格局分异 [J]. 经济地理，2020，40 (4)：11 – 18.

[101] 马静，邓宏兵，张红. 空间知识溢出视角下中国城市创新产出空间格局 [J]. 经济地理，2018，38 (9)：96 – 104.

[102] 马丽，龚忠杰，许喋. 粤港澳大湾区产业创新与产业优势融合的时空演化格局 [J]. 地理科学进展，2022，41 (9)：1579 – 1591.

[103] 马茹，王宏伟. 中国城市群创新非均衡性 [J]. 技术经济，2017，36 (3)：54 – 60.

[104] 毛艳华. 粤港澳大湾区协调发展的体制机制创新研究 [J]. 南方经济，2018 (12)：129 – 139.

[105] 倪志敏，林海. 基于 SE – DEA 模型的广东省科技创新效率评价研究 [J]. 科技管理研究，2021，41 (5)：15 – 20.

[106] 牛方曲，刘卫东. 中国区域科技创新资源分布及其与经济发展水平协同测度 [J]. 地理科学进展，2012，31 (2)：149 – 155.

[107] 庞川. 粤港澳区域协同机制下的澳门创新发展 [J]. 金融经济，2018 (12)：17 – 19.

[108] 彭芳梅. 粤港澳大湾区及周边城市经济空间联系与空间结构——基于改进引力模型与社会网络分析的实证分析 [J]. 经济地理，2017，37 (12)：57 – 64.

[109] 彭希林，郭建华，肖功为. 湖南省民营企业科技创新能力评价及提升路径分析 [J]. 邵阳学院学报 (社会科学版)，2020，19 (2)：49 – 55.

[110] 申明浩，谢观霞，楚鹏飞. 粤港澳大湾区战略的创新激励效应研究 – 基于双重差分法的检验 [J]. 国际经贸探索，2020，36 (12)：82 – 98.

[111] 申明浩，谢观霞. 香港科技创新景气指数研究 [J]. 城市观察，2018 (5)：7 – 15.

[112] 申文青. 粤港澳大湾区城市群创新系统协同度研究 [J]. 中国经贸导刊 (中)，2020 (1)：68 – 71.

[113] 沈坤荣，马俊. 中国经济增长的"俱乐部收敛"特征及其成因研究 [J]. 经济研究，2002 (1)：33 – 39，94 – 95.

[114] 沈丽，张好圆，李文君. 中国普惠金融的区域差异及分布动态演进 [J]. 数量经济技术经济研究，2019，36 (7)：62 – 80.

[115] 沈能. 我国科技系统波动性实证研究——ARCH 模型族的应用 [J]. 科学学

与科学技术管理，2005（12）：58 – 62.

［116］盛彦文，骆华松，宋金平，等. 中国东部沿海五大城市群创新效率、影响因素及空间溢出效应 ［J］. 地理研究，2020，39（2）：257 – 271.

［117］孙殿超，刘毅. 粤港澳大湾区科技创新人才空间分布特征及影响因素分析 ［J］. 地理科学进展，2022，41（9）：1716 – 1730.

［118］孙坚强，缪旖璇，张世泽. 粤港澳大湾区的科技创新与经济增长 ［J］. 华南理工大学学报（社会科学版），2019，21（3）：1 – 10.

［119］孙延芳，胡振. 中国建筑业景气指数的合成与预测 ［J］. 统计与决策，2015（11）：40 – 42.

［120］覃成林，柴庆元. 交通网络建设与粤港澳大湾区一体化发展 ［J］. 中国软科学，2018（7）：71 – 79.

［121］覃成林，黄龙杰. 粤港澳大湾区城市间协同创新联系及影响因素分析 ［J］. 北京工业大学学报（社会科学版），2020，20（6）：56 – 65.

［122］覃成林，刘丽玲，覃文昊. 粤港澳大湾区城市群发展战略思考 ［J］. 区域经济评论，2017（5）：113 – 118.

［123］汤放华，汤慧，孙倩，汤迪莎. 长江中游城市集群经济网络结构分析 ［J］. 地理学报，2013，68（10）：1357 – 1366.

［124］唐永伟，唐将伟，熊建华. 城市创新空间发展的时空演进特征与内生逻辑——基于武汉市 2827 家高新技术企业数据的分析 ［J］. 经济地理，2021，41（1）：58 – 65.

［125］王承云，孙飞翔. 长三角城市创新空间的集聚与溢出效应 ［J］. 地理研究，2017，36（6）：1042 – 1052.

［126］王春杨，张超. 地理集聚与空间依赖——中国区域创新的时空演进模式 ［J］. 科学学研究，2013，31（5）：780 – 789.

［127］王春杨，张超. 中国地级区域创新产出的时空模式研究——基于 ESDA 的实证 ［J］. 地理科学，2014，34（12）：1438 – 1444.

［128］王海燕，郑秀梅. 创新驱动发展的理论基础、内涵与评价 ［J］. 中国软科学，2017（1）：41 – 49.

［129］王宏智，孙金俊. 基于改进 C – D 生产函数模型的中国科技创新水平评价 ［J］. 统计与决策，2020，36（18）：73 – 76.

［130］王纪武，孙滢，林倪冰. 城市创新活动分布格局的时空演化特征及对策——以杭州市为例 ［J］. 城市发展研究，2020，27（01）：12 – 18，29.

［131］王姣娥，焦敬娟，金凤君. 高速铁路对中国城市空间相互作用强度的影响 ［J］. 地理学报，2014，69（12）：1833 – 1846.

［132］王劲峰，徐成东. 地理探测器：原理与展望 ［J］. 地理学报，2017，72

(1)：116 – 134.

[133] 王俊松，颜燕，胡曙虹. 中国城市技术创新能力的空间特征及影响因素——基于空间面板数据模型的研究 [J]. 地理科学，2017，37（1）：11 – 18.

[134] 王利军，胡树华，解佳龙，于泳波. 基于"四三结构"的中国区域创新系统发展阶段识别研究 [J]. 中国科技论坛，2016（6）：11 – 17.

[135] 王盟迪. 粤港澳大湾区科技创新能力空间结构演变与影响因素探究 [J]. 科技管理研究，2019，39（18）：1 – 10.

[136] 王庆喜，张朱益. 我国省域创新活动的空间分布及其演化分析 [J]. 经济地理，2013，33（10）：8 – 15.

[137] 王少剑，黄永源. 中国城市碳排放强度的空间溢出效应及驱动因素 [J]. 地理学报，2019，74（6）：1131 – 1148.

[138] 王松，胡树华，牟仁艳. 区域创新体系理论溯源与框架 [J]. 科学学研究，2013，31（3）：344 – 349，436.

[139] 王伟，朱小川，梁霞. 粤港澳大湾区及扩展区创新空间格局演变及影响因素分析 [J]. 城市发展研究，2020，27（2）：16 – 24.

[140] 王洋，张虹鸥，岳晓丽. 粤港澳大湾区科技基础设施的空间集聚与区域发展效应 [J]. 地理科学进展，2022，41（9）：1702 – 1715.

[141] 王周伟. 我国地方政府流动性信用风险空间关联网络特征与效应研究 [J]. 上海对外经贸大学学报，2021（2）：95 – 113.

[142] 危怀安，平霞. 区域协同视角下城市群科技创新与经济产出效率时空分异研究——以武汉城市圈为例 [J]. 科技进步与对策，2019，36（11）：40 – 45.

[143] 魏守华，禚金吉，何嫄. 区域创新能力的空间分布与变化趋势 [J]. 科研管理，2011，32（4）：152 – 160.

[144] 吴丹，胡晶. 国家科技创新能力时空差异性评价——中国与全球十国对比分析 [J]. 科技进步与对策，2018，35（20）：128 – 136.

[145] 吴丰华，刘瑞明. 产业升级与自主创新能力构建——基于中国省际面板数据的实证研究 [J]. 中国工业经济，2013（5）：57 – 69.

[146] 吴康敏，张虹鸥，叶玉瑶，陈奕嘉，岳晓丽. 粤港澳大湾区协同创新的综合测度与演化特征 [J]. 地理科学进展，2022，41（9）：1662 – 1676.

[147] 吴鸣然. 我国省域研发资源创新效率的测度 [J]. 统计与决策，2021（12）：74 – 78.

[148] 吴素春，聂鸣. 以创新型城市为主导的区域科研合作网络研究——以湖北省论文合著数据为例 [J]. 情报杂志，2013，32（8）：125 – 131.

[149] 武晓静，杜德斌，肖刚，管明明. 长江经济带城市创新能力差异的时空格

局演变［J］. 长江流域资源与环境，2017，26（4）：490–499.

［150］夏文飞，苏屹，支鹏飞. 基于组合赋权法的高新技术企业创新能力评价研究［J］. 东南学术，2020（3）：153–161.

［151］肖刚. 长江经济带城市旅游科技创新差异的时空格局演变研究［J］. 世界地理研究，2020，29（4）：825–833.

［152］肖刚，杜德斌，戴其文. 中国区域创新差异的时空格局演变［J］. 科研管理，2016，37（5）：42–50.

［153］肖刚，杜德斌，李恒，戴其文. 长江中游城市群城市创新差异的时空格局演变［J］. 长江流域资源与环境，2016，25（2）：199–207.

［154］谢宝剑，宗蕊. 回归二十年来香港科技创新发展的SWOT分析及前［J］. 港澳研究，2017（2）：52–63.

［155］谢聪，王强. 中国新能源产业技术创新能力时空格局演变及影响因素分析［J］. 地理研究，2022，41（1）：130–148.

［156］忻红，李振奇. 中国–中东欧国家科技创新能力及科技合作研究［J］. 科技管理研究，2021，41（9）：27–35.

［157］徐佳，魏玖长，王帅，赵定涛. 开放式创新视角下区域创新系统演化路径分析［J］. 科技进步与对策，2017，34（5）：25–34.

［158］徐维祥，齐昕，刘程军，唐根年. 企业创新的空间差异及影响因素研究——以浙江为例［J］. 经济地理，2015，35（12）：50–56.

［159］许和连，孙天阳，成丽红.“一带一路”高端制造业贸易格局及影响因素研究——基于复杂网络的指数随机图分析［J］. 财贸经济，2015（12）：74–88.

［160］许洪彬，胡萌，王涛. 香港特区政府科技创新政策研究——基于香港特首2017年施政报告分析［J］. 全球科技经济瞭望，2018，33（3）：5–8.

［161］许吉黎，叶玉瑶，罗子昕，张虹鸥，王长建，吴康敏. 新发展格局下粤港澳大湾区高科技产业多尺度空间联系与政策启示［J］. 地理科学进展，2022，41（9）：1592–1605.

［162］许培源，吴贵华. 粤港澳大湾区知识创新网络的空间演化——兼论深圳科技创新中心地位［J］. 中国软科学，2019（5）：68–79.

［163］杨凡，杜德斌，林晓. 中国省域创新产出的空间格局与空间溢出效应研究［J］. 软科学，2016（10）：6–10，30.

［164］杨静銮，王姣娥，刘卫东. 粤港澳大湾区技术创新特征及其演化路径［J］. 地理科学进展，2022，41（9）：1566–1578.

［165］杨明海，张红霞，孙亚男，等. 中国八大综合经济区科技创新能力的区域差距及其影响因素研究［J］. 数量经济技术经济研究，2018，35（4）：3–19.

[166] 杨明海, 张红霞, 孙亚男. 七大城市群创新能力的区域差距及其分布动态演进 [J]. 数量经济技术经济研究, 2017, 34 (3): 21-39.

[167] 杨骞, 秦文晋. 中国产业结构优化升级的空间非均衡及收敛性研究 [J]. 数量经济技术经济研究, 2018, 35 (11): 58-76.

[168] 杨武, 宋盼, 解时宇. 基于季度数据的区域科技创新景气指数研究 [J]. 科研管理, 2015, 36 (5): 55-64.

[169] 杨武, 王悦, 申远. 基于 SW 模型测度的区域科技创新景气指数构建研究——以深圳南山区科技创新统计改革后的季度数据为例 [J]. 科技管理研究, 2015, 35 (16): 47-54.

[170] 杨武, 杨淼. 基于景气状态的中国科技创新驱动经济增长时序性研究 [J]. 管理学报, 2017, 14 (2): 235-244.

[171] 杨武, 杨淼, 赵霞. 基于景气状态的中国科技创新驱动经济增长预警方法研究 [J]. 科技进步与对策, 2018, 35 (4): 1-9.

[172] 杨翔, 李小平, 周大川. 中国制造业碳生产率的差异与收敛性研究 [J]. 数量经济技术经济研究, 2015, 32 (12): 3-20.

[173] 姚建建, 门金来. 中国区域经济—科技创新—科技人才耦合协调发展及时空演化研究 [J]. 干旱区资源与环境, 2020, 34 (5): 28-36.

[174] 姚升宝, 汤朝雁. 科技金融与科技创新协同发展水平测度及实证——以湖北省为例 [J]. 研学堂, 2019 (3): 85-92.

[175] 姚宇, 袁祖社. 从生产要素新组合到创新性组织: 创新内涵的演化及其启示 [J]. 求是学刊, 2019, 46 (6): 76-84.

[176] 叶静怡, 刘雯. 中国创新活动空间分布及创新增长收敛性分析 [J]. 郑州大学学报 (哲学社会科学版), 2018, 51 (1): 59-65, 159.

[177] 叶林, 宋星洲. 粤港澳大湾区区域协同创新系统: 基于规划纲要的视角 [J]. 行政论坛, 2019, 26 (3): 87-94.

[178] 原毅军, 郭然. 生产性服务业集聚、制造业集聚与技术创新——基于省级面板数据的实证研究 [J]. 经济学家, 2018 (5): 23-31.

[179] 曾坚朋, 曾志敏, 柴茂昌. 粤港澳大湾区科研管理制度协同创新研究: 基于香港制度实践的考察 [J]. 科技管理研究, 2020, 40 (24): 33-39.

[180] 曾志敏. 打造全球科技创新高地: 粤港澳大湾区融合发展的战略思路与路线图 [J]. 城市观察, 2018 (2): 8-19.

[181] 张成, 陆旸, 郭路, 于同申. 环境规制强度和生产技术进步 [J]. 经济研究, 2011, 46 (2): 113-124.

[182] 张春强, 孙娟, 赵可, 等. 武汉城市圈区域科技创新能力评价实证研究 [J].

科技管理研究，2015，35（5）：88-93.

[183] 张虎，周迪.创新价值链视角下的区域创新水平地区差距及趋同演变——基于 Dagum 基尼系数分解及空间 Markov 链的实证研究 [J].研究与发展管理，2016（6）：90-101.

[184] 张劲帆，李汉涯，何晖.企业上市与企业创新——基于中国企业专利申请的研究 [J].金融研究，2017（5）：160-175.

[185] 张可云，张颖.不同空间尺度下黄河流域区域经济差异的演变 [J].经济地理，2020，40（7）：1-11.

[186] 张鹏，李林欣，曾永泉.基于 DEA-Malmquist 指数的粤港澳大湾区科技创新效率评价研究 [J].工业技术经济，2021，40（2）：12-17.

[187] 张旭亮，史晋川，李仙德，张海霞.互联网对中国区域创新的作用机理与效应 [J].经济地理，2017（12）：129-137.

[188] 张颖莉.粤港澳大湾区科技创新协同发展策略研究 [J].产业与科技论坛，2020（15）：19-22.

[189] 张玉明，李凯.中国创新产出的空间分布及空间相关性研究——基于 1996-2005 年省际专利统计数据的空间计量分析 [J].中国软科学，2007（11）：97-103.

[190] 张战仁.中国区域创新差异的形成机制研究——基于集聚互动、循环累积与空间关联视角的实证分析 [J].经济地理，2013（4）：9-14.

[191] 张宗法，陈雪.粤港澳大湾区科技创新共同体建设思路与对策研究 [J].科技管理研究，2019，39（14）：81-85.

[192] 赵增耀，周晶晶，沈能.金融发展与区域创新效率影响的实证研究——基于开放度的中介效应 [J].科学学研究，2016，34（9）：1408-1416.

[193] 甄峰，黄朝永，罗守贵.区域创新能力评价指标体系研究 [J].科学管理研究，2000（6）：5-8.

[194] 郑世林，周黎安，何维达.电信基础设施与中国经济增长 [J].经济研究，2014（5）：77-90.

[195] 钟顺昌，邵佳辉.黄河流域创新发展的分布动态、空间差异及收敛性研究 [J].数量经济技术经济研究，2022，39（5）：25-46.

[196] 周锐波，刘叶子，杨卓文.中国城市创新能力的时空演化及溢出效应 [J].经济地理，2019，39（4）：85-92.

[197] 周煊，程立茹，王皓.技术创新水平越高企业财务绩效越好吗？——基于16年中国制药上市公司专利申请数据的实证研究 [J].金融研究，2012（8）：166-179.

[198] 祝新，王邵.基于灰色关联分析模型的广西科技创新能力评价研究 [J].科技进步与对策，2016，33（22）：109-115.

［199］Albors-Garrigos J. Innovation management and new product development. By Paul Trott ［J］. R&D Management, 2009, 39（2）: 226 – 228.

［200］Anderson J E. A theoretical foundation for the gravity equation ［J］. The American Economic Review, 1979, 69（1）: 106 – 116.

［201］Anselin L, Florax R. New Directions in Spatial Econometrics: Introduction ［M］. Springer, 1995.

［202］Antonelli C. Localized technological change and factor markets: Constraints and inducements to innovation ［J］. Structural Change and Economic Dynamics, 2006, 17（2）: 224 – 247.

［203］Azadegan A, Wagner S M. Industrial upgrading, exploitative innovations and explorative innovations ［J］. International Journal of Production Economics, 2011, 130（1）: 54 – 65.

［204］Azar G, Ciabuschi F. Organizational innovation, technological innovation, and export performance: The effects of innovation radicalness and extensiveness ［J］. International Business Review, 2016, 26（2）: 324 – 336.

［205］Barro R J, Sala-I-Martin X, Blanchard O J. Convergence across states and regions ［J］. Brookings Papers on Economic Activity, 1991（1）: 107 – 182.

［206］Barro R J, Sala-i-Martin X. Convergence ［J］. Journal of Political Economy, 1992, 100（2）: 223 – 251.

［207］Barro R J, Xavier S. Economics Growth（Second Edition）［M］. Massachusetts: MIT Press, 2010.

［208］Bergstrand J H. The gravity equation in international trade: Some microeconomic foundations and empirical evidence ［J］. The Review of Economics and Statistics, 1985, 67（3）: 474 – 481.

［209］Cooke P N, Heidenreich M, Braczyk H J. Regional Innovation Systems: The Role of Governance in a Globalised World ［M］. London: UCL Press, 1998.

［210］Cooke P. Regional innovation systems, clusters and the knowledge economy ［J］. Industrial and Corporate Change, 2001, 10（4）: 945 – 975.

［211］Dagum C. A new approach to the decomposition of the Gini income inequality ratio ［J］. Empirical Economics, 1997, 22（4）: 515 – 531.

［212］Furman J L, Porter M E, Stern S. The Determinants of national innovative capacity ［R］. Rese arch Policy, 2002, 31（6）: 899 – 933.

［213］Galor. Convergence? Inferences from the theoretical models ［J］. Economic Journal, 1996, 106（7）: 1056 – 1069.

[214] Ganau R, Grandinetti R. Disentangling regional innovation capability: What really matters? [J]. Industry and Innovation, 2021, 28 (6): 749 – 772.

[215] Gao X, Guan J, Rousseau R. Mapping collaborative knowledge production in China using patent co-inventorships [J]. Scientometrics, 2011, 88 (2): 343 – 362.

[216] Girvan M, Newman M E J. Community structure in social and biological networks [J]. Proceedings of the National Academy of Science, 2002, 99 (12): 7821 – 7826.

[217] Griliches Z. Patent statistics as economic indicators [J]. Journal of Economic Literature, 1991, 28 (28): 1661 – 1707.

[218] Hanneke S, Fu W J, Xing E P. Discrete temporal models of social networks [J]. Electronic Journal of Statistics, 2010 (4): 585 – 605.

[219] Hu J L, Yang C H, Chen C P. R&D efficiency and the national innovation system: An international comparison using the distance function approach [J]. Bulletin of Economic Research, 2013, 66 (1): 55 – 71.

[220] Lee Lung-fei, Yu Jihai. Estimation of spatial autoregressive panel data models with fixed effects [J]. Journal of Econometrics, 2010, 154 (2): 165 – 185.

[221] Lefever D W. Measuring geographic concentration by means of the standard deviational ellipse [J]. American Journal of Sociology, 1926, 32 (1): 88 – 94.

[222] Leifeld P, Cranmer S J, Desmarais B A. Temporal exponential random graph models with btergm: Estimation and bootstrap confidence intervals [J]. Journal of Statistical Software, 2018, 83 (6): 1 – 35.

[223] Lusher D, Koskinen J, Robins G. Exponential Random Graph Models for Social Networks: Theory, Methods and Applications [M]. Cambridge: Cambridge University Press, 2012.

[224] Mendz George L. Cook Michael. Posthumanism: Creation of 'New Men' through technological innovation [J]. The New Bioethics, 2021, 27 (3): 1 – 22.

[225] Moore G H. Front matter to statistical indicators of cyclical revivals and recessions [J]. National Bureau of Economic Research, 1950.

[226] OECD. National innovation system [R]. Paris: OECD Publications, 1997: 323 – 345.

[227] Pan Z Q. Varieties of intergovernmental organization Memberships and structural effects in the world trade network [J]. Advances in Complex Systems, 2018, 21 (2): 1 – 30.

[228] Phillips P W B, Castle D. Ideas, Institutions, and Interests: The Drivers of Canadian Provincial Science, Technology, and Innovation Policy [M]. Toronto: University of

Toronto Press, 2021.

[229] Pinto H, Guerreiro J. Innovation regional planning and latent dimensions: the case of the Algarve region [J]. The Annals of Regional Science, 2010, 44 (2): 315 – 329.

[230] Pop D M, Pop M T. Measuring the innovation of economy through global and European tools [J]. MATEC Web of Conferences, 2018 (184): 04019.

[231] Pyatt G. On the interpretation and disaggregation of Gini coefficients [J]. The Economic Journal, 1976, 86 (342): 243 – 255.

[232] Quah D T. Empirics for growth and distribution: Stratification, polarization, and convergence clubs [J]. Journal of Economic Growth, 1997, 2 (1): 27 – 59.

[233] Ricardo F, Ferreira M. Absoiptive capacity and business model innovation as rapid development strategies forregional growth [J]. Investigación Economica, 2016, 75 (295): 157 – 202.

[234] Riddel S. Regional innovative capacity with endogenous employment: Empirical evidence from the U. S [J]. Review of Regional Studies, 2003, 33 (1): 73 – 84.

[235] Schumpeter J. Business cycles: A theoretical, historical, and statistical analysis of the capitalist process [D]. University Microfilms International, 1964.

[236] Schumpeter J. Theorie der wirtschaftlichen entwicklung [J]. Lannée Sociologique, 1912 (1).

[237] Scott J, Caxrington P J. The Sage Handbook of Social Network Analysis [M]. New York: Sage Publication, 2011.

[238] Shorrocks A F. Decomposition procedures for distributional analysis: A unified framework based on the Shapley value [J]. The Journal of Economic Inequality, 2013, 11 (1): 99 – 126.

[239] Silverman B W. Density Estimation for Statistics and Data Analysis [M]. Chapman & Hall, 1986.

[240] Tingbergen J. Shaping the World Economy: A Suggestions for An International Economic Policy [M]. New York: Twentieth Century Fund, 1962.

[241] Tronina A, Tatenko I, Bakhtina S. Transformation of the university model as an element of the regional innovation system [J]. π-Economy, 2021, 14 (4): 316 – 422.

[242] Tura T, Harmaakorpi V. Social capital in building redional innovative capability [J]. Regional Studies, 2005, 39 (8): 1111 – 1125.

[243] Wasserman S, Faust K. Social Network Analysis: Methods and Application [M].

Cambridge：Cambridge University Press，1994.

［244］ Yu H K, Huang D. Causal complexity analysis of the Global Innovation Index ［J］. Journal of Business Research，2021（137）：39 – 45.

［245］ Zabala J M, Gutier R G, Saez F J. Regional innovation systems：How to Assess Perform ance ［J］. Regional Studies，2007，26（5）：661 – 672.